U0089590

古代歷史文化研究輯刊

十七編

王 明 蓀 主編

第28冊

美術考古學語境下的唐代石槨研究（上）

李 杰 著

國家圖書館出版品預行編目資料

美術考古學語境下的唐代石槨研究（上）／李杰 著 — 初版 —
新北市：花木蘭文化出版社，2017〔民 106〕
目 4+234 面；19×26 公分
（古代歷史文化研究輯刊 十七編；第 28 冊）
ISBN 978-986-404-968-4（精裝）
1. 文物研究
618　　106001494

古代歷史文化研究輯刊
十七編　第二八冊　　ISBN：978-986-404-968-4

美術考古學語境下的唐代石槨研究（上）

作　　者　李　杰
主　　編　王明蓀
總 編 輯　杜潔祥
副總編輯　楊嘉樂
編　　輯　許郁翎、王筑　美術編輯　陳逸婷
出　　版　花木蘭文化出版社
社　　長　高小娟
聯絡地址　235 新北市中和區中安街七二號十三樓
電話：02-2923-1455／傳眞：02-2923-1452
網　　址　http://www.huamulan.tw 信箱 hml 810518@gmail.com
印　　刷　普羅文化出版廣告事業
初　　版　2017 年 3 月
全書字數　263907 字
定　　價　十七編 34 冊（精裝）台幣 68,000 元

美術考古學語境下的唐代石槨研究（上）

李　杰著

作者簡介

李杰，本科、碩士畢業於西安美術學院中國畫專業，博士畢業於西安美術學院美術學專業，現爲西安外國語大學藝術學院副教授，藝術學理論學術帶頭人，美術研究所所長。陝西省美術博物館理論家委員會委員、中國工藝美術家協會會員、陝西漢唐藝術研究會副會長、陝西省大明宮唐代藝術研究會副會長、陝西省藝術類高考專家組專家。

近年來在《美術觀察》、《藝術研究》、《美術》、《人大複印》、《山西大學學報》、《文藝評論》、《人民日報》等專業期刊發表論文 30 餘篇，出版專著 2 部。獲陝西省第十一次哲學社會科學優秀成果著作類二等獎；獲 2013 年陝西高校人文社會科學優秀成果獎著作類二等獎；獲 2015 年陝西高校人文社會科學優秀成果獎論文類三等獎。主持國家社科基金項目 1 項；主持教育部重點課題 1 項（DLA150264）；主持省級重大理論課題 1 項（15JK1597）；主持地廳級專項課題 1 項；第一參與人教育部項目 1 項（12YJC760112），參與國家、教育部、省市級課題多項。

提　　要

石槨是中國古代喪葬觀念中體現「視死如生」的重要載體之一，是墓葬中棺材的延展形式，並處在所有墓葬的核心位置，其形制是仿造現實中的堂室而造。

作爲唐代人物畫的重要組成部分，唐代石槨人物線刻集中出現在初唐至盛唐的 117 年間，並且其分佈主要集中於唐代都城長安京畿，即關中地區。唐代石槨人物線刻的消費主體基本爲正二品以上的高官或皇族，其樣本的創作主體是當時的高官畫家或皇家畫師，代表了這一時期統治階層的審美取向。也可以說，唐代石槨人物線刻代表了在這一百多年間唐代人物繪畫的主流形式與風格變遷。

現已發現的唐代 29 具石槨，現可取樣的唐代石槨線刻人物共計 275 人。最早的李壽墓石槨成於貞觀五年（631 年），最晚的一具爲出自天寶五年（748 年）的武令璋墓，年代集中在初唐至盛唐的 117 年間，時間序列較爲完整。

爲了更加清晰的展現唐代石槨人物線刻的時代藝術風格，本文將其從古代墓葬文化中剝離開來，放置於唐代人物畫發展演變的背景之內，以繪畫風格學爲基礎，以美術考古學研究方法爲構架，以中國傳統人物畫的三要素——造型、形式、線型爲切入點，力圖在對傳統人物畫整體風格演變的分析當中，引代出唐代石槨人物線刻的時代藝術特徵。

目次

上 冊

下　冊

導論

中國美術考古學的學科構架

20 世紀初，隨著莫高窟藏經洞大量美術作品的發現，拉開了世界關注中國古代繪畫藝術的序幕。20 世紀 20 年代，由國外專家帶領的田野考古伊始，改變了中國傳統金石學（博古學）的散亂體制，逐步形成了相對成熟的考古學體系，即便如此，其中「尚缺少著中國人的努力」。20 世紀 60 年代已降，隨著出土藝術品的數量和斷代相對豐富起來，爲美術考古學的建立提供了一個相對系統的資料基礎。20 世紀 80 年代伊始，隨著跨學科研究的興起，促進了中國美術考古學的確立。

中國美術考古學至今尚處在概念界定的階段，上世紀 80 年代藝術學逐漸脫離於文學、哲學學科，逐步形成相對獨立的學科體系，由此而觸發了關於美術考古學學科定位的討論。主要分爲兩種觀點：傾向於藝術學科（范夢，美術學——有待深入探討的學科，美術研究，2001，2；陳池瑜，中國現代美術學史，黑龍江美術出版社，2000：304；阮榮春，中國美術考古學史綱，天津人民美術出版社，2004，孫長初，中國藝術考古學初探，文物出版社，2004。）和傾向於考古學方向（夏鼐、王仲殊，考古學，中國大百科全書·考古學，中國大百科全書出版社，1986：17；楊泓，美術考古半世紀——中國美術考古發現史，文物出版社，1997：5；嚴文明，大力提倡美術考古學研究，走向 21 世紀的考古學，三秦出版社，1997：138；劉鳳君，美術考古學導論，山東大學出版社，1995：124。）

中國美術考古學能否獨立，不僅要有特定的研究對象和研究目的，更重要的一點是要有自己獨立的方法論體系，國內外相關學者已經進行了一些研究方法的探討。以情念形式爲主線的圖像學研究方法（Panofsky E., Perspective as Symbolic Form Panofsky. New York: Zone Books, 1991.）；以「中層理論」爲主體的社會學研究方法（Binford L. R., Middle-range Research and the Role of Actualistic Studies.; Working at Archaeology, New York: Academic, 1983; Binford L. R., Archaeology as Anthropology. American Antiquity, 1962, 28.）；以「層位學」、「類型學」作爲基礎的考古學研究方法（楊泓，美術考古半世紀——中國美術考古發現史，文物出版社，1997。）；以「中間層次」（形式要素與母題之間的關聯）爲主的風格學方法（Wen Fong, et al., Images of the Mind. Princeton University, 1984; Wen C. Fong, Why Chinese Painting is History. Art Bulletin 2003.2.）。此外還有國內諸多學者多是基於以上理論而做的具體研究，國內外相關研究成果爲中國美術考古學的確立，基本奠定了界限範圍和研究方向的基礎，爲中國美術考古學風格譜系的深入研究開展打下了良好的理論基礎。

美術考古學作爲一個新興學科，有關研究方法及理論確立尚多爭議，其作爲考古學的分支學科，大多延續了田野考古學的基本研究方法，主要借鑒於考古地層學、類型學、文化人類學、圖像學等研究成果。但往往流於形式，把考古標本與古代美術史簡單串聯起來，將其作爲傳統考古學中標型學的補充，缺乏獨立的品格價值。

考古學與藝術學有著各自關注的重點，考古學的理性規範與作爲從審美意識形態出發的藝術學有著原則性的差別。而在全球化文化極度交融的今天，新的研究結構促使藝術考古學必須結合各學科的研究成果使之形成相對獨立的研究形態和目標。「全球化」之下的本土文化並不是以單一文化、單一觀念、單一環境的形式存在，而是不同文化相互碰撞交融而形成的地域性文化和民族特徵。相對於考古學理性注重出土實物而言，藝術學更加關注於作品本身所反映的藝術觀念、技法體系和文化特徵，這種看似兩極的研究觀念如何相契，顯然是藝術考古學必須解決的課題。廣義而言，考古學與藝術學有著諸多相通性，例如物質對象的相同、研究資料的同步性、時代風格與斷代的契合性等等，狹義而言，我們必須在兩者之間找到一些相對獨立而又密切相連的技術手段（研究方法），來系統、準確地詮釋考古標本的藝術價值和文化特性。

美術考古成爲一個獨立學科的前提不但需要借鑒各學科的研究成果，亦要形成一套區別於研究方向的獨立研究體系與方法，能夠解決其它學科所不能深化研究的問題。

美術考古學的確立，首先應該打破傳統考古學與美術學的專業界限，以「開放」的態度面對考古資料，在遵循兩者的基本理念的基礎上，尋求一條相對包容且互補的「解釋構架」。這種相互補充的構架形成一種常規程序，也就爲美術考古的研究打下了一個基礎系統，在此語境下不同學科的研究者即可能充分發揮各自的原創性和能動性。

風格譜系的構成向度

風格體系作爲中國美術考古學的一個基礎研究系統，需要一個具有比較統一的普適性社會觀念，作爲將各時期形成一個整體進行研究的基礎，以便將各時期進行橫、縱向比較，使之形成整體流變體系。中國作爲一個以農業定居的傳統社會，每一時期都會形成較爲統一的社會傳統和整體審美觀念，首先滿足了「時代風格」基本的社會普適性基本要素。中國古代美術是統治階層意願的傳達，特別是中古之前的美術，貴族的喜好決定了藝術創作的藝術取向和價值。古代美術作爲社會高層消費品，表現技法更加容易在形成一種主導性的表達形式。

然而，時至今日，有關古代美術的風格定義卻頗爲濫觴，對於某一階段「時代風格」的確認，學術界始終沒有一個明確的概念，既有文化風格的闡釋又有圖像風格的解釋甚或以社會體制而命名。特別是面對畫面風格的明確定位時，大多都是繞過藝術直觀本體而言他，往往會陷入圖像學的「互文」性狀態，忽視了繪畫本體在各個階段時期所顯現出的，以技法程序所體現出的時代特有共性特徵。

之所以有此結果，大多是由於理論研究者雖然具有較強的邏輯觀念但卻缺乏藝術創作實踐能力，面對作品中所顯現的具體技法特徵和創作觀念無法對應理解。往往把「可述」的歷史強加於「可視」的作品當中，繞過畫面的可視本體元素而進入背景分析，被動落入文化學的圈套。

任何藝術表現都是爲了一定的內容表達，就如秦漢藝術都具有特定的內容和功能，在兩者關係中，作爲內容的屬性是被動的，形式賦予表達意願以不同的形態，使其產生外在形式的不同，獲得自身獨特的屬性。在兩者範疇內，既具有相互轉化的特徵，同時還具有各自區分的相對性，文化論學者對於兩層關係上的處理，往往會將內容視為整體，而將表現形式視為部分的關係，顯然將藝術表現排除在獨立性之外。因此，面對中國美術考古學的特定研究主體和需解決的問題，我們有必要設定美術考古學獨立的主導性研究方向和研究途徑。

對於中國考古學中美術風格體系的確立，首先應將關注主題設定在特定考古藝術品的審美特性、形式組織及沿承關係之上，在不否定傳統的描述可視與可述之間的既定關係的同時，通過現實視覺與再現分析的對應比較來確立藝術作品的即有風格。為可視與可述的結合提供一個全新的認知角度，建立單一作品和時代序列本體元素新的視覺描述規範，並以此建立適合明確闡釋藝術品獨立本體特徵和時代特點的研究體系。

中國考古學美術風格確認的研究，不單要在理論邏輯上具有嚴密性，同時還要在解決具體作品問題和時代作品問題上具有明確的實操性和介別性。因此，我們首先應以考古發現為依據，梳理出具有明確斷代、明確地域，分時期、分序列、分類型的圖像序列。再次，以圖像為基礎，對應各時期影響繪畫創作的文化、社會、政治觀念，樹立各時期壁畫背景信息的對應分類序列。

在此基礎上建立中國美術考古學風格譜系研究的基礎數據庫。進行研究分析時力求從藝術發展的角度出發，將持續繪畫視像結構的形態進行歷史縱向與同期橫向的直觀比較，總結其具有歷史發展常規性的時代風格流變趨勢。對應實物形象與形象本身的結構意義以及各個單體畫像與周圍圖像間的聯繫關係，以人類進行藝術創作的普適性共有經驗來理解考古資料，同時考慮到影響人類創作經驗的沿承因素和外在影響，以參與性的方式，從視覺角度「重建業已失傳的證據」，來定義考古美術作品的「風格結構」意義，並以此來建立中國美術考古學研究的風格系統體系，以「技藝」本身發生、發展的邏輯性本體因素，對應整體風格轉變的綜合性因素，總結出各時期風格演變的整體趨勢，從而對各代典型持續性風格能夠明確定位。

圖像本體的視像結構

如何用理論明確表述視覺形式，相對於用語言來詮釋繪畫風格，「視覺」就顯得更加明確、直接。當面對一幅古代藝術圖像的發展邏輯性本體因素，我們能看到什麼。從直觀視覺角度不妨更加純粹的提煉出作品本體視像的基本元素，作爲闡釋其美術風格的表述基點。

在中國式畫面當中，最爲重要的組成要素是造型、形式、線型和空間。因此，以這些典型要素作爲分析對象，並關注各階段所能給畫家提供的創作觀念及技術手段，在各自獨立體系中持續性演變規則。通過現實視覺與再現分析的對應比較來確立作品的表現風格，以形式程序；普適造型；線型規則；空間秩序等風格特徵作爲描述對象，在一定程度上確認各時期時代風格以及在發展史中的地位與意義。顯然會對考古美術作品本體元素視覺描述規範的建立，提供一個可視與可述結合的一條全新的認知角度。

普適造型

對特定時期的考古藝術進行考察時，我們可以忽略這些作品的作者，但是卻不能忽略在這一時期人文境域限定下，作品中所體現出的文化特質。中古時期的平面圖像表現具有一定意義上的符號性質，即用一種自身創造的意識形態來代替現實實體，它不但具備了一定的普識性表意共識，也是人的主觀意識飛躍。這種中國特有的比象觀念，在之後的繪畫中非常易見。

藝術形式的發展必然受到階段性歷史的局限，從一個看似簡單的藝術程序的表象及技法形式中，可以反映出當時社會的宗教、經濟、哲學、物質基礎等歷史現象。技法程序中顯現著各種觀念的影子，包含著各種社會觀念作用下的普識性社會審美傾向，這種特性是藝術家對各種造型元素進行主觀條理化和規則化的表現定式。

美國心理學家威廉·詹姆斯在論述神經系統與心理經驗時說，物質與非物質之間存在著等同的關係。中國傳統觀相術亦認爲，人的外在表現與人的內在素質具有同一性。中國傳統觀相術是一種綜合規律的觀察方式，採用的是定性的分析方法，根據人的各種體徵表現來確定人物的性格、命運。相人術在中國古代社會相當普及，甚至普通民眾都具有一些相人的簡單知識，這種普及現象的基礎就是，它必須具備一種相當便捷的操作手段來支持。古代相術家經過長期實踐，將這種看似複雜的哲學觀念轉化爲一種具有操作性的視覺形態，從人的外在形象特徵上進行性格化的總結分類。即通過觀察大量人群的外在形態及性格特徵，利用歸納法總結出人的性格與人的某一外在特徵相對應的概率比例，並進行量化分析，從而建立起一種人物性格觀察程序。這種帶有明確指向意義具有符號性質的單元組合，其整體富有意義地表示爲一種「指涉、再現和意義」的構成組合結構，它是人類繪畫早期的表意性表現形式的必然現象。同時，這種類型化傳統造型法則並不是一成不變，它是一種動態的模式，隨時間的推移和觀念的轉變而變化，時代特徵即隨此轉變而顯現，把握各階段的普適性特點亦就掌握了各時代的基本造型特徵。

中國傳統的普適造型法則，並不是由知覺對象本身的這些由「技術」直觀翻版「客觀人物」性質本身傳遞的，而是由造型中具有明顯傾向性的典型化特徵，與觀者神經系統中的類型性社會經驗相切合所形成的普識性平面造型。與觀者的感知和心理產生共鳴，得以在藝術造型中體現出「視覺力中的表現性含義」，正如葉瀚所說，「美術關乎社會文明之征兆。」

形式程序

中國傳統形式觀念注重結構的象徵性與畫面之內的秩序性；並賦於象徵性的表現形態來傳達內在的精神狀態。在中國傳統畫面中結構性線群是表現形態的主體，而裝飾線群則是輔助於結構線群對「眞實」體積的表現。它的作用主要是豐富畫面秩序，並隨著結構性線群的變化而轉化。

秦漢時期本土「概念化」平面形式基本是由表現形態的外框線和內部填充線群所組成，兩者之間並無必然的關聯性質，隸屬關係非常明確。魏晉時期西來體積表現觀念通過線性轉化，暈色幾乎被結構線群所代替，畫家想以線表達體積的意圖則非常明確。唐代伊始，隨著畫家對結構性線群表現的逐步明確，迫使畫面中的裝飾線群也必須符合這種追求「眞實」的線群組織要求。

中國傳統平面藝術是以幾個相對集中的線群來塑造複雜形體造型，由表現轉折結構的結構性線群及豐富畫面的裝飾性線群所組成。每一組線群都代表著一種方向上的暗示，線群之間的配合就是各種「暗示」相互呼應、相互平衡，構成了一個感覺意義上完整的中國繪畫線群組合。這種平衡不是現實形體上的物理平衡，而是畫家對於畫面中線的主觀分佈，在視覺上所產生的意象整體。是通過線條相加而成的具有共同走向的線群之間的配合，所形成視覺感知上的「眞實」形象。

線型規則

繪畫創作就是藝術家落跡留痕的過程，通過畫家落筆於媒介上的痕跡得以傳達形象和意境。在中國古代繪畫中最爲重要的痕跡非「線」莫屬，在幾千年的用線史上，線型的發展在不同的歷史時期有著明晰的發展軌跡，創造出了不同的時代線型風格。

關於線型的研究，早在南朝時期，謝赫既提出了著名的「骨法用筆」，並且他還將線型筆法作爲獨立的關照體系。然而，傳統畫論中關於筆法的論述，大多將其放置在一個相應的品格之中，對用筆的速度、勢度及多向的變化進行描述。這些筆法描述似乎使我們體會到了各代的線型特徵，但如更深一步瞭解，就會發現這些描寫大都存在於寫意式的文學語境之下，不但不能具體地看清這些線型的面貌，甚至還會給我們帶來更大的困惑。隨著 20 世紀以來，考古學不斷提供出一幅幅斷代明確的歷史依據，從而使我們能夠逐漸地看清不同歷史時期人物畫的基本線型特徵。

就線條而言，它最初只是作爲一種零件存在於繪畫之中，本身尚談不上獨立的價値。早期人物畫線條的作用主要以「存形」爲目的，畫家的關注點並未放在線型之上，線條被動地受形象所制約，只是借輪廓線來框定形體。線型只起到一個把握形體，劃分色界的作用，線條本身並無實際意義。

魏晉南北朝時期是中國繪畫線型的重要轉折時期，畫家得以從「存形」的侄梏中解脫出來，開始關注線型在繪畫中的表現作用，對線型的從新認識也是這一時期畫家的重要追求。値得說明的是，此時對線型的理解還處於初始階段，從無規則用線方式的大氛圍下，能夠畫出標準、圓潤、持續平滑的線條就是一種進步。

由於書法用筆的介入，唐代繪畫中的「線」發生了質的變化，並爲其灌注了更多的精神內容。此時的線條對刻畫人物內心活動與表情動態的一致性起到了相當重要的作用。至此，中國繪畫中的「線」已經不是西方幾何學中所謂的「線」了，而是在特定的用筆方式，即「描」法所造就的基本造型元素，其自身的規範化成爲中國繪畫中最早定型的線型藝術處理手段。

究其根本，中國古代人物繪畫的用線軌跡，從用筆的發展角度來看只有兩大類。即勻速行筆，較少變化一類；以及變速提按，變化豐富一類。兩類用線在壓力、速度等物理因素和工具、操作等技術因素的影響下呈現出不同的藝術效果。鐵線描的平行行筆速度均勻，毛筆施與紙面的垂直壓力相同。「提按線型則是在行筆中加入了垂直提按的運動，利用垂直壓力的不同使得線型產生粗細變化。

空間秩序

繪畫所顯示的空間關係，並不是單純現實物象的直接反射，它與人的視覺感知經驗、主觀表達方式和畫面形式表現密切相關。

中國傳統繪畫是將材質本身作爲背景，將表現形象脫於「基底」之上，以獲得視覺模擬的深度感，而不是借助現實物象中的體積、光線及時差來決定畫面的空間概念。這種懸浮的現象顯然不是其本身的物理實質，是由於觀看者大腦注意機制的心理誤差所造成的視覺主觀選擇性現象。

傳統畫家將現實中不同環境下的不同事物，從新平列、相錯組合在同一幅畫面中，得以形成前後的空間關係。這種空間關係是由不斷的層疊所造成的視覺錯覺，作爲基底的材質面永遠保持本身的「整一性」，每附加一層的同時，下面一層圖像就自然成爲上面圖形的「基底面」。這種處理方式不同於西方畫家在畫面中極力將不同事物放在同一環境之內的「全景裝置」。中國古代傳統畫家往往用錯維和塡充的方式將不同角度、不同空間觀察的景象描繪在一幅畫中，甚至有些情節毫不相干，即使是多層圖形的大小也不受透視所限制。這樣的一種處理觀念，爲感性的形式表達提供更大空間，畫家可以主觀地在畫面中添加所要表現的景象，而不會產生視覺上的不適和突兀感。

這個層次就如人們上臺階一樣逐步深入，在視覺上形成跳躍性的、由裏向外或由外向內逐層深入的效果。這種中國式的「圖底」關係相當微妙，畫面中的每一個單體都是一種平面化元素，它們同時處於整體畫面所呈現的三度空間之中。各單元之間既是一種平面排列，同時又呈現出一種向深度延展的視覺效果。由於這兩種看似相互對立視覺構成模式的相互作用，使得中國式的畫面「產生了更爲複雜的形式和更爲深刻的含義。」

傳統繪畫中的平列縱深現象，源於南北朝（386 年～589 年）的「二元」透視模式。當表現形體以「二元」形式出現時，就會從心理上引導觀眾的視線前後縱向平行移動，而不是像焦點透視那樣在畫面中只有一個焦點。

傳統畫家有意識地這樣處理人與景的關係，現實中人與景之間的作用關係，被畫家主動捨棄。這樣就爲觀者提供了一個主動遐想像的空間，當人們在觀看這些作品時，會無意識的聯想到平時所見現實物象的空間經驗，並且根據自己的視覺經驗將畫面從新整合。

中國傳統繪畫的空間關係並沒有僅停留在畫幅之內，而是無限延展。畫家利用「遊觀」的觀察方法，削弱了背景中視覺焦點所體現出的空間狀態，從而使觀者產生無限深遠的假設空間。「這個無限的空間卻是在一個有限的空間的某一個精確的位置上自我矛盾地呈現出來的。」畫家有意削弱各單元本身的焦點，並且由於各單元的形式感相同，使得畫面保持了整體、統一的效果，使得這種看似毫不相干的組合不會顯得突兀。甚至於「逆透視現象」（Inverted Perspective）也會在畫面中得以「合理化」呈現。

換言之，中古時期的傳統畫家並非只憑眼睛或單一視點來描繪自然，會把它想像爲某種變動不居的「由各種感覺同時理會的東西，」更加偏重畫面所表達的人文價值。作者將不同時間、不同地域、不同狀態的人物統一在同一個時間框架之中，「畫面中的表現對象既不屬於過去，也不屬於現在，他們所代表的是從歷史和人類行爲中抽象出來的、沒有時限的儒家理想人格典範。」

中國美術考古學風格譜系的建立需要一個切實可行並具實操性的方法來對各時期美術作品的時代風格進行定位。從藝術創作的本體角度切入，通過對考古圖像實物具體風格元素的對應性分析，爲古代出土藝術品的斷代以及藝術價值和時代風格等的認定提供了一個實效、明確具有實操性研究方法，更具意義的是會爲中國美術考古學建立提供一套切實可行的、具體的風格定義程序和思路，對中國美術考古學的學科獨立具有明確的實踐意義。

反映唐代人物畫風格面貌的新證據

在中國繪畫史的發展歷程中，唐代人物畫曾經書寫了輝煌的篇章。可是，我們今天藉以瞭解唐代人物畫眞實面貌的傳世作品幾乎都有存疑，例如，傳爲初唐閻立本的《步輦圖》，沈從文先生認爲畫中人物衣著與唐初制度不符，並非唐代作品，「宮女開相，即缺乏肯定感，和常見唐畫大不相同」。徐邦達先生與陳佩秋女士亦認爲《步輦圖》既不是唐人的，也不是宋人的。主要原因是：線條模糊無力，人物造型輪廓不准，沒有唐宋人的寫眞基礎，其藝術水平遠不如《歷代帝王圖卷》。同樣傳爲閻立本的《歷代帝王圖》，因有北宋富弼的題識，所以一直被認爲是閻立本原作。然而唐代文獻中並無有關閻立本曾作《帝王圖》的任何記載，近年來學術界傾向性的意見是宋代摹本，亦有學者認爲此畫爲唐代畫家郎餘令原作的北宋摹本。傳爲中唐周昉的《簪花仕女圖》，謝稚柳先生在 1958 年就表示質疑，認爲其創作年代的上限應在五代之後。雖然在此後又有多位學者提出不同看法，但關於此畫的作者、年代問題至今還無定論。《虢國夫人遊春圖》、《牧馬圖》等亦頗多爭議。

唐代寺觀壁畫，因各階層對佛教的敬仰，得到空前發展，並由於諸多名家巨匠的廣泛參與，致使唐代寺觀壁畫成爲當時主要的繪畫形式。依龔國強、趙振宇二位先生的輯考，唐代寺觀分佈大多集中於長安附近（附表 8-2）。僅在《歷代名畫記》中就顯示長安城繪有精美壁畫的佛寺 44 座。然而，時至今日，這些寺觀壁畫僅存在於文獻，實物幾乎無一存留。再如敦煌莫高窟那樣幸存於今的洞窟壁畫，由於紀年不明，大多也只能框定在整個唐代大範圍之內，而無法確定其具體時限和在唐代繪畫流變序列中的地位與作用。那麼，在唐代各時期的主流繪畫到底是什麼風格形態？是中國繪畫風格史所應深入探究的問題。

唐代是中國古代繪畫的一個高峰時期，有據可考的畫家近四百人。由於繪畫作品主要消費群體的貴族們多集中在長安，以至各地知名畫家多彙聚於此。可以說，長安繪畫是當時中國畫壇的濃縮體現，亦是唐代流行風格的指向標。但由於文獻所記畫家風格，與現存的繪畫作品無法明確對應，所以，只能將其作爲瞭解唐代繪畫風貌的一個補充材料。

有關唐代人物畫的傳統研究材料，主要集中在紙帛繪畫、洞窟壁畫、寺觀壁畫、史載畫家四個方面。唐代的紙帛繪畫由於年代久遠存世數量極少，並多有存疑。唐代遺存洞窟壁畫，由於紀年不明，大多也只能框定在唐代概略的時段之內，無法確定其具體創作時間。從藝術史發展角度出發，自然不能將其作爲反映唐代特定時期繪畫特徵及流變的可靠素材。傳統中國美術史研究注重主流畫家及其作品的探討和對傳世作品的分析，對於存世作品極少的唐代繪畫來說，多數學者是依據歷史文獻的記載來闡釋其風貌，對其繪畫直觀形態的把握則相對薄弱。然而，僅憑文獻來詮釋特定時代的藝術作品，往往會導致認識上的空泛甚至曲解。值得慶幸的是，現代考古學在一定程度上彌補了這一缺憾。

20 世紀中期以來，隨著不斷的唐代墓葬考古發掘，爲藝術史研究提供了大量的繪畫實物。並以其相對充足的數量和斷代的明確性，大大地彌補了上述唐代繪畫研究材料的不足，從而爲明確地認知唐代繪畫的時代風格及其流變形態提供了可靠的實物例證。

唐代墓葬形制作爲社會秩序的一種體現，其中的壁畫、線刻墓專屬於貴族們，是唐代貴族文化的體現，以此來顯示他們生前的社會地位及審美取向。依據已發表的考古資料統計，現已發現唐代較為重要的壁畫墓計有 130 多座。由於唐代建都長安，皇室成員及貴族顯宦大多集中於此，所以唐代壁畫墓絕大部分發現於關中地區（關中地區 102 座，北方其它地區 21 座，南方地區 9 座）（附表 8-3）。特別是作為貴族至高身份體現的石槨墓，不但集中於關中地區，亦是這些貴族墓中級別最高的墓葬。

唐代寺觀壁畫、主流畫家及墓室壁畫，幾乎都集中在長安附近，因而，長安地區就成為瞭解唐代繪畫風貌的突破口。再者，集中於關中地區的唐代墓室繪畫，也是至今發現的斷代明確、數量最大的實物。而在這些唐墓中級別最高的一部分墓葬，幾乎都有顯示高等級貴族身份的石槨，所以，石槨墓也就是顯示唐代貴族文化的典型代表。

可見，在唐代主流繪畫的組成要素中，紙帛繪畫、寺觀壁畫、史載畫家及畫史，都只能作為瞭解唐代人物畫的旁證，而唐墓中出土的繪畫作品以其斷代的明確、數量充足，理應是反映當時人物畫風貌的主要證據。從地理分佈和消費主體來看，上述的所有組成要素，都直指於長安地區的貴族群體，而唐代石槨墓墓則是貴族墓中等級最高的一部分，由此也可確信，石槨線刻的創作者是當時具有較高水準的藝術家。在時序相對完整的初唐至盛唐 29 座石槨當中，以 19 座石槨作為載體的人物線刻，代表了這一時期統治階層的審美取向，也可以說，唐代石槨人物線刻是這一百多年間唐代人物畫主流形式與風格變遷的代表性作品。因此，唐代石槨上的人物線刻圖像便具有了我們瞭解唐代人物畫風貌及其風格演變的標本作用。這正是本文以唐代石槨線刻作為主要對象來窺探唐代繪畫面貌及其風格演變的主要原因。

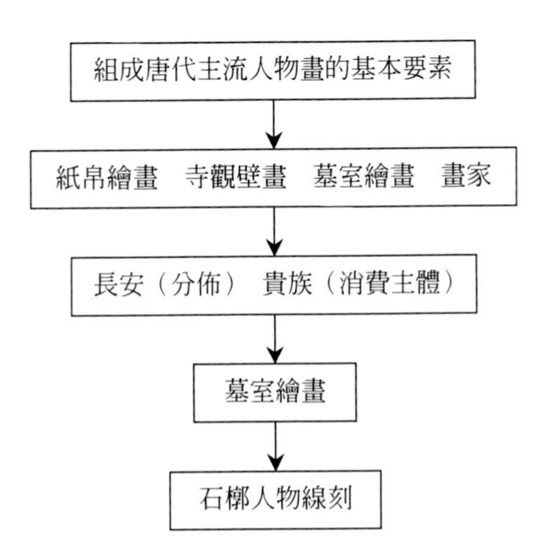

既然唐墓石槨人物線刻是唐代傳統人物畫的重要組成部分，因此，就不能孤立的來對其藝術風格進行探討。要想對唐代石槨人物線刻在短短一百多年間的藝術風格做出清晰的認識，就必須把它放置在中國傳統人物畫風格演進的整體序列中，作爲唐代繪畫史的一部分進行研究，只有這樣，才能清楚地對唐代石槨人物線刻的時代風格作以準確定位。

唐代石槨人物線刻的研究現狀

現已發現最早的李壽墓石槨，成於貞觀五年（631 年），最晚一具爲天寶五年（748 年）的武令璋墓，年代集中在初唐至盛唐的 117 年間。由於石槨墓的墓主身份及墓葬等級較高，均出土有墓誌，所以，這些石槨墓並不存在斷代問題。其中刻有人物線刻的 19 具石槨，由於圖像部分發表數量有限及不成系統，對於唐代石槨線刻的藝術研究造成了一定困難。通過筆者對已發表資料之外石槨人物圖像的收集和現場臨摹，已具備了這些石槨百分之七十以上的人物圖像素材，由此也就具備了對唐代石槨人物線刻進行藝術風格學研究的基本條件。

關於唐墓石槨人物線刻的研究，至今尚缺乏系統論著，大多爲單幅或單組線刻的分析或將其作爲唐墓壁畫的一部分進行論述。

從圖像學意義上來看，唐代石槨人物線刻所反映的內容基本上是唐代貴族現實生活中的僕從及侍女，與之前漢代、魏晉南北朝的石棺線刻內容相較，比較單一。只有唐初的李壽墓石槨人物線刻的內容較爲豐富，人物數量也最多。對李壽墓石槨人物線刻圖像分析的文章，以孫機先生《唐李壽墓石槨線刻〈侍女圖〉、〈樂舞圖〉散記》的論述較有代表性。孫機先生認爲李壽墓石槨人物線刻，不像其它石槨線刻偏重於裝飾性，而是富有「寫實意味」，並對人物線刻中的服飾、器物、伎樂作了比較研究，認爲該石槨中的伎樂是唐代新俗樂雛形。

涉及唐代石槨人物線刻的文章，迄今大約發表有一千多篇，以唐代服飾、髮式研究爲主，多是圖像內容分析，基本採用類似孫機先生的圖像志分析方法。如，王學敏先生的《唐「坐部伎」和立部伎考略》、李星明先生的《唐代墓室壁畫研究》、沈從文先生的《中國古代服飾研究》、孫機先生的《中國古輿服論叢》、傅江先生的《唐代的宦官像》、王彬女士的《唐墓壁畫中的婦女髮式》、《唐代婦女常服淺議》、白文花女士的《胡服與唐代服飾的關係》、范英峰先生的《李重潤墓石槨線刻宮女圖》等。

關於唐代石槨線刻的藝術研究，王子雲先生及其女兒王倩，一直予以特別關注，但基本是以文學式的直觀性描寫，並未作藝術學原理分析。

王樹村先生在《中國石刻線畫略史》及《石刻線畫之發展及其研究價值》中，結合畫史對唐墓線刻進行了對比性分析，認為石刻線畫與民間、民俗繪畫具有一定的淵源關係。

周到先生在《中國石刻線畫藝術概論》中就石刻線畫的學術概念、起源、歷代變化進行了概述，對石刻線畫在各時期的發展進行了比較分析，認為唐代早期線刻簡約，未脫北周、隋代特色，永泰公主墓石槨線刻「絕非出自一般俗工之手」。並以為，唐墓中的線刻以李壽墓、韋頊墓、永泰公主墓最為精彩。上世紀末，周先生年近古稀時提出，石刻線畫的研究應該建立獨立的研究體系，足見周先生的長遠學術見識。

張鴻修先生在《隋唐石刻藝術》的概述中說，唐代石槨人物線刻基本顯示了時代的共性，具體製作中也表現出作者的個人風格，並推測乾陵三墓石槨線刻或為一人所作、或出於師徒之手，李壽墓石槨人物線刻，很可能是該墓壁畫作者的筆跡。

劉鳳君先生在《考古中的雕塑藝術》中對石槨人物線刻的服飾、器物等進行了考證，並認為韋泂墓石槨線刻中的侍女皆著男裝的原因，可能是由於藝術家對韋氏家族貴婦的譏諷所致。關於唐代石槨人物線刻的藝術性，劉先生認為，唐代石槨線刻原皆賦彩，其構圖「採用室內屏風畫的形式」協調對稱，以內容和位置決定佈局。刻製技法分先線刻再平鏟和平面陰線雕兩種，線形多採用「疏」的形式，並以畫論中「以形寫神」來對應唐代墓室線刻的藝術特徵。

此外亦有若干提及唐代石槨人物線刻藝術風格的文章，但從研究深度而言均無出上述先生之右。

從 20 世紀 50 年代王子雲先生的研究開始，關於唐代石槨人物線刻的藝術性研究，幾乎都是以文獻資料作為論證依據，直觀視覺分析則多是文學性描寫。若從藝術本體而言，這兩種研究方法都可能使人對唐墓人物線刻形式風格的理解造成很多障礙。當今藝術風格史研究趨勢主要是以形式分析的方法對時代風格加以判定，亦即關注形式組合關係在某一歷史時期的群體性特徵，並將其放置在持續發展的歷史進程中，得以尋找出清晰可辨的時代風格化主題。然而，在藝術史研究領域，至今尚缺乏對唐代石槨人物線刻的藝術風格的系統、深入的研究。

半個世紀的困惑——繪畫風格學方法論

藝術史學自創立以來，「有關一些關鍵的帶有理論性的藝術史的實踐者都來自文學（或哲學）研究的領域」，「所以這種藝術史的發展看起來有點像是由文學帝國主義發起的殖民化運動」。中國藝術史領域大致分爲三種研究觀念，一爲傳統史傳方法，斷代記錄畫實；二爲以藝術反映文化、思想的歷史觀史學方法；第三類主要以 20 世紀西方史學觀爲主體的融考古學、心理學等綜合性跨學科研究方法，其中亦包括風格學方法。

以沃爾夫林爲代表的風格學說傳入中國幾近半個世紀，而對其理論的研究卻一直停留在文化學研究層面，特別是風格學的應用鮮有突破。從古至今的中國美術史研究，大都處在形而上的美學層面，關注繪畫所顯現的觀念背景，而將構成畫面的「技藝」視爲末端，對繪畫本體的發展邏輯極少關注。在重視「技法」研究的西方，風格學的應用研究不足爲奇，而對於注重傳統史學研究的中國學術界則顯得頗爲生疏。

藝術史領域大致分爲三種研究觀念，一爲傳統史傳方法，斷代記錄畫實，二爲以藝術反映文化、思想的歷史觀史學方法，第三類主要以 20 世紀西方史學觀爲主體的融考古學、心理學等綜合性跨學科研究方法。中國藝術史學界往往注重宏觀研究，對繪畫風格學的定義過於寬泛，致使具體「風格」頗多解釋並語焉不詳。之所以產生這種現象，是由於大多藝術史研究者缺乏藝術實踐基礎，面對具體的風格研究不知從何入手。其中最大的誤區則是模糊了「可視」與可述的界限，往往把「可述」的歷史強加於「可視」的作品當中，繞過本體而進入背景研究，被動地落入了文化學的圈套。

如何解決這個問題，顯然是中國繪畫史研究領域必須面對的一個課題。

沃氏的風格學說受進化論思想的影響，以發展、進化的觀念來詮釋藝術歷史及本體自然進展規律，發展了黑格爾的辯證法和循環論。其之所以能在諸多「思想」中獨樹一幟，則是其充分拓展了阿洛伊斯・李格爾的「藝術具有獨立進展的自然規律」學說，並認爲藝術的進步是藝術描繪形式從觸覺向視覺轉變的過程，更確切地說，是藝術描繪形式具有自身演進規律，也就是說，藝術品自身的本體語言具有獨立的風格演化程序。

相對於用語言來詮釋繪畫風格，「視覺」就顯得明確、直接的多。而如何將直觀視覺感受轉化爲理論表述，風格學則爲我們打開了一條更爲直接的通道。風格學說並不是否定傳統的描述可視與可述之間的既定關係，而是通過現實視覺與再現分析的對應比較來確立藝術作品的即有風格。不論畫面當中所展現的任何形式表現因素，都會通過視覺爲話語創造一個延展的空間，同時也爲可視與可述的結合提供一個全新的認知角度。

關於繪畫風格的分期，大多數學者是以歷史時代爲標準，以歷史文獻結合圖像學的方法來進行研究。近年來以風格分析的方法來分析風格演變，成爲中國畫研究的流行趨勢，這種西式研究方法被羅樾、方聞等人帶入中國繪畫研究當中，給以文獻爲分析主線的傳統敘述性中國繪畫研究領域注入了新鮮血液。雖然此二人所傳承的沃氏「風格」學說早在上世紀 80 年代即已進入，但國內對其理論的應用卻多存歧義。兩人同是採用綜合分析方法，風格學的應用並不突出，臺灣學者石守謙亦對這種方法做了深入研究，但同樣使用了過多的文化學因素來解釋畫面本體元素，以至掩蓋了諸多系統的風格學研究方法，致使許多研究者顧其斑而失其貌。對於國內學者而言，風格學注重形而下的分析方式與傳統史學觀存在諸多衝突，另由於大多研究者對繪畫實踐的缺失，而無法理解其精要所在，以至於在對風格學理論應用的時候往往只是將其作爲研究主體的一個陪襯。

一種研究方法的確立不單要在理論邏輯上具有嚴密性，同時還要在解決具體問題上具有實操性。沃式學說的主旨既是系統闡釋畫面直觀元素本體的藝術特徵及其發生、發展的自身邏輯。關於「時代風格」的提法，在當今學術界頗爲泛濫，如果用其對當代繪畫作以定義，顯然不能成立。當代思想之繁複、題材之豐富、技法之多樣達到了人類歷史上空前的複雜狀態。但是，用此提法來表述古代繪畫則相對能夠確立，因爲我們不能忽視繪畫在之前各個時期所顯現出的，以繪畫程序而體現的時代特有共性特徵。中國古代繪畫是佔據統治地位的貴族階層意願的表達，這本身就決定了人物畫創作的特定價值及藝術取向，同時由於消費主體比較統一，表現技法較爲單純，更加容易在繪畫中形成一種主導性的表達形式。

就「時代風格」的研究，大多學者以整體風格轉變的節點來進行分期，這種綜合性分析方式雖然能夠總結出各時期風格演變的整體趨勢，但對風格之所以轉變，則多以背景文化來解釋而忽略了「技藝」本身發生、發展的邏輯性因素。在中國繪畫畫面當中，最爲重要的組成要素是造型、形式和線型。而當代繪畫理論研究，無論是以歷史文本爲研究基礎的圖像學研究方法，還是繪畫精神的研究「都對此問題熟視無睹」。

中國傳統繪畫的畫面元素主要體現在獨具特性的造型法則、形式風格、線型軌跡及觀察方式上。因此，以這種舶來研究方法運用於中國畫時，我們不妨做的更加純粹、具體一些，撥開包裹在「風格」之外的諸多影響因素，單純的對繪畫畫面本體元素進行系統的原理研究。

從藝術發展的角度出發，以風格學方法分析一個時期或一幅中國傳統繪畫要素的同時，還應關注各歷史階段所能給畫家提供的創作觀念及技術手段。以組成傳統繪畫本體元素作爲主體，對其在各自獨立系統中持續性演變進行分析，並放置在一個更大的發展框架之內對各元素之間的關係進行梳理，並關注影響其風格轉變的外在因素。同時還需將持續繪畫視像結構的形態進行歷史縱向與同期橫向的直觀比較研究，力求在對這一時期群體性特徵的分析當中，總結其具有歷史發展常規性的時代風格流變趨勢。從視覺角度「重建業已失傳的證據」，以此來建立中國繪畫風格學研究的系統體系。

本文主要以考古學作爲研究基礎，以繪畫風格學爲研究主體，以唐代石槨人物線刻作爲線索，對初唐至盛唐期間持續的人物畫形態進行縱向與橫向比較分析，力圖在對這一時期石槨人物線刻的共性特徵的分析中，總結出初唐至盛唐期間唐代石槨人物線刻中具有歷史發展常規性時代風格的流變趨勢，並以此引代出唐代人物繪畫的藝術風格。

本文從藝術發展的角度，關注於各歷史階段所能給畫家提供的創作觀念及技術手段，並著重以組成傳統人物畫藝術本體的「三要素」作爲分析主體，對「三要素」在各自獨立系統中持續性演變進行分析，放在一個更大的發展框架之內對三者之間的關係進行梳理，同時關注影響其風格轉變的外在因素，並以此建立本文的研究系統。以便能夠清晰、具體地對初唐至盛唐一百餘年的繪畫風格進行客觀的描述，以期達到對唐代石槨人物線刻的確切認識。

唐代人物畫既是中國本土繪畫形式的延續，又有外來風格的雜糅，在多種因素作用下形成了中國古典人物畫的又一個高峰。因此本文在對以石槨人物線刻爲代表的唐代人物畫進行研究時，會將範圍適當擴大，尋出形式當中哪些是既往程序的延續，哪些是生發的新腔，力求在闡釋石槨人物線刻時代風格的同時，探討其風格的形成原因。

一、本文首先以考古學成果爲依據，對唐代石槨線刻人物圖像按時期進行排序，對其形制、墓主身份及線刻的創作主體進行分析，以作爲唐代石槨人物線刻藝術風格研究的背景。

二、對唐代勒石技法與繪畫勾描進行對比分析，作爲繪畫風格學研究的前提。

三、關注人物造型背後的各時期文化、哲學的沿承因素，將造型形式與文化、哲學背景作爲一個關聯繫統，在相同與相異的範疇間進行形式和含義的關聯比較。同時關注造型形式的流變，以明晰這一時期人物畫的基本造型法則。

四、將唐代石槨人物線刻放置在中國古典人物畫形式風格演進的整體框架當中，著力關注線群組合關係及其發展軌跡，以期對這一時期的形式風格作以定位。

五、將唐代石槨人物線刻的具體線型表現，放置於唐代人物畫線型演變框架之內，從直觀表現的角度進行對比探討。對其在傳統人物畫中的地位及流變作用進行定位。

通過以上分析，可基本清晰地看出初唐至盛唐期間人物畫造型、形式及線型軌跡的演變規律。如果將這些本體因素按時間對應排列，唐代石槨人物線刻的典型風格也就昭然若揭了。

上　篇

唐代石槨人物線刻研究的考古學基礎

第一章　唐代石槨人物線刻的考古學陳述

第一節　唐代石槨的考古發現

石棺槨的使用被認爲是在品官等級之上，封建皇帝特許的一種恩典，是「事出特製」的特例〔註 1〕。唐代喪葬制度比較嚴格，《通典》棺槨制載：

> 大唐制，諸葬不得以石爲棺槨及石室，其棺槨皆不得雕鏤彩畫，施户牖欄檻。〔註 2〕

「制度」主要是限制普通人使用石質葬具，扭轉北朝以來石質葬具使用混亂的局面，並以此來限定墓主身份。在已知使用石槨的唐代墓葬中，墓主大多爲正二品以上的皇親國戚和極少數開國功臣。

唐代石槨墓的系統發掘與整理於 20 世紀中期開始，在此之前，發現最早的石槨爲清宣統庚戌年（1910 年）因被盜而現世的韋頊墓（718 年）石槨。1943 年冬，在西安發現了該石槨的十二塊壁板殘件，後存於西安大湘子廟街，現存於西安碑林博物院，1957 年王子雲先生對其線刻整理後收錄於《中國古代石刻畫選集》中〔註 3〕。1958 年中國社會科學院考古研究所在對唐代長安城郊附近

〔註 1〕 孫秉根，《西安隋唐墓葬的形制》，《中國考古學研究》編委會編，《中國考古學研究——夏鼐先生考古五十年紀念論文集（二）》，科學出版社，1986 年 5 月。

〔註 2〕 玄宗於開元七年首次頒佈節葬令，明文禁止使用石質葬具。開元 25 年再頒此令，加之安史之亂後國力大減，至此後再未發現石槨。

〔註 3〕 王子雲，《中國古代石刻畫選集》，中國古典藝術出版社，1957 年 7 月，圖版二零（1-14）。

隋唐墓的整理髮掘時發現了楊思勖墓（740 年）石槨〔註 4〕。1959 年陝西省文物管理委員會對韋洞墓（708 年）進行發掘，發現廡殿頂石槨一具〔註 5〕。1960 年 8 月～1962 年 4 月，陝西省文管會對乾陵西南側的永泰公主墓（706 年）進行發掘，發現完整廡殿頂石槨一具〔註 6〕。1971 年 7 月～1972 年 1 月，陝西省博物館和乾縣文教局唐墓發掘組同時對懿德太子墓（706 年）〔註 7〕和章懷太子墓（706 年）〔註 8〕進行發掘，兩墓各發現廡殿式石槨一具。1972 年陝西省博物館、禮泉縣文教局唐墓發掘組對禮泉縣煙霞公社馬察村西南約 0.5 公里處的鄭仁泰墓（664 年）進行發掘，發現拱頂石槨一具〔註 9〕。1973 年 3 月～8 月，陝西省博物館、文管會對李壽墓（631 年）發掘，發現歇山頂石槨一具〔註 10〕。1975 年 8 月，陝西省文管會和蒲城縣文化館在蒲城縣西北儀龍村搶救發掘了王賢妃墓，發現石槨一具，但因歷史原因石槨僅存九塊壁板〔註 11〕。1975 年唐高祖第六女，大長公主墓（673 年）在陝西省富平縣呂村鄉雙寶村進行發掘，發現石槨一具〔註 12〕。1987 年韋詢（708 年）、韋浩（708 年）、韋城縣主（708 年）、衛南縣主墓（708 年）進行發掘，各發現廡殿頂石槨一具〔註 13〕（另有韋氏無名石槨一具，現藏於長安博物館）。1990 年 11 月～12 月，昭陵陪葬墓韋珪墓（667 年）發掘，發現石槨一具，經筆者實地考察，無人物線刻。1991 年 6 月，陝西省靖邊縣紅墩界鄉楊家村東陳梁山的楊會墓（736 年），因被盜被迫進行搶救性發掘，發現彩繪石槨一具〔註 14〕，這是首次在關中以外地區發現的石

〔註 4〕 中國社會科學院考古研究所，《唐長安城郊隋唐墓》，文物出版社，1980 年。

〔註 5〕 陝西省文物管理委員會，《長安縣南里王村唐韋洞墓發掘記》，《文物》，1959 年第 8 期。

〔註 6〕 陝西省文物管理委員會，《唐永泰公主墓發掘簡報》，《文物》，1964 年第 1 期。

〔註 7〕 陝西省博物館、乾縣文教局唐墓發掘組，《唐懿德太子墓發掘簡報》，《文物》，1972 年第 7 期。

〔註 8〕 陝西省博物館、乾縣文教局唐墓發掘組，《唐章懷太子墓發掘簡報》，《文物》，1972 年第 7 期。

〔註 9〕 陝西省博物館、禮泉縣文教局唐墓發掘組，《唐鄭仁泰墓發掘簡報》，《文物》1972 年第 7 期。

〔註 10〕 陝西省博物館、文管會，《唐李壽墓發掘簡報》，《文物》，1974 年第 9 期。

〔註 11〕 現存於蒲城博物館碑林。

〔註 12〕 安崢地，《唐房陵大長公主墓清理簡報》，《文博》，1990 年第 1 期。

〔註 13〕 員安志，《陝西長安縣南里王村與咸陽飛機場出土大量隋唐珍貴文物》，《考古與文物》，1993 年第 6 期。

〔註 14〕 郭延齡，《靖邊出土唐楊會石棺和墓誌》，《考古與文物》，1995 年第 4 期。

槨。1993 年 3～12 月阿史那懷道十娃夫婦墓（727 年）發掘，發現歇山頂石槨一具，僅存 4 塊壁板，現藏於順陵文管所〔註 15〕。1992 年契苾明墓（696 年）在咸陽市渭城區藥王洞村進行發掘，發現廡殿頂石槨一具〔註 16〕。1995 年山西省考古研究所對山西運城市萬榮縣黃甫村的薛儆墓（721）進行發掘，發現廡殿頂石槨一具〔註 17〕，這是陝西之外所見的唯一一座。1996 年，陝西省考古研究所對陝西省高陵縣馬家灣鄉馬家灣村的李晦墓（689 年）進行發掘，發現歇山頂石槨一具，考古報告尚未發表，石槨現存漢陽陵博物館。西安市文物保護考古所在對西安市東郊灞橋區灞橋鎮呂家堡村的金鄉縣主墓（724 年）進行發掘時發現廡殿頂石槨一具，無人物線刻〔註 18〕。2000 年，陝西省考古研究所對蒲城縣三合鄉的李憲墓進行發掘，發現廡殿頂石槨一具〔註 19〕。2002 年在陝西靖邊縣發現被盜的武令璋墓石槨〔註 20〕。2009 年 9 月，西安市文物保護考古所搶救性發掘，位於西安市長安區西安國家民用航天產業基地的唐代秦守一墓（724 年），發現廡殿頂石槨一具〔註 21〕。另外，陝西禮泉縣煙霞鄉昭陵陪葬墓之一的燕妃墓（671 年）還未發掘，但已被盜，筆者曾進入墓室探查，確定有石槨一具。同爲昭陵陪葬墓的李福墓（670 年）發掘報告未出，其石槨現存於昭陵博物館後院荒地內，形制爲廡殿頂式。2010 年 6 月 17 日，陝西省公安機關從美國追回唐貞順皇后武惠妃墓石槨，該石槨是迄今爲止所發現的唐代體量最大的石槨。〔註 22〕以上共計 29 座已發現的唐代石槨。

現已發現的唐代石槨墓的分佈，絕大多數集中在唐長安城附近，李壽墓、鄭仁泰墓、韋珪墓、燕妃墓、大長公主墓、李晦墓、懿德太子墓，永泰公主墓、章懷太子墓、賢妃王芳媚墓、李福墓均是唐帝陵陪葬墓，李憲墓係按帝陵形制建設。金鄉縣主墓位於西安東郊；契苾明墓位於咸陽市渭城區藥王洞

〔註 15〕《中國考古學年鑒》，1994 年，文物出版社，1997 年 1 月，275 頁。
〔註 16〕解登、馬先科，《唐契苾明墓發掘記》，《文博》，1998 年第 5 期，11～15 頁。
〔註 17〕山西省考古研究所，《唐代薛儆墓發掘報告》，科學出版社，2000 年。
〔註 18〕西安市文物保護考古所、王自力、孫福喜，《唐金鄉縣主墓》，文物出版社，2002 年 11 月。
〔註 19〕陝西省考古研究所，《唐李憲墓發掘簡報》，科學出版社，2005 年 1 月。
〔註 20〕王勇剛、白保榮、宿平，《新發現的唐武令璋石槨和墓誌》，《考古與文物》，2010 年第 2 期，20～29 頁。
〔註 21〕《華商報》，2009 年 9 月 28 日，A20 版。
〔註 22〕《西安晚報》，2010 年 6 月 17 日。

村；韋頊、韋詢、韋浩、韋城縣主、衛南縣主墓均出自西安南郊南里王村韋氏墓地；武惠妃墓位於西安市長安區龐留村；楊思勖墓位於西安市東郊等駕坡村；薛儆墓位於山西運城市萬容縣黃甫村；楊會墓位於陝西省靖邊縣紅墩界鄉楊家村東陳梁山；秦守一墓位於西安市長安區國家民用航天產業基地；阿史那懷道十娃夫婦墓位於咸陽市北部二道原，鐵二十局機關院內；武令璋墓位於陝西省靖邊縣紅墩界鄉圪洞河村北山梁上。

（圖 1-1-1）唐代石槨墓分佈圖

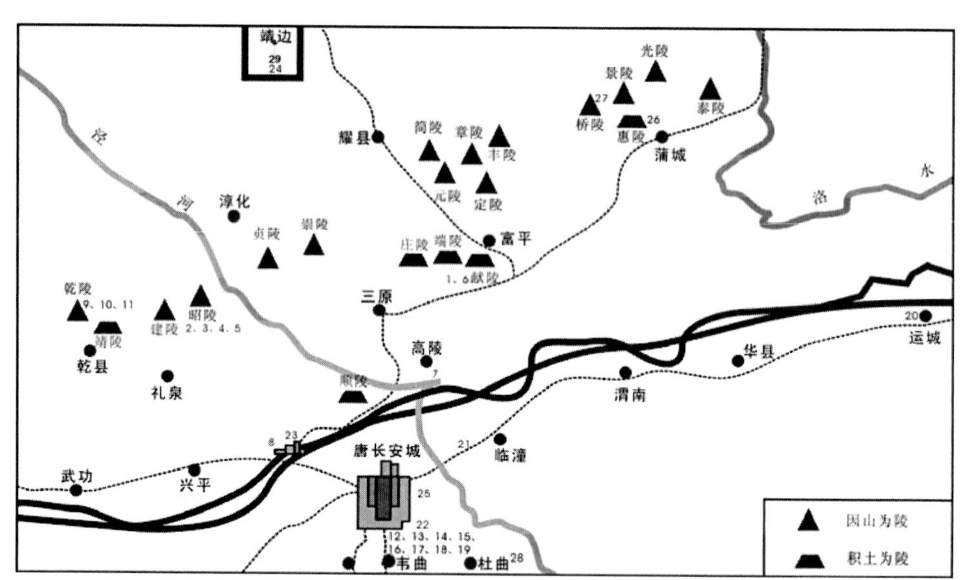

在上述石槨墓中僅有薛儆墓、金鄉縣主墓和李憲墓已發表完整的發掘報告，石槨的形制、線刻有較詳細的記錄。韋頊墓石槨由於被盜較早，僅存 12 塊壁板，形制不詳，其它石槨發掘者所發表的資料較爲簡略，圖像部分多散見於相關資料，或爲筆者現場取樣及考古界學者另行提供。

第二節　唐代石槨人物線刻圖像

古代墓葬中所有配置幾乎都具有仿現實社會因素的象徵性空間〔註 23〕表現，唐代墓葬繪畫系統一改東魏北齊以墓主人畫像爲中心的一元化空間排

〔註 23〕（美）巫鴻，梅枚、蕭鐵、施傑譯，《時空中的美術》，生活．讀書．新知三聯書店，2009 年 12 月，168 頁。

列主流形式。除麟德三年（667 年）韋貴妃墓墓室東壁〔註 24〕、天寶十五年（756 年）高元珪墓墓室北壁和天寶四年（745 年）西安韓森寨宋氏墓西壁繪有墓主畫像〔註 25〕外，其它唐代墓葬均未繪墓主形象，取而代之的是以棺床或石槨爲中心的平面圖像分佈形式，並以表現府邸內外場景劃分爲兩組人物主題。進入墓道，兩壁一般繪有儀仗、車馬出行、轎輦或狩獵等戶外場景，靠近墓道的過洞和天井，多繪有儀衛、門吏、列戟、文武官員等形象，體現墓主生前的身份和地位，亦是府邸之外與內宅之間的連接〔註 26〕，以墓門作爲分界。甬道之後的過洞、天井、墓室牆壁通常繪有內侍、侍女、樂舞、屏風等表現內宅的景象，是墓主生前家居生活的反應。這種圖像規程是唐代墓葬繪畫系統的「固定格式」，具有普遍的象徵意義〔註 27〕。墓室中心的石槨是墓主生前寢室的象徵，其上所刻繪人物形象多爲貴族私密生活中的近身人物，也是體現墓主高貴身份的象徵性圖式，其形象基本分爲男侍和侍女兩部分。

由於大部分石槨墓尚未刊出發掘報告〔註 28〕，在簡報及其它圖像資料中所見的石槨人物線刻圖像數量較少，並多不成序列。筆者在考古界專家幫助下，對唐代石槨墓進行了大範圍的現場考察，除已軼和暫時無法取樣的石槨外，結合資料梳理，對刻有人物形象的 19 座唐代石槨上現可取樣的人物線刻圖像進行了統一線摹。現將這 19 組人物線刻圖像按其在石槨上的分佈及刻製時間先後進行列序：貞觀五年（631）李壽墓石槨共刻 88 個人物；麟德元年（664 年）鄭仁泰墓石槨現可取樣線刻人物 2 個；永昌元年（689 年）李晦墓石槨外壁共刻 22 個人物；萬歲通天元年（696 年）契苾明墓石槨殘存 5 個線刻人物；神龍二年（706 年）懿德太子墓石槨共刻 24 位人物；神龍二年（706 年）永泰公主墓石槨共刻 21 人；神龍二年（706 年）章懷太子墓石槨現可取樣 5 個人物；景龍二年（708 年）韋洞墓石槨現可取樣 7 人；景龍二年（708 年）韋泂墓石槨現可取樣 10 人；開元六年（718 年）韋頊墓石槨現可

〔註 24〕昭陵博物館編，《昭陵覽勝》，陝西人民教育出版社，1999 年。

〔註 25〕劉鳳君，《藝術考古中的雕塑》，山東畫報出版社，2009 年 4 月，245 頁。

〔註 26〕這一部分圖像在等級不同的墓葬中有所差別，主要是儀衛、門吏的多寡及有無列戟等，另有個別墓葬還間繪有車輦、鞍馬等。

〔註 27〕李星明，《唐代墓室壁畫研究》，陝西人民美術出版社，2005 年 10 月，138 頁。

〔註 28〕至今爲止，只有薛儆墓和李憲墓有完整考古發掘報告發表（刻有人物圖像的石槨墓）。

取樣 14 人；神龍元年（705 年）～開元六年（718 年）韋氏無名墓石槨現可取樣 4 個人物線刻；開元九年（721 年）薛儆墓石槨共刻 19 人；開元十二年（724 年）秦守一墓石槨現可取樣 1 人；開元十五年（727 年）阿史那懷道十娃夫婦墓石槨現可取樣 3 人；開元 25 年（737 年）武惠妃墓石槨現可取樣 4 人；開元二十八年（740 年）楊思勖墓石槨現可取樣 2 人；天寶元年（742 年）李憲墓石槨共刻 15 人；天寶五年（746 年）王賢妃墓石槨現可取樣 13 人；天寶七年（748 年）武令璋墓石槨共刻 16 人。現可取樣的唐代石槨線刻人物共計 275 人。

一、李壽墓石槨人物線刻圖像（631 年）

李壽（577～630 年），字神通，唐高祖李淵從弟。《舊唐書》記：「及建德敗，復授河北道行臺尚書左僕射，從太宗破劉黑闥，遷左武衛大將軍。」〔註 29〕貞觀四年（630 年）薨，貞觀五年（631 年）葬，贈司空，謚靖。1973 年 3 月至 8 月陝西省文管會發掘於陝西省三原縣陵前公社焦村生產隊。〔註 30〕

李壽墓石槨由 28 塊青石組成，通高 2.2 米、底長 3.55 米、寬 1.85 米。歇山頂式，面寬三間，進深一間。當心間裝可以開闔的石門兩扇。門已被盜墓人打開，門扇一置於槨頂的東南角，一放槨內。槨頂的南邊石板被盜墓人打成兩截，一在原處，一斜插於淤土中。〔註 31〕李壽墓石槨現藏於西安碑林博物院。

由於李壽墓與隋大業四年（608 年）的李靜訓墓相差僅 22 年，石槨形制基本相同，只是李壽墓石槨體量較大，並且內外壁均增加了大量的線刻。由刻繪的內容來看，已不再有之前石槨上明顯的粟特或襖教內容。〔註 32〕石槨外部為淺浮雕並繪彩貼金的四神、武衛、文武侍從、騎龍駕鳳的僊人等畫面。裏面為陰線刻的樂舞、侍女、內侍、男女侍從、星相等畫面，槨底四周為陰線刻十二生肖像。

〔註 29〕（後晉）沈昫，《舊唐書》，列傳第十，宗室（太子諸子、代祖諸子），淮安王神通傳。

〔註 30〕陝西省博物館、文管會《李壽墓發掘簡報》，《文物》，1974 年第 9 期，71～88 頁。

〔註 31〕陝西省博物館、文管會《李壽墓發掘簡報》，《文物》，1974 年第 9 期，71～88 頁。

〔註 32〕（美）巫鴻，《禮儀中的美術》，下冊，生活・讀書・新知三聯書店，2005 年 7 月，671 頁。

李壽墓石槨人物線刻圖像分爲四個部分，一爲外壁的武士、侍衛、僊人；二爲內壁東向西間、北向、西向北間的伎樂圖像；三爲內壁西向中間、西向南間、南向的侍女圖像；四爲內壁東向中間壁板兩側立柱的天王圖像。（圖 A）

1、外壁圖像

李壽墓石槨外壁東面石刻人物分別以減低平齊手法刻於立柱和左右壁板之上，東面中間石門左右門扉各刻一朱雀和龍頭，門上刻龜獸。左右壁板下方各刻兩位持笏和持劍侍衛，插簪戴冠，上身穿寬袖袍服，下著裙裳，足穿雲頭高履，神態靜穆。左右兩間壁板上方各刻騎鳳飛升和騎龍僊人，披帛飄舉，四周雲氣圍繞，明顯帶有中亞風格。東面四立柱各刻一位持戟武士，（圖 A-2）石槨外西向與東向相同。石槨外南、北嚮壁板各刻三個持劍侍衛，形象與外東向持劍侍衛相同。（圖 A-1）

2、樂、舞圖像

A3，李壽墓石槨內壁東向南間，線刻立樂伎 12 人，（圖 A-3）由上至下分列三排。手持樂器由上排左起分別爲：笙、簫、大篳篥、銅鈸、橫笛、小篳篥、雲和（2 件）、琵琶（2 件）、五弦、豎箜篌。〔註 33〕

A4，北向內壁板線刻坐樂伎 12 人，（圖 A-4）所持樂器由上排左起分別爲：豎箜篌、五弦、琵琶、箏、笙、橫笛、排簫、篳篥、銅鈸、桀鞞、腰鼓和貝。〔註 34〕在以上兩幅伎樂圖中，樂女頭梳平雲髻，鬢髮齊平，延續北周「開額」制度，上身著齊腕窄袖短襦插與裙內，長裙高繫乳上，肩披帔帛，裝束爲中夏傳統式樣。〔註 35〕

A5，內壁西向北間，線刻舞伎六人（圖 A-5），短襦與奏樂侍女不同，爲長袖短襦，並在短襦外罩大袖衫，雲頭履，長裙及地。

〔註 33〕秦序先生考爲：笙、簫、尺八、鈸、橫笛、篳篥、琴、箏、曲項、曲項、五弦。秦序，《唐李壽墓石刻壁畫與坐、立部伎的出現年代》，《中國音樂學》，1991 年第 2 期。

〔註 34〕秦序先生考爲：豎箜篌、五弦、曲項、箏、笙、橫笛、簫、篳篥、鈸、？鼓、腰鼓、貝。秦序，《唐李壽墓石刻壁畫與坐、立部伎的出現年代》，《中國音樂學》，1991 年第 2 期。

〔註 35〕孫機，《唐李壽墓石槨線刻〈侍女圖〉、〈樂舞圖〉散記》，下，《文物》，1996 年第 6 期，56 頁。

（圖 A）李壽墓石槨人物線刻分佈圖

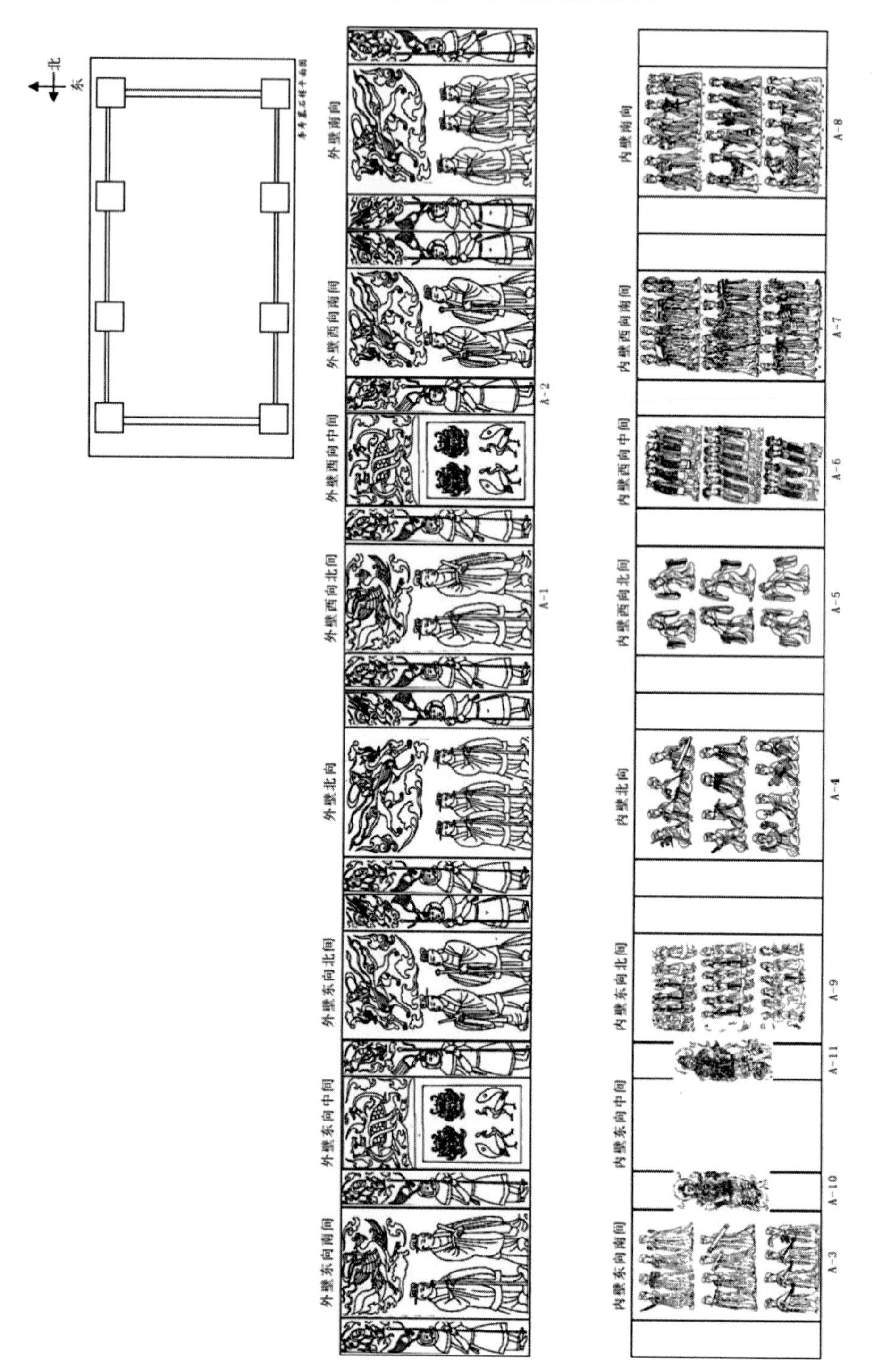

據李壽墓發掘簡報分析，由於樂伎圖中沒有編鍾、編磬兩種禮樂器，所以不屬於雅樂和清樂，「當屬龜茲部樂」。〔註 36〕簡報並推論貞觀四年即已盛行立、坐二部伎樂。而孫機先生則認爲，李壽墓石槨線刻所示的伎樂是以教坊俗樂與其它戲曲音樂相結合而形成的一種在唐初貴族階層流行的新俗樂。〔註 37〕

3、侍女圖像

A7，石槨內壁西向南間，線刻 18 位侍女，分三排、每排六人，服飾與坐、立姿樂伎相同。除右起第五人抄手外，其餘各人的手持物分別爲：麈、筴、彈弓、小盂、雙陸局棋、憑几、軟障、羽扇、竹竿子、拂子、燭臺、荃蹄、隱囊、茵褥、胡床、挾軾。（圖 A-7）

A8，石槨內壁南嚮壁板，線刻 20 位侍女，分三排，服飾與坐、立姿樂伎相同。第一排七人；第二排六人；第三排七人。除第一排右起第二、七人、第二排右起第一、二人、第三排右起第一、二人抄手外，其餘各人手持物分別爲：高足酒杯、胡床、長瓶、荷葉蓋大缽、細頸瓶、牛角杯、五足炭爐、八曲長杯、托盤、拂子（？）、食案。（圖 A-8）

A6，石槨內壁西向中間壁板，線刻 18 位盛裝侍女，分三排。第一排六人；第二排七人；第三排五人。18 位侍女服飾、動態基本相同。侍女服裝華麗與其它壁板侍女服飾差異較大。頭戴花冠，身著寬袖禮服，足穿翹頭履，同姿拱手而立。（圖 A-6）在現已發現的唐代侍女圖像中，只有懿德太子墓石槨線刻石門上的對立侍女著華麗禮服。將此圖與石槨其它壁板的樂、舞圖像對比，這種盛裝或是舞女禮服。

A9，石槨內壁東向北間壁板，線刻 21 位男裝侍女，分三排排列。均頭戴軟腳襆頭，身著圓領齊膝袍服、窄腿褲，雙手拱於胸前。（圖 A-9）

4、天王圖像

A10，內壁東向中間壁板兩側立柱線刻天王兩尊。左側天王手持法器，腳踩小鬼雙肩；右側天王手持寶劍，腳踩小鬼。（圖 A-10、圖 A-11）

〔註 36〕陝西省博物館、文管會，《唐李壽墓發掘簡報》，《文物》，1974 年第 9 期，76 頁。

〔註 37〕孫機，《唐李壽墓石槨線刻〈侍女圖〉、〈樂舞圖〉散記》，下，《文物》，1996 年第 6 期，67 頁。

二、鄭仁泰墓石槨人物圖像（664 年）

（圖 B）鄭仁泰墓石槨人物線刻

B-1

B-2

鄭仁泰，兩唐書均無傳，僅在本紀及東夷傳等處略提。據墓誌載：「公諱廣，字仁泰，滎陽開封人也。詔授檢校右武侯將軍，加上柱國，尋授同安郡公，邑兩千戶。永徽四年，授銀青光祿大夫，使持節靈、鹽二州都督、任涼州刺史。龍朔三年（664 年）歲次癸亥遘疾薨於官舍，春秋六十有三。帝令陪葬昭陵。」〔註 38〕鄭仁泰墓位於禮泉縣煙霞公社馬察村西南約 0.5 公里處，係唐太宗昭陵陪葬墓之一。

鄭仁泰墓石槨由 33 塊青、白石組成。二層底座，底座南北長 0.8、東西寬 2.3、厚 0.5 米。槨座東、南、北三面刻異獸紋。槨南北長 3.2、東西寬 1.7 米。槨壁由 8 根立柱和 8 塊石板嵌鑲而成，立柱上均刻男侍一人。槨頂由 4 塊拱形石板組成，拱狀槨頂滿刻線雕圖案，如石槨復原，南面通高 1.9 米，北面通高 1.65 米。〔註 39〕

鄭仁泰墓石槨現散存於昭陵博物館後院荒地，現可取樣的人物線刻爲兩幅。均爲持笏宦官，頭戴軟腳襆頭，身著圓領棉袍。其中青年宦官臉形飽滿、圓潤，身材挺拔，與同時期宦官的猥瑣形象明顯不同，可能是受到當時流行的佛畫形象影響。(圖 B)

三、李晦墓石槨圖像（689 年）

1995 年 8～12 月原陝西省考古研究所陽陵考古隊在陝西省高陵縣涇渭鎮

〔註 38〕陝西省博物館、禮泉縣文教局唐墓發掘組，《唐鄭仁泰墓發掘簡報》，《文物》，1972 年第 7 期，33～41 頁。

〔註 39〕陝西省博物館、禮泉縣文教局唐墓發掘組，《唐鄭仁泰墓發掘簡報》，《文物》，1972 年第 7 期，33～41 頁。

馬家灣村對秋官尚書李晦墓進行了搶救性發掘。據出土墓誌〔註 40〕及《新、舊唐書》載：李晦，字慧炬，生於貞觀元年（627 年），卒於太昌元年（689 年），其父李孝恭係太宗之堂弟兄。

李晦墓石槨，長 4 米，寬 3 米，高 2 米，石槨頂部有脊，仿木斗拱及叉手，結構完整，歇山頂式。石槨四壁內外兩側均有侍女，宦官及花草線刻畫，線條流暢、完整，現存於漢陽陵博物館後院。

石槨外壁線刻 22 個人物（內壁不詳），除三個宦官外，其餘均爲侍女，其中著裙裝侍女 12 人、著袍服侍女 7 人。（圖 C）

1、壁板線刻

C1，（圖 C-1）東向南間壁板，線刻兩個宦官，著圓領袍服，頭戴軟腳樸頭，相對拱手而立。宦臉型瘦窄、嘴角上翹、眼睛微眯，似有笑容。

C2，（圖 C-2）東向中間壁板，線刻兩個同向站立侍女，左面侍女身著曳地長裙、肩披披帛，腳穿翹頭履、頭梳高髻，雙手端一花形物。右面侍女，著袍服，穿線履，右腳半穿形態悠閒。左手托盤，右手提帶把細頸瓶，其瓶形似於陝西富平房陵大長公主墓（673 年）後室北壁西側壁畫中，侍女左手提著的帶把細頸瓶〔註 41〕。著裙裝侍女略胖於著袍服侍女。

C3，（圖 C-3）東向北間壁板，線刻兩個同向站立侍女，左側侍女上身著半臂，下著長裙，足蹬翹頭履，左手半舉、拿花，右手下垂拿一小槌。右側侍女著袍服，穿線履，雙手環抱一小包袱。線履形狀與 1968 年出土於新疆阿斯塔納的唐代麻鞋形制形同〔註 42〕，多爲未婚女子所著。〔註 43〕

C4，北向東間壁板，線刻一個侍女，身著袍服，手托食盤。形象與東向中間著袍服侍女相似，顯然是將樣稿反轉後再進行稍許改動，去掉左臂，腰間加畫一皮囊。（圖 C-4）

C6，北向中間壁板，線刻一個侍女，著裝與東向北間壁板左側侍女相同。（圖 C-6）

〔註 40〕陝西省考古研究院，《壁上丹青——陝西出土壁畫集》，科學出版社，2008 年，243 頁。

〔註 41〕申秦雁主編，《神韻與輝煌——陝西歷史博物館國寶鑒賞．唐墓壁畫卷》，三秦出版社，2006 年 6 月，89 頁。

〔註 42〕陳夏生主編，《中華五千年文物集刊——服飾篇》，下，（臺灣）中華五千年文物集刊編輯委員會，中華民國 75 年（1986 年）10 月，206 頁。

〔註 43〕《中華古今注》云：「凡娶婦之家，先下絲麻鞋一雙，與其合鞋之意。」

（圖 C）李晦墓石槨人物線刻

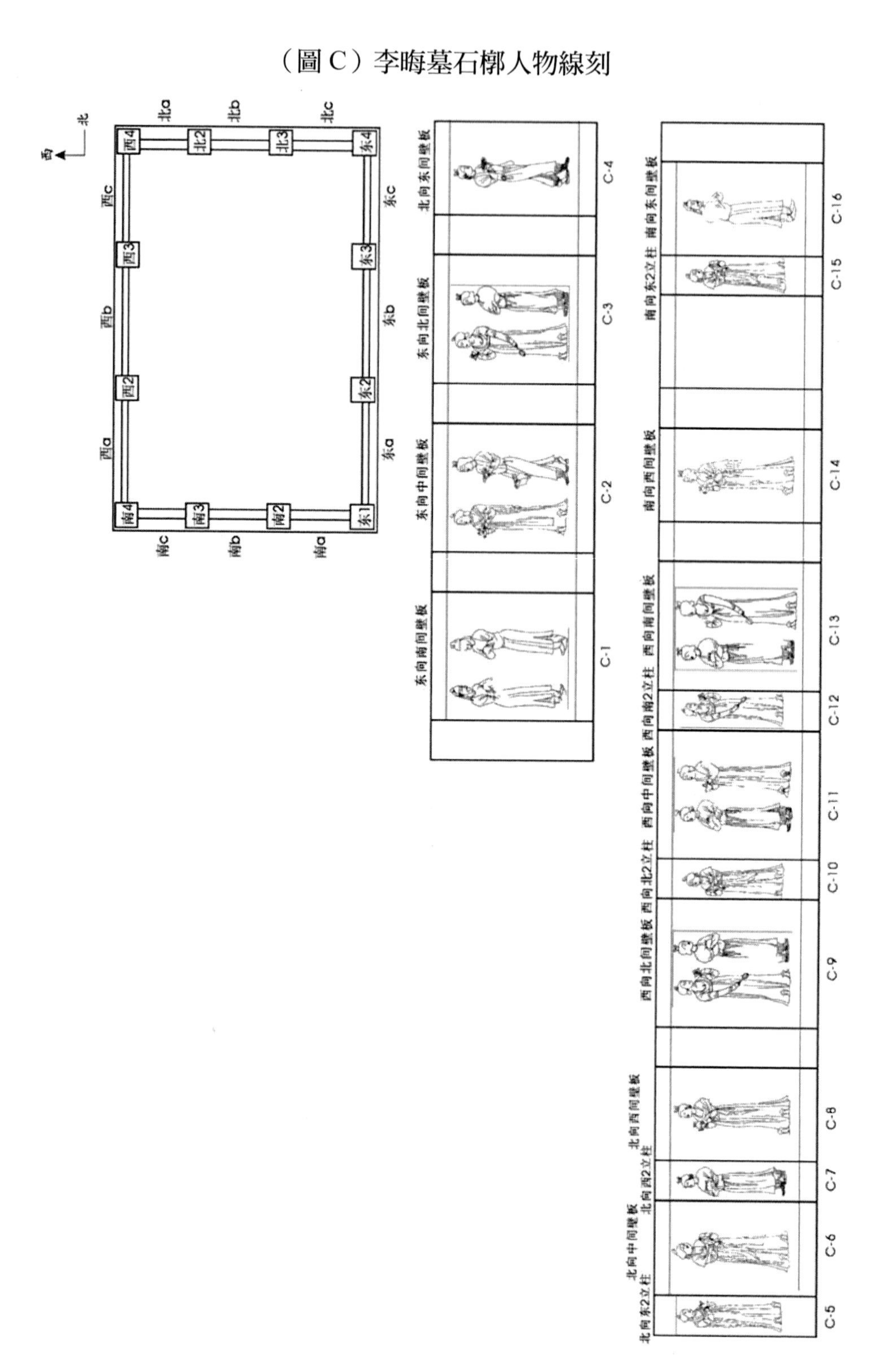

C8，北向西間壁板，線刻一個侍女，（圖 C-8）著裝與東向中間壁板的著裙裝侍女相同。侍女雙手托一小盂，與 1956 年西安市雁塔區羊頭鎮李爽墓（668 年）墓室北壁壁畫東起第四幅侍女手中的小盂相同〔註 44〕。

C9，西向北間壁板，線刻侍女兩人，與東向北間壁板相同，只是將樣稿反轉使用覆刻。（圖 C-9）

C11，西向中間壁板，線刻侍女兩人，其中著袍服侍女與東向北間壁板相同，著裙裝侍女與東向中間壁板相同。（圖 C-11）

C13，西向南間壁板，線刻侍女兩人，與東向北間壁板相同，只是將兩人位置對調。（圖 C-13）

C14，南向西間壁板，線刻侍女一人，與北向西間壁板線刻相同。（圖 C-14）

C16，南向東間壁板，線刻宦官一人，拱手側立。（圖 C-16）

2、立柱線刻

C5，北向東 2 立柱，線刻一個著裝與東向北間壁板著裙裝侍女相同，雙手托果盤。（圖 C-5）

C7，北向西 2 立柱，線刻一個著袍服侍女，與西向中間壁板著袍服侍女相同。（圖 C-7）

C10，西向北 2 立柱，線刻著裙裝侍女一人，線刻樣稿爲北向中間壁板的樣稿反轉應用。（圖 C-10）

C12，西向南 2 立柱，線刻著裙裝侍女一人，與西向北間壁板，著裙裝侍女相同。（圖 C-12）

C15，南向東 2 立柱，線刻著裙裝侍女一人，與北向中間壁板相同。（圖 C-15）

四、契苾明墓石槨人物線刻圖像（696 年）

契苾明爲唐初少數民族將領契苾何力之子，曾任左鷹楊衛大將軍兼賀蘭州都督等職。據墓誌載：契苾明生於貞觀二十三年（649 年），證聖元年（695 年）薨於涼州姑藏縣任上，萬歲通天元年（696 年）歸葬於咸陽之先塋（即今咸陽市渭城區藥王洞村北，約 400 米處的鐵一局三處家屬院內）。

〔註 44〕申秦雁主編，《神韻與輝煌——陝西歷史博物館國寶鑒賞・唐墓壁畫卷》，三秦出版社，2006 年 6 月，70 頁。

〔註 45〕1973 年，咸陽市博物館和南京大學歷史系對該墓墓道部分進行了清理；1992 年 8 月至 93 年 3 月，咸陽市文物考古研究所對墓室部分又進行了搶救性發掘。

契苾明墓石槨由底、壁、頂三部分組成。槨底係用青石 12 塊南北兩兩相對，東西兩排平鋪而成。槨壁由倚柱和壁板組成。由於被盜壁板僅殘存兩塊，倚柱中有相當一部分內壁面粗糙，僅外壁面磨光，在這些光潔的面上和所發現的壁板上均有線刻；槨蓋由 5 塊厚板南北依次拼列而成，直接架於倚柱和壁板之上。頂面雕刻出屋脊、筒瓦壟及瓦當等。整個石槨呈廡殿式，長 4、寬 3.50、高 2.59 米，造型高大、宏偉，但做工有急就、粗糙的表現。〔註 46〕

（圖 D）契苾明墓石槨殘存線刻

D-1　D-2　D-3　D-4　D-5

〔註 45〕解登、馬先科，《唐契苾明墓發掘記》，《文博》，1998 年第 5 期，11 頁。
〔註 46〕謝峰、馬先登，《唐契苾明墓發掘記》，《文博》，1998 年第 5 期，14 頁。

契苾明墓石槨線刻，刻繪於立柱和壁板之上。刻有線刻的立柱共有 9 根，但只有 4 根上的內容比較完整，其它或刻有局部，或繪有局部，或僅施白底。完整立柱線刻上各刻繪有一侍女形象，高 1 米左右。侍女頭結雙螺結，身穿長袍，腰束革帶，袍下露束口的波斯條紋褲。腳登小頭便履。

D1，東向北角柱侍女（圖 D-1），圓領窄袖，腰帶上配荷包，雙手托圓盤於胸前，盤內置花果。侍女頭上方用墨筆繪鮮花一枝。

D2，東壁北起第二立柱上的侍女形象（圖 D-2），圓領短襦，外套方領寬袖長袍，雙手拱抱於胸前，頭上向後斜插步搖，佇目右向，若有所思。侍女頭上端的一枝鮮花，先用墨筆繪，後用刀沿線刻畫。

D3，東壁北起第三立柱上的侍女（圖 D-3），圓領寬袖，雙手拱抱於胸前，腰繫如意配及絲帶，頭向左側。侍女頭上方用墨筆繪鮮花一枝。

D4，南壁東起第二立柱上的侍女（圖 D-4），圓領寬袖，雙手抱於胸前，頭向左上方微舉，面目豐腴。

D5，壁板上線刻侍女一人，內容和形式與，南壁東起第二立柱相似，惜殘缺不整（圖 D-5）。

五、懿德太子墓石槨線刻圖像（706 年）

懿德太子李重潤係唐中宗長子，〔註 47〕景龍四年（710 年）薨於洛陽，神龍二年（706 年）遷葬乾陵東南隅（今乾縣縣城西北約 3 公里的乾陵公社永紅大隊韓家堡生產隊北面）與永泰公主墓同時「號墓爲陵」。1971 年 7 月至 1972 年 1 月陝西省博物館、乾縣文教局唐墓發掘組對該墓進行考古發掘。

懿德太子墓石槨現存墓室原處。石槨由 34 塊石板構成，長 3.75、寬 3，高 1.87 米，頂爲廡殿式，刻出脊瓦、滴水，勾頭。

石槨的線刻人物圖像分佈於內外壁板，根據現有資料共刻 24 人，全部爲侍女，其中著袍服者 6 人，著裙裝者 18 人。外壁除東向南間、東向北間線刻窗櫺及外壁西向靠近墓室西壁的三塊壁板未刻以外，其餘壁板各刻兩人，共 10 人。內壁除西向中間未刻外，其餘 14 個侍女分佈於九塊內壁之上。（圖 F）

〔註 47〕「懿德太子重潤，中宗長子也。本名重照，以避則天諱，故改焉。開耀二年，中宗爲皇太子，生重潤於東宮內殿，高宗甚悅，及月滿大赦天下，改元爲永淳。是歲，立爲皇太孫……中宗即位，追贈皇太子，謚曰懿德，賠葬乾陵。仍爲聘國子監丞裴粹亡女爲冥婚，與之合葬。……令備禮改葬，仍號其墓爲陵焉。」（後晉）沈昫，《舊唐書》，卷八十六，列傳第三十六，高宗中宗諸子。

（圖 F）懿德太子墓石槨人物線刻分佈圖

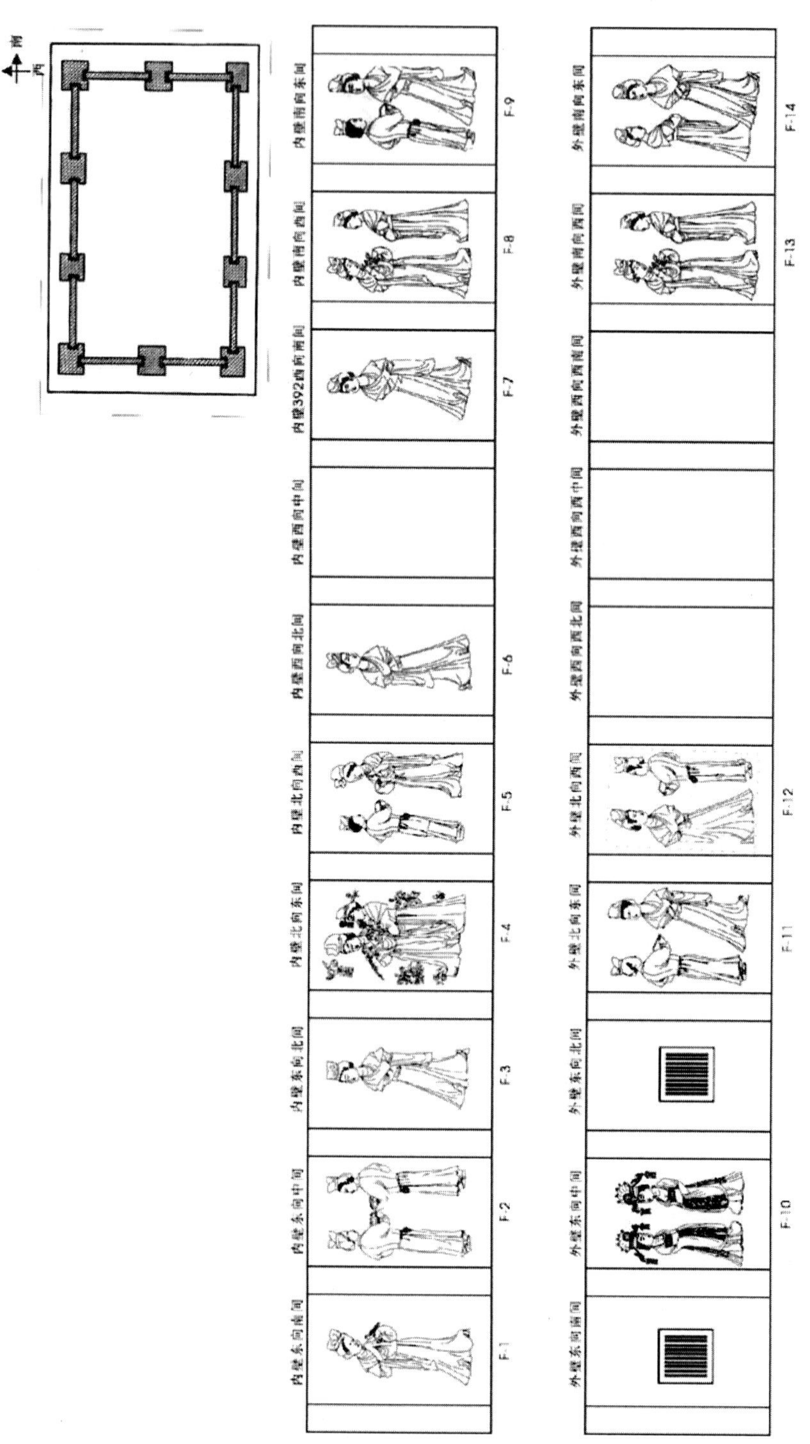

1、外壁圖像

F10，外壁東向中間，爲石槨正面中間，線刻頭戴側插下垂玉珠〔註48〕步搖鳳冠的兩位侍女，作相對站立狀，雙手合握垂於腹前，分別位於線刻門扉之前，頭戴的高冠高出頭部約一半，「頂部插五樹花鈿釵前部正中有一圈串珠，內鑲五顆寶石。左右兩側繪兩層圓珠，前後插鳳頭金替，鳳嘴銜長纓，長纓之下有步搖，步搖由玉聽、玉據、玉璜、沖牙、組綬組成。」〔註49〕上身著雙挑式袒胸寬袖窄衣短衫，袖口寬大、幾乎垂於足部，並線刻鸞鳥及蔓草，〔註50〕這種袖式在初唐極爲少見，應是禮服式樣。腰束寬帶，上繡寶相花團，下穿曳地長裙，外罩一籠裙，籠裙較長裙稍短。左側部垂一綬帶並連接一組玉佩，「玉佩由玉琦、玉據、沖牙和組綬組成。」〔註51〕此二人身份應是《舊唐書》所載尚宮正六品司闈，「掌導引中宮」〔註52〕之職。或爲《唐六典》所載的從七品宮闈令，「掌侍奉宮闈，出入管鑰」〔註53〕。値得注意的是，作爲封建禮教的標誌性首飾「步搖」〔註54〕，均發現於因私議武則天私生活而被杖殺的懿德太子和永泰公主墓當中，似乎除了體現侍女身份、等級之外，還可能隱藏著某種暗示。〔註55〕

F11，外壁北向東間，線刻侍女兩人，對視而立，左側侍女著圓領袍服，頭梳反綰髻，腰繫細革帶，手端方盤。右側侍女上身著半臂，肩披披帛，著及地長裙，腳穿翹頭履，雙手環抱。（圖F10）

F12，外壁北向西間，線刻侍女兩人，爲外壁北向東間圖像反轉應用，只是在著袍服侍女腰部加畫一皮囊。（圖F12）

F13，外壁南向西間，線刻侍女兩人，均著裙裝與半臂，頭梳反綰髻，左側侍女低頭斜看，右手指點左手中花朵，右側侍女雙手交握胸前。（圖F13）

〔註48〕陝西省博物館、乾縣文教局唐墓發掘組，《唐懿德太子墓發掘簡報》，《文物》，1972年第7期，27頁。

〔註49〕樊英峰，《李重潤墓石槨線刻宮女圖》，《文博》，1998年第6期，70頁。

〔註50〕據《簡報》，侍女「袖上刻鸞鳳一對」。

〔註51〕樊英峰，《李重潤墓石槨線刻宮女圖》，《文博》，1998年第6期，70頁。

〔註52〕《舊唐書》，卷四十四，志第二十四，職官三。

〔註53〕《唐六典》，卷二十，內官宮官內侍省。

〔註54〕步搖源於漢代的一種帶有懸垂裝飾物的帽子，漢時屬禮制首飾，其形制與質地都是等級與身份的象徵。漢代以後，步搖才逐漸於民間流傳。步搖的一般形式爲鳳凰、蝴蝶等帶有翅膀類的動物造型，或垂有流蘇或墜子，走路的時候，金飾會隨走路的擺動而動，栩栩如生。取其「行步則動搖」，故名。

〔註55〕王彬，《唐墓壁畫中的婦女髮飾》，《東南文化》，2004年第6期，90頁。

F14，外壁南向東間，線刻侍女兩人，左側侍女係將外壁南向西間右側侍女圖像反轉使用。右側侍女與外壁北向東間右側侍女同。（圖 F14）

2、內壁圖像

F1，內壁東向南間，線刻侍女一人，形象與外壁南向西間左側侍女相同，只是將手中花朵換爲一隻長尾小鳥。（圖 F1）

F2，內壁東向中間，線刻相視背向侍女二人，形象與外壁北向西間右側著圓領袍服侍女相同，腰間均繫皮囊。兩人手中各端圓形托盤，托盤似是竹編。（圖 F2）

F3，內壁東向北間，線刻侍女一人，形象與外壁北向東間，右側裙裝侍女相同，只是將髮式變爲反綰髻。（圖 F3）

F4，內壁北向東間，線刻同向侍女二人，左側侍女係將內壁東向南間侍女圖像反轉應用，並將反綰髻換爲驚浩髻。右側側身侍女與外壁南向西間右側侍女相同。只是在髮髻右側上加畫一步搖，其形如盛開花形，下墜流蘇。（圖 F4）

F5，內壁北向西間，線刻侍女二人，左側著袍服侍女與外壁北向東間左側侍女相同。右側著裙裝侍女內壁北向東間的左側侍女相同，只是將手上的長尾鳥去掉。（圖 F5）

F6，內壁西向北間，線刻侍女一人，姿態、服飾與外壁北向西間相似，只是髮式變爲反綰髻。（圖 F6）

F7，內壁西向南間，線刻侍女一人，與外壁南向東間右側侍女相同。（圖 F7）

F8，內壁南向西間，線刻侍女二人，與外壁南向西間線刻相同。（圖 F8）

F9，內壁南向東間，線刻侍女二人，與外壁北向東間相同。（圖 F9）

雖然在懿德太子墓石槨上線刻人物多達 24 人，但在刻製時，所使用的單人樣稿只有 5 幅，刻工將這 5 幅樣稿進行穿插組合成 14 幅畫面。

六、永泰公主墓石槨人物線刻圖像（706 年）

永泰公主，名仙蕙，字穠輝，係中宗與韋后嫡生女兒，初封永泰郡主。據《新唐書》載：「永泰公主，以郡主下嫁武延基。大足中，忤張易之，爲武后所殺。帝追贈，以禮改葬，號墓爲陵。」〔註 56〕陝西省文管會於 1960 年 8

〔註 56〕（宋）歐陽修、宋祁，《新唐書》，列傳第八，諸帝公主。

月 4 日至 1962 年 4 月 16 日對位於乾陵西北 2.5 公里處的永泰公主墓進行考古發掘。〔註 57〕石槨現存墓室原處。

永泰公主墓石槨由 34 塊青石組成。槨底南北長 3.9 米，東、西寬 2.8 米，厚 0.265 米，東、南、北三側立面刻有壼門和神獸。石槨中部由壁板和倚柱鑲嵌而成，南北長 3.82 米，東西寬 2.75 米，高 1.4 米，壁板厚 0.165 米。倚柱內、外均線刻回折蓮花，其間還有飛鳥、鴛鴦、鶴、嘉陵頻加等。槨壁南面正中間線刻一幅門扇，每扇刻有一宮女；門扇左右兩間刻有窗欞。其餘壁板內外各間均刻有宮女形象。人物的旁邊飾花草，上方或有各種飛鳥。石槨共線刻 21 個人物，全爲侍女，著袍服 6 人，著裙裝 15 人。其中有 8 個人物形象與懿德太子墓石槨上的相同，均刻於外壁。（圖 E）

1、外壁圖像

E11，外壁東向中間，爲石槨正面中間，線刻相對侍女二人，這兩個侍女形象相同，係採用同一底稿反轉覆刻。侍女上著半臂，肩披披帛，穿及地長裙，鞋被裙擺掩去，但從外形來看應是翹頭履，頭梳半翻髻，闊眉細眼，雙手環抱於腹部。（圖 E-11）

E12 外壁北向東間，線刻侍女兩人，與懿德太子墓內壁北向東間相同。（圖 E-12）

E13 外壁北向西間，線刻侍女兩人，與懿德太子墓外壁北向西間相同。（圖 E-13）

E14 外壁南向西間，線刻侍女兩人，係將外壁北向西間線刻樣稿反轉應用，並與懿德太子墓外壁北向東間相同。（圖 E-14）

E15 外壁南向東間，線刻侍女兩人，係將外壁北向東間線刻樣稿反轉應用。（圖 E-15）

2、內壁圖像

E1，內壁東向南間，線刻侍女一人，穿翻領袍服，腰繫掛有皮囊的蹀躞帶〔註 58〕，頭梳反綰髻。（圖 E1）雙手合抱鳳頭瓶。

〔註 57〕陝西省文物管理委員會，《唐永泰公主墓發掘簡報》，《文物》，1964 年第 1 期，71～94 頁。

〔註 58〕蹀躞帶本爲胡制，由魏晉南北朝時期的「金縷帶」演化而來。蹀躞帶也作「鞢鞶帶」，它與金鏤帶的區別，主要在牌飾上。金鏤帶上的牌飾，一般多用於裝飾，蹀躞帶上的牌飾，則兼有實用價值。牌飾下端往往還連著一個鉸鏈，鉸

E2，內壁東向中間，線刻相對而立侍女兩人，兩人係同一樣稿正反共用刻成。著半臂、曳地長裙，頭梳半翻髻，雙手環抱挽披帛。是身份較高侍女。（圖 E2）

E3，內壁東向北間，線刻侍女一人，著圓領袍服，腰繫皮質荷包（皮囊），闊眉秀目，頭梳反綰髻，腳穿錦鞋，雙手捧一帶托架方盒。右手深入托架，托起盒底，並從底架前擋處伸出手指，左手由側面托住盒底。（圖 E3）

E4，內壁北向東間，線刻侍女一人。著短襦半臂、及地長裙，螺髻右側所插步搖，與懿德太子墓石槨內壁北向東間的右側侍女所戴步搖相同。侍女雙手持披帛在背後展開，似將起舞。（圖 E4）

E5，內壁北向西間，線刻侍女一人。著圓領袍服，梳反綰髻，腰繫革帶，掉一心形荷包，雙手持如意，作祈福狀。（圖 E5）

E6，內壁西向北間，線刻侍女一人。著半臂、披帛、長裙、翹頭履，雙手環抱挽於披帛下。（圖 E6）

E7，內壁西向中間，線刻正面侍女一人，著半臂、披帛、長裙、翹頭履，雙手環抱挽於披帛下。此幅線刻特殊的是，侍女爲正面形象，神態端正矜持，身份較高。（圖 E7）

E8，內壁西向南間，線刻正面侍女一人，著半臂、披帛、長裙、翹頭履，頭微低，俯看右手所拿花卉，左手作沾弄花葉狀。（圖 E8）

E9，內壁南向西間，線刻正面侍女一人，著翻領袍服，腰繫荷包，頭梳反綰髻，神態恭謹。雙手所託圓盤內，滿盛葡萄等水果。（圖 E9）

E10，內壁南向東間，線刻正面侍女一人，著半臂、披帛、長裙、翹頭履，雙手環抱隱於披帛內。（圖 E10）

永泰公主墓石槨顯然與懿德太子墓石槨是同時期製作的，但從兩槨的線刻圖像分析，懿德太子墓石槨要稍先於永泰公主墓石槨，因爲，永泰的人物形象較豐富與懿德，而且，兩槨所共同的人物形象在懿德石槨的內外壁均有

鏈上銜接著一個金屬鑄成的小環，專用於繫佩刀、劍、磨刀石等物。大約在兩晉南北朝時期傳入中原，並爲漢人所接受。並形成制度，不論文武官員，都要繫束這種腰帶，開元之後，則多爲時尚女性所配，腰帶上的什物多達 7 種，名爲「蹀躞七事」。盛唐之後，蹀躞帶的形制更加豐富，在法門寺地宮中出土了多達十二種懸掛飾物的蹀躞帶。陝西省考古研究院、法門寺博物館、寶雞市文物局、扶風縣博物館，《法門寺考古發掘報告》，文物出版社，2007 年 4 月，207 頁。

（圖 E）永泰公主墓石槨人物線刻分佈圖

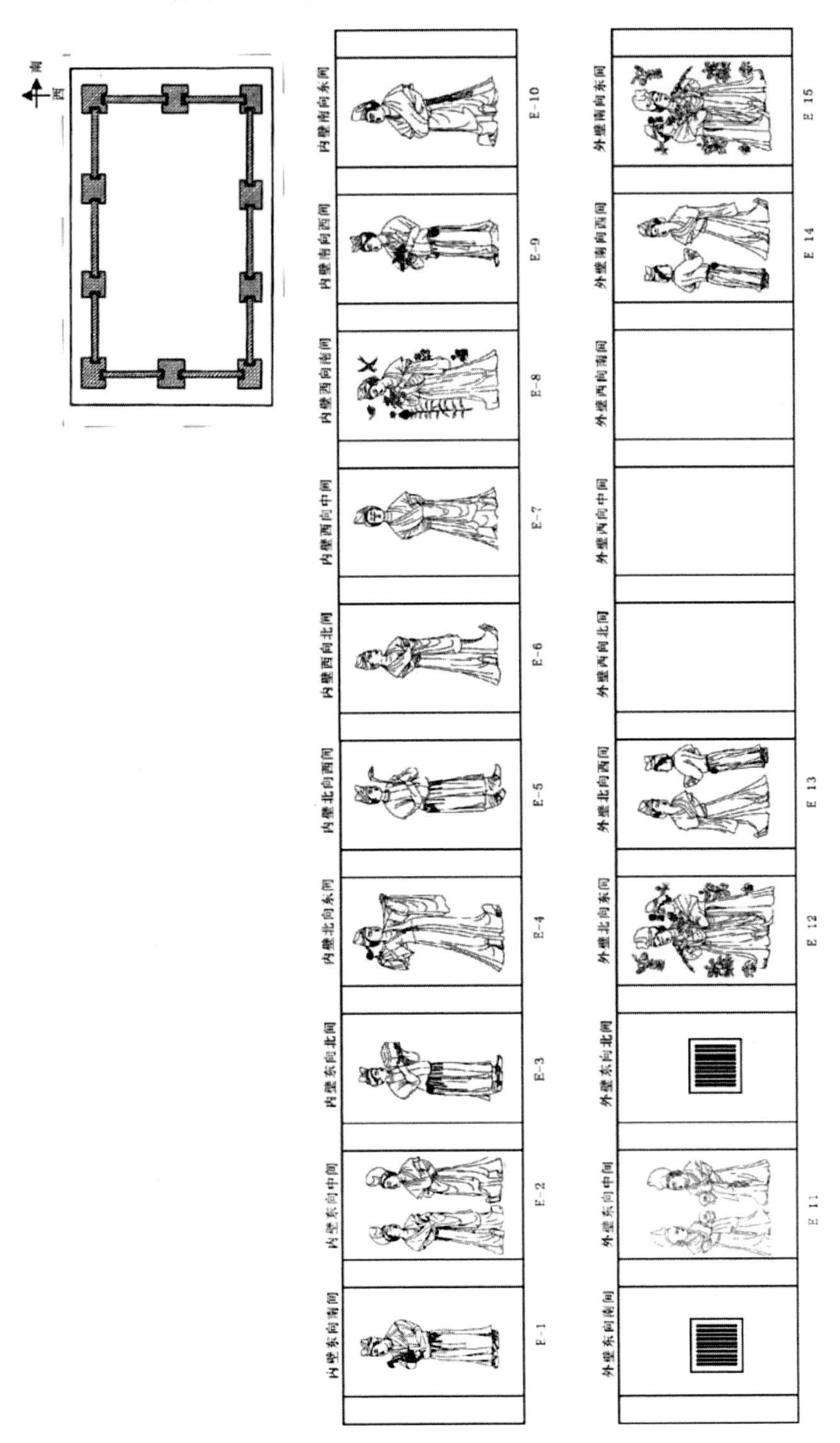

出現，而在永泰石槨上只出現在外壁。可見，永泰墓石槨是在懿德墓石槨完成後，使用了一部分懿德的線刻樣稿。從兩槨人物圖像的整體來看，永泰墓石槨較為統一，侍女所穿全為常服。而懿德墓石槨上的人物服飾差異較大，外壁正面代表門戶的壁板（外壁東向中間）（F10）上，所刻的侍女則身著禮服，頭戴珠冠。

七、章懷太子墓石槨人物線刻圖像（706 年）

章懷太子李賢係高宗李治與武則天所出第二子。據墓誌載，李賢，文明元年（684 年）卒〔註 59〕，神龍二年（706 年）遷葬乾陵東南三公里處（今乾陵公社紅星大隊楊家窪生產隊北面的高地上），與懿德、永泰墓同時「號墓為陵」。1971 年 7 月 2 日至 1972 年 2 月下旬，陝西省博物館、乾縣文教局唐墓發掘組對該墓進行了考古發掘。

章懷太子墓石槨現存墓室原處。石槨為廡殿頂式，長 4、寬 3、高 2 米，由 33 塊石板組成。石槨現可取人物圖像僅三幅（發掘報告未出，圖像為筆者現場臨摹），分別刻於石槨外壁東向中間壁板、南向東間壁板、南向西間壁板之上。（圖 G）

G1，外壁東向中間，線刻兩人，左側為著圓領袍服、頭戴軟腳襆頭，雙手持笏板，弓腰曲眉的宦官形象。右側為著半臂、長裙、披帛的侍女形象。兩人均刻於代表門戶的正面中間壁板，宦官形態卑恭，應是門吏，侍女右手微抬，似有請進之意。（圖 G-1）

G2，外壁南向西間，線刻侍女一人，頭梳反綰髻，肩搭披帛，右手握住形似玉蘭的小枝，頭微右傾看著左手撥弄的花葉。（圖 G-2）

G3，外壁南向東間，線刻侍女兩人。右側侍女上身穿加長錦花半臂，肩披披帛，雙手環抱於披帛下擺內。左側侍女著翻領袍服，頭梳反綰髻，腰間右繫荷包，左側似繫一把短刀，足蹬錦鞋，雙手捧一刻花圓缽。（圖 G-3）

從章懷太子墓石槨的三幅線刻來看，雖然是與懿德太子墓和永泰公主墓同時而製（三墓均為 706 年同時遷於乾陵陪葬），但章懷太子墓石槨人物形象的動態可能較為豐富，人物動作表現的更為明確。鄭仁泰墓石槨立柱上所刻

〔註 59〕關於李賢的卒年，《新唐書》載其終年為「三十四歲」，《舊唐書》載其卒年為「三十二歲」。按《舊唐書》高宗本紀：「（永徽）五年（654 年）……十二月……戊午，發京師謁昭陵，在路生皇子賢」，從永徽五年到文明元年（684 年）李賢死。計三十一年，與墓誌所記終年三十一歲相合。

（圖 G）章懷太子墓石槨線刻分佈圖

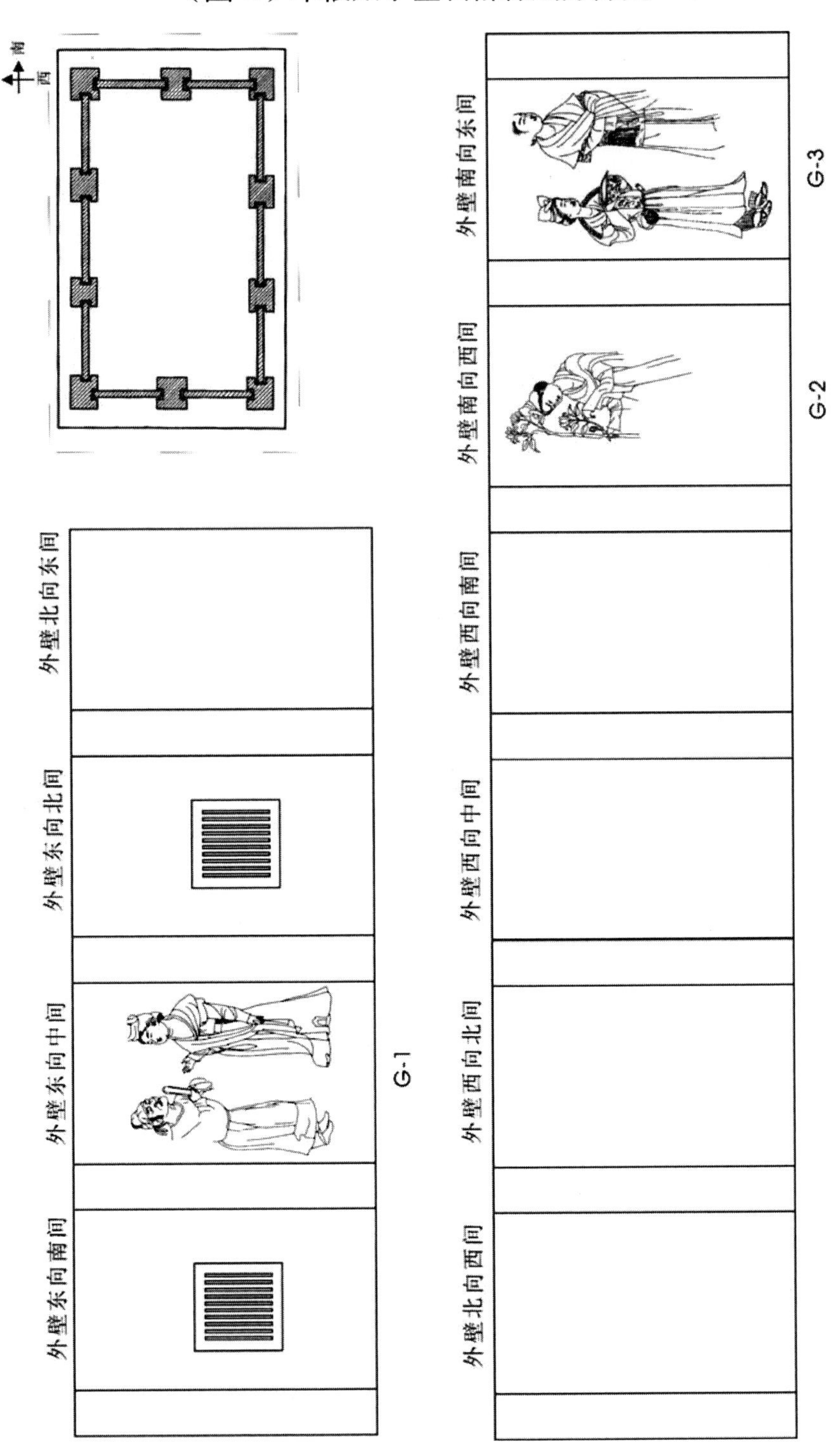

的宦官不能確定其身份，而章懷太子墓石槨外壁東向中間的宦官形象是最早一個出現在門戶之上，可看出其身份爲門吏，〔註 60〕在此之後的唐代石槨正面門戶之上則多與此類似。（附表 4-6）

八、韋泂墓石槨人物線刻圖像（708 年）

韋泂係唐中宗韋后之弟，卒於如意元年（692 年），下葬於景龍二年（708 年）。〔註 61〕韋泂墓位於長安縣（舊韋曲鎮）東北約二里韋曲原上的南里王村，1958 年 2 月間，農民在村西打井修渠時發現了墓內的壁畫和石槨等，同年，陝西省文管會對該墓進行了搶救性發掘。〔註 62〕

韋泂墓石槨現存於陝西省考古研究院涇渭庫區。該石槨爲廡殿頂式，由底、槨、頂三部分組成。底係由長 109～140、寬 52～72、厚 27～32 釐米的六塊石灰石拼成，外圍邊緣，刻畫花草及虎獸等。槨是由高 105、寬 50～70 厚 12 釐米的十塊青石板鑲成，西壁中間一塊已被毀壞，槨頂由長 178、寬 69 釐米的四塊厚石板組成。上面刻出屋脊、筒瓦隴及瓦當。

由於該石槨的人物圖像資料只公佈 7 幅（圖 H），所以，不能確定在石槨上的分佈位置。據《發掘記》載，石槨內壁全爲女像，石槨外壁全爲男像。〔註 63〕

1、外壁圖像

H1，線刻老年男侍一人，頭戴襆頭，外著圓領長衫，內穿半臂。腰間繫蹀躞帶，著尖靴，雙手捧笏於胸前，姿態拘謹而恭順。神態專一，目視前方。（圖 H-1）

H2，線刻一位中年男侍，頭戴襆頭，身穿圓領袍服，腰繫蹀躞帶，著尖

〔註 60〕石槨門户之上的宦官多有的腰佩魚符者，另據章懷太子墓前甬道東壁所繪宦官，左手斜指右手托持的魚符之下掛著一把鑰匙（申秦雁主編，《神韻與輝煌——陝西歷史博物館國寶鑒賞·唐墓壁畫卷》，三秦出版社，2006 年 6 月，94 頁）。據《唐六典》載，太子東宮有宮門局，內設有宮門郎，其職責爲掌管宮門及鑰匙，壁畫中所繪之持符宦官，應即爲東宮宮門郎。宮門郎也即《唐六典》所載「導客舍人」，其官職應爲從五品以下。

〔註 61〕在《西安碑林全集》一零二卷及《中國雕塑藝術史》中誤爲神龍二年（706 年）。

〔註 62〕陝西省文物管理委員會，《長安縣南里王村唐韋洞墓發掘記》，《文物》，1959 年第 8 期，8～18 頁。

〔註 63〕陝西省文物管理委員會，《長安縣南里王村唐韋洞墓發掘記》，《文物》，1959 年第 8 期，18 頁。

靴，雙手持笏板於胸前，腰身略挺，頭略微揚。從其腰間佩飾看，比前一老年持笏者多了一個魚袋，說明其身份至少在五五品以上。（圖 H-2）

2、內壁圖像

H7，線刻侍女一位，頭梳反綰髻，翹如雙桃。身著繡花大翻領胡服長袍，腰上繫有香囊，下著條紋束口褲，腳蹬線鞋。長袍飾有花邊，下擺呈圓弧狀，雙手捧一包袱似行走狀。（圖 H-7）

H6，線刻一位身著男裝的侍女形象。頭戴襆頭，著圓領內有半臂的長袍，袍袖有寬邊的繡花紋飾，腕部套細花護臂，袍開衩處有菱形飾線，腰繫香囊。雙手捧盆於胸前，轉視後方。面龐圓潤。（圖 H-6）

H3，線刻一位頭梳反綰髻侍女，雙手捧罐於胸，雙眸凝視前方，身穿圓領窄袖長袍，內著半臂。腰帶上繫圓形香囊，緊口褲，著線鞋，似緩步行走。（圖 H-3）

（圖 H）韋洞墓石槨人物線刻圖像

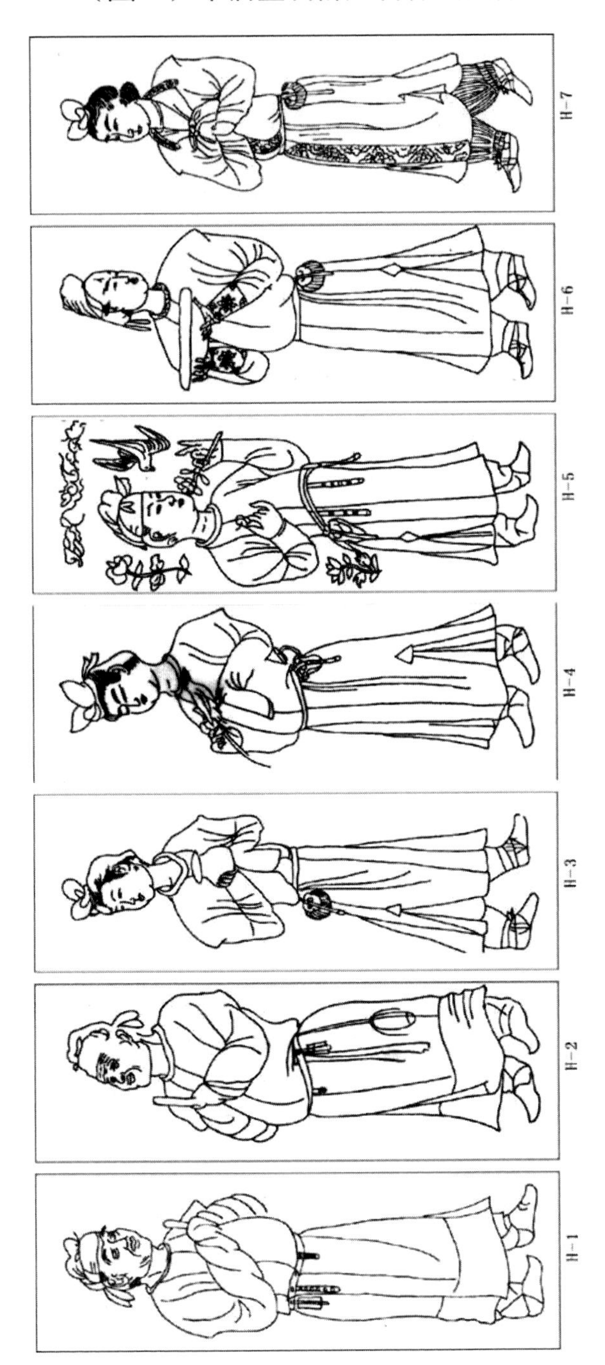

H4，線刻一位頭梳反綰髻侍女，目視立於左臂之上的長尾鳥，右手食指翹起，撫弄鳥的翎羽。與該石槨其它侍女相較，其身材比較豐滿，俯首挺胸收腹，身姿自然形成優美的 S 形。（圖 H-4）

H5，線刻著圓領袍服侍女一人，頭戴幞頭，腰繫革帶，弔鉸鏈及荷包。左手掐花持於鼻下，右手彎臂摘葉於手，身姿與 H4 相似。（圖 H-5）

九、韋詢墓石槨人物線刻圖像（708 年）

韋詢係韋皇后大弟，景龍二年葬於長安城南韋曲韋氏墓地（今西安市長安區南里王村），1987 年陝西省考古研究所對該墓進行了搶救性發掘。〔註 64〕

韋詢墓石槨現藏於西安市長安博物館碑林。該石槨形制與韋泂墓石槨基本相同，現能取樣的石槨人物圖像有 8 幅 10 個人物，均分佈於石槨外壁壁板，其中宦官（門吏）兩人，侍女 8 人。（圖 I）

I2，外壁南向中間，線刻年老門吏兩人，著幞頭、圓領袍服、雙手拱持笏板，神態恭穆。（圖 I-2）

I3，外壁東向南間，線刻侍女一人，上身穿窄袖無領小花短襦，掐腰凸胸，肩搭披帛。下著齊腰曳地長裙，頭梳高螺髻，左側插長簪，身材已有增肥趨勢。（圖 I-3）

I4，外壁東向北間，線刻侍女一人，係外壁東向南間線刻侍女圖像的反轉應用。（圖 I-4）

I5，外壁北向東間，線刻侍女一人，與外壁東向北間相同。（圖 I-5）

I6，外壁北向中間，線刻侍女二人，左側侍女頭梳高髻，著圓領袍服，腰繫荷包，腳穿錦鞋，雙手捧一水罐。右側侍女內穿圓領衫外著翻領袍服，腰繫革帶下墜荷包，腳穿錦鞋，半側身而立。（圖 I-6）

I7，外壁北向西間，線刻侍女一人，著圓領袍服，腰繫蹀躞帶，下連鉸鏈及荷包，內著細花收腿褲，腳蹬錦鞋。雙手環抱一包袱。（圖 I-7）

I8，外壁西向北間，線刻侍女一人，穿圓領罩衫，腕部套細花護臂，腰繫革帶弔鉸鏈及荷包，革帶上插一柄帶鞘小刀，內穿豎紋收腿褲，腳蹬錦鞋，頭戴鳳冠。（圖 I-8）鳳冠的外形類似《歷代帝王圖》中陳後主之牟冠和宋石刻摹本《淩煙閣功臣圖》中侯君集所戴的進德冠〔註 65〕。

〔註 64〕員安志，《陝西長安縣南里王村與咸陽飛機場出土大量隋唐珍貴文物》，《考古與文物》，1993 年第 6 期。

〔註 65〕孫機，《中國古輿服論叢》，上篇，168、179 頁。

（圖 I）韋詢墓石槨人物線刻分佈圖

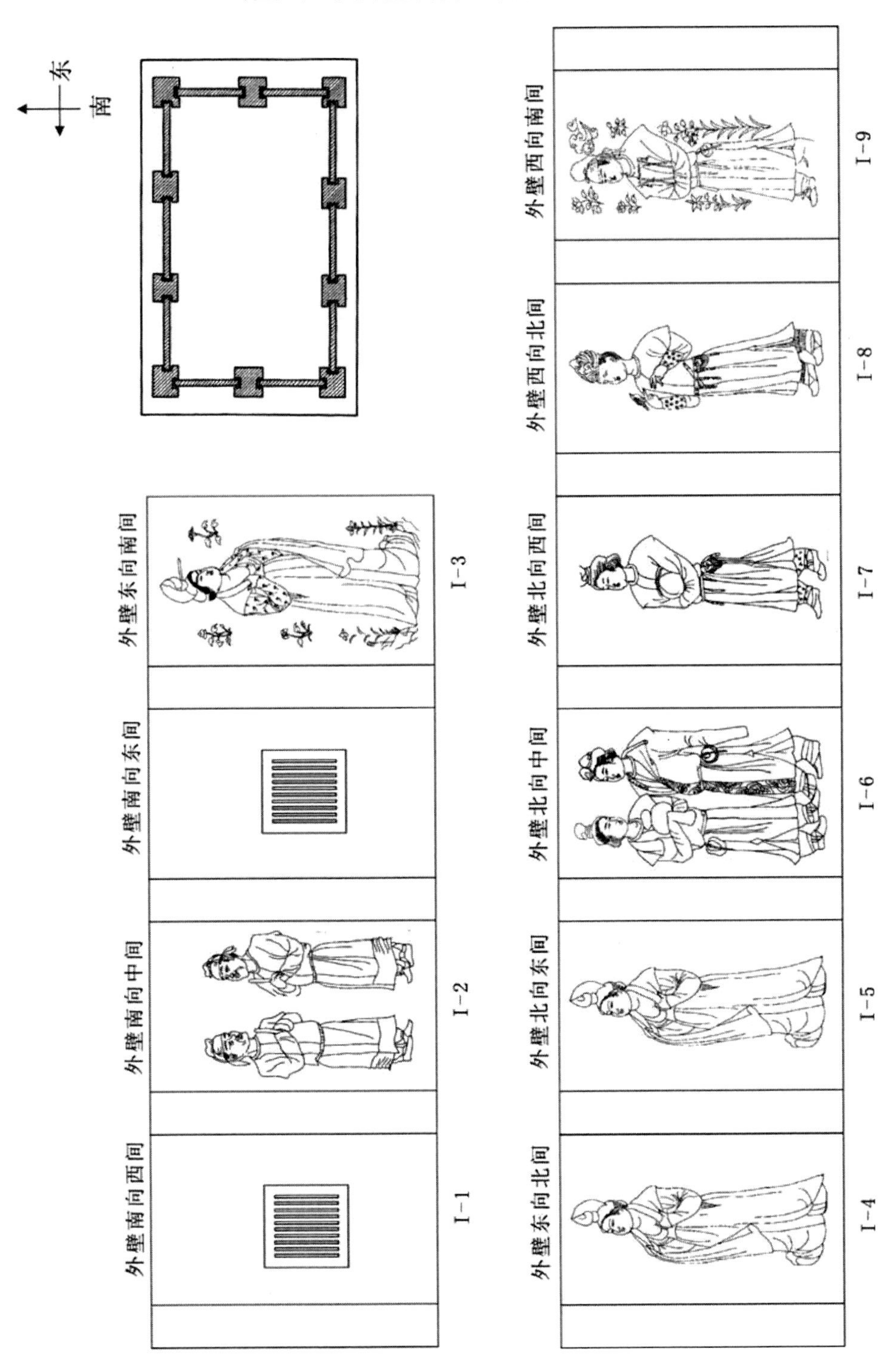

I9，外壁西向南間，線刻侍女一人，著圓領袍服，腰繫革帶並弔鉸鏈及荷包，頭戴軟腳襆頭，雙手環抱於胸前。(圖 I-9)

十、韋頊墓石槨人物線刻圖像（718 年）

韋頊係韋后兄弟，開元六年（718 年）薨，並葬於長安城南韋曲韋氏墓地（今西安市長安區北里王村），1987 年陝西省考古研究所對該墓進行了搶救性發掘。〔註 66〕

韋頊墓發現於清宣統庚戌年（1910 年），據說有精美壁畫。〔註 67〕該石槨係韋頊同其妻裴氏之葬具，因盜買涉及訴訟而被官府沒收。後因無人保存，以致散失民間，被利用作爲臺階。一九四三年冬，曾在西安市區發現了十二塊殘件。後存於西安大湘子廟街，現存於西安碑林博物院。

韋頊墓石槨形制不詳，但根據韋氏其與石槨均爲廡殿頂式推斷該石槨也應爲廡殿式。該石槨壁板僅餘 10 塊，每塊高 125 公分，寬 58 至 75 公分。其中七塊一面刻，三塊兩面刻。畫面多爲侍女形象。有持扇、照鏡、撲蝶、調鷹、戲鳥、捧物等，髮髻衣飾皆不相同。由於無法對應石槨分佈，現以王蒨女士在《西安碑林全集》和王子雲先生在 1975 年編輯的《中國古代石刻畫選集》〔註 68〕爲參考。(圖 J)

J1，線刻一位持鏡整妝侍女〔註 69〕，頭梳滿綴花朵翠珠冠髻，上著窄袖上衣，肩披帛，下著曳地長裙，裙下露出雲頭鞋。右手持一小鏡，左手提帶整裙，長眉舒展，秀目含神。(圖 J-1)

J2，線刻一胡裝侍女，頭髮緊束戴半月形錦緞鑲嵌寶珠的華麗胡帽。身著緊身翻領長袍，腰繫蹀躞帶，束口褲，綴花線鞋，顯得新奇又時髦。這種全身胡裝打扮的仕女形象在唐墓壁畫中也多見到，反映了胡裝在當時的流行和普及。侍女身旁站一仰頸射鳥的孩童，兩人相對，動靜有致，在構圖上形成呼應之勢。(圖 J-2)

〔註 66〕員安志，《陝西長安縣南里王村與咸陽飛機場出土大量隋唐珍貴文物》，《考古與文物》，1993 年第 6 期。

〔註 67〕申秦雁，《唐墓壁畫起稿方法的考察和研究》，《西部美術考古》，上海大學出版社，2008 年 12 月，229 頁。

〔註 68〕王子雲編，《中國古代石刻畫選集》，中國古典藝術出版社，1957 年 7 月，圖版二十（1-14）。

〔註 69〕王子雲先生在此圖的注釋中，認爲該侍女所持爲「紈扇」。王子雲編，《中國古代石刻畫選集》，中國古典藝術出版社，1957 年 7 月，7 頁。

（圖 J）韋頊墓
石槨人物線刻圖像

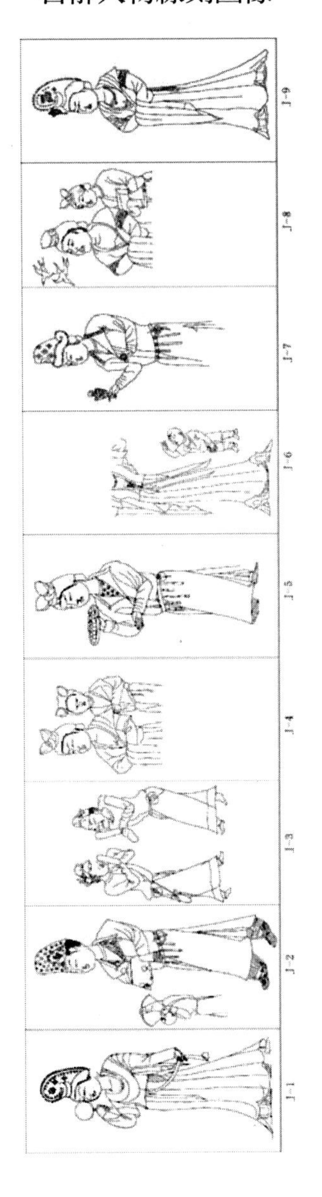

J3，線刻兩男侍，裝束相同，皆頭戴襆巾，身穿圓領窄袖長衫，腰間束帶，上掛荷包及香囊，腳著翹頭靴。深目高顴，蹋鼻裂嘴，尖削下頜前伸，伸脖躬腰雙手持笏，相對而立，人物面部以短碎、多變的線段來表現其面貌。（圖 J-3）以兩男侍身後所刻的門鎖而斷（圖 1-1-15），此壁應爲石槨正面中間的門戶。

J4，線刻主僕二人。主婦豐豐頤秀頰，意態悠閒，其衣裙線條細潤富有彈性，表現出絲綢的質感。身後侍女體態輕盈，其袍裝用線圓實而厚重，可能是棉布質地。（圖 J-4）

J5，線刻著胡服侍女一人，頭梳反綰髻，腰繫蹀躞帶，手托果盤，作行走狀。（圖 J-5）

J6，圖中侍女雖殘失上身，但從僅存的少婦腰肢輕扭的動勢中，可以想見其體態的婀娜。身旁小兒仰頭戲鳥，著短袖衫，身軀及衣紋多用短促圓轉多變線條來表現小兒特點，與仕女周身舒緩而棉長並富於韌性的線條形成對比。（圖 J-6）

J7，線刻著胡服侍女一人，頭戴渾脫胡帽，腰繫蹀躞帶，正在嬉戲鸚鵡。〔註 70〕（圖 J-7）

J8，圖中侍女兩人，前者頭梳高髻，雙手合抱於腹前，姿態嫻雅，豐頤秀頰。身後跟隨侍女，頭梳反綰髻，雙手合捧一個奩盒。（圖 J-8）

J9，線刻侍女一位，上身著半臂、披帛，長裙曳地，頭戴珠冠，右側插步搖，頸繫項鏈，雙手環抱與腹部。（圖 J-9）

〔註 70〕 唐代宮廷王府飼養鸚鵡已成風氣，《太平御覽・羽族部》中及傳周昉《楊妃架雪衣女亂雙陸局圖》中均有記載和表現。圖中侍女所戴胡帽流行於初唐時期，《新唐書》五行志載：唐初，宮人乘馬者，依周舊儀，著羃䍦，全身障蔽，永徽後，乃用帷帽，施裙，及頸，頗爲淺露，至神龍末，羃䍦始絕，皆婦人預事之象。太尉長孫無忌以烏羊毛爲渾脫氈帽，人多傚之，謂之「趙公渾脫」。近服妖也。

十一、韋氏無名石槨人物線刻圖像（708～718 年）

韋氏無名石槨出自長安南里王韋氏墓地，由於被盜，無法確認墓主，石槨與石墓門現藏於長安博物館院內。石槨爲廡殿頂式，據其形制分析應成於 708 至 718 年之間。該石槨因內部無法進入，是否有線刻不得而知，由於石槨風化嚴重，外壁圖像彌漫不清，大部分圖像無法取樣，筆者僅在石槨南向中間壁板及東向南間壁板、東向北間壁板得以局部取樣。（圖 K）基本可看出外壁圖像由南向東轉依次分別爲：

南向西間壁板，滿飾線刻忍冬卷草；
南向中間壁板，線刻假門及線刻兩個相對而立天王像；
南向東間壁板，滿飾線刻忍冬卷草；
東向南間壁板，線刻侍女一人；
東向北間壁板，線刻侍女一人；
北向東間壁板，線刻侍女一人；
北向中間壁板，線刻侍女二人；
北向西間壁板，線刻侍女一人；
西向北間壁板，線刻侍女一人；
西向南間壁板，線刻侍女一人；

K1，南向中間壁板，線刻兩個相對而立天王像，兩天王形態相同，係同一樣稿正反應用。天王著甲冑戰裙，作威嚴怒目、手舞足蹈狀。（圖 K-1）

已發現唐代石槨人物線刻中，只有該石槨及李壽墓石槨內壁立柱刻有類似天王的武士形象其它石槨均是侍女及宦官形象。

K2，東向南間壁板，線刻侍女一人，頭梳螺髻、闊眉、細眼、櫻口，下頜較長，肩搭披帛。（圖 K-2）

K3，東向北間壁板，線刻侍女一人，頭梳高髻、闊眉、細眼、櫻口，下頜較長，身著小祥雲錦緞圓領袍衫。（圖 K-3）

十二、薛儆墓石槨人物線刻圖像（721 年）

薛儆爲睿宗之女鄎國公主駙馬，據墓誌載，殞於開元八年（720），開元九年（721）下葬。薛儆墓位於山西運城市萬容縣黃甫村，1995 年山西省考古研究所對該墓進行了考古發掘。〔註 71〕

〔註 71〕 山西省考古研究所，《唐代薛儆墓發掘報告》，科學出版社，2000 年 9 月，42～103 頁。

（圖 K）韋氏無名墓石槨人物線刻分佈圖

东
南

外壁南向中间
K－1

外壁南向东间
满饰忍冬卷草

外壁东向南间
K－2

外壁东向北间
K－3

外壁北向东间
单人侍女

外壁北向中间
双人侍女

外壁北向西间
单人侍女

外壁西向北间
单人侍女

外壁西向南间
单人侍女

外壁南向西间
满饰忍冬卷草

薛儆墓石槨爲廡殿頂式，由 34 塊大小、形狀部同的青石雕刻、組合而成。石槨共線刻人物 19 人，均爲侍女，分佈於石槨內外壁板之上，其內壁 10 人，外壁 9 人。(圖 L) 從侍女的姿態來看，3 個爲持花側身而立，16 個爲正面站立形象。

1、持花側身侍女

L7，內壁西向中間，線刻侍女一名，人高 103 釐米。頭梳高髻，前簪步搖，後有帶狀飾，面相豐滿，彎眉細眼，直鼻小口，身穿帔帛，著窄袖長裙，外套短襦，在其衣袖處和腰部飾有較寬的花飾，並繫有較寬的花結下垂至足。左手向前半舉，用大拇指和中指拿一朵盛開的蓮花，在蓮花的前上方雕出一隻展開雙翅飛翔的蝴蝶，腳穿重臺履。(圖 L-7)

L8，內壁西向南間，線刻侍女一名，人高 107.8 釐米，臉形豐滿，彎眉細眼，直鼻小口，頭梳高髻，戴一簪花髮罩，與外壁西向北間正面侍女的髮罩形制相同。該侍女身穿帔帛，著窄袖長裙，外套短襦，在其衣袖處飾有花邊，腰部滿飾豎條形花紋，其內飾有卷雲紋、卷草紋、S 形卷蓮紋間飛鶴。腰部繫有較長的花結，下垂至足。右手半舉，用大拇指和食指拿一朵盛開的蓮花。腳穿重臺履，衣著華麗，體態豐腴。(圖 L-8)

L10，內壁南向東間，線刻侍女一名，人高 101.5 釐米。頭梳高髻。圓臉，彎眉細眼，直鼻小口。著帔帛、窄袖長裙、短襦，腰部繫有短花結。右手上舉，手握一朵帶葉的鮮花。重臺履被長裙遮蓋。(圖 L-10)

2、正面站立侍女

這 16 個正面站立的侍女，從其服飾上看，可分爲二類，第一類爲盛唐宮廷婦女的常服，共 8 人。大多頭梳高髻，身上有帔帛、半臂、長裙，腳穿高頭重臺履。臉部也較相似，多豐頰腴腮，面龐圓潤，眉毛略彎，眼細長，鼻高挺，小口。第二類侍女的穿戴則是明顯的胡化服裝並男性化，這是當年女性服裝的風氣，其形制多爲頭戴襆頭，身穿圓領衫，外穿翻領窄袖長衣，下穿條紋褲，腳穿尖頭軟錦靴，衣下多飾錦繡花邊，共 7 人。這一類胡服化、男性化的侍女形象，在永泰公主、韋頊、韋泂等墓中均有相似者發現，在新疆吐魯番阿斯塔那出土的絹畫上也有穿這類服飾的婦女。

（圖 L）薛儆墓石槨人物線刻分佈圖

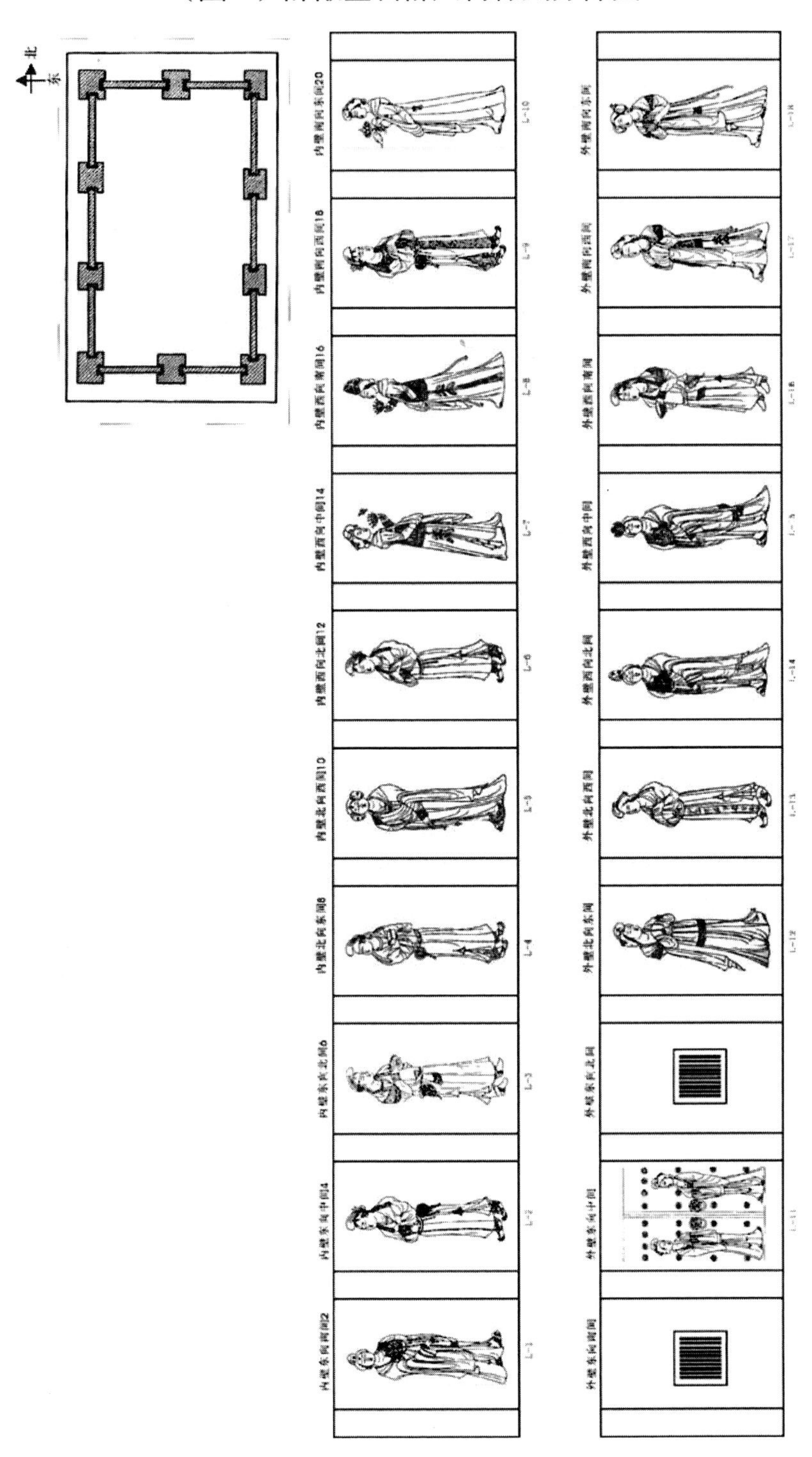

第一類：

L11，外壁東向中間，線刻對站侍女兩人，人高 54 釐米。頭梳高髻，臉較豐頤，彎眉細眼，直鼻小口，身著長裙，腳穿重臺履，雙手環抱於腹前。（圖 L-11）

L12，外壁北向東間，人高 96 釐米。體態豐滿，梳高髻，著帔帛、半臂、長裙，衣下飾有錦繡花邊，雙手相合拱於胸前。（圖 L-12）

L14，外壁西向北間，人高 106.8 釐米，頭梳高髻，戴貼花髮罩。臉形圓，額上飾有花鈿、穿有帔帛、半臂、長裙，衣袖等處飾有錦繡花邊。左手向前下垂握住竹節扇柄右手上舉扶住扇面上緣，扇面呈橢圓形，上飾團花，手部線條流暢，極富質感。在侍女面額中央有一心形花鈿，花心中為一小十字架，非常醒目。身穿低領袒胸寬袖長衫，豐乳半現。有寬闊花邊的長裙繫在胸前，裙腰高及雙乳，裙裾拖地，露出一隻重臺高履，在雙眉上，還披著一條帔子，帔順肩在胸前自然交叉後又搭在左臂上。另在裙前還飄著兩條長達小腿的飄帶，尖形帶端上綴有三顆珠子。兩手是右手在上，捏著一面橢圓形扇子的頂端，左手在下，輕捏著竹製屑柄。手腕處，露出帶花邊的內衣袖口。橢圓形扇面遮在右胸前，扇面上下兩頭素淨，中部布滿團花，似是由絲織品所製。該侍女所梳高髻上另戴一髮罩，上飾有金花。（圖 L-14）在唐節愍太子墓（710 年）甬道西壁第一開間壁畫第三位著裙裝者，也是高髻戴髮罩，上簪金花，飾珠珞。〔註 72〕

L15，外壁西向中間，人高 104 釐米。高髻上飾有一較大的朱雀飾物。臉龐圓潤，額上飾有花鈿，著帔帛、半臂、長裙，衣袖等處有錦繡花邊。左手向前下垂握住竹節扇柄，有手上舉扶住扇面上緣，扇面呈長圓形，上飾有卷蓮紋、鴛鴦、飛鶴銜花等紋飾。該侍女持扇位置與外壁西向北間侍女大致相同，只有幾點差異；一是頭戴的不是貼花髮罩，也不是步搖冠，而是一件形體較大·振翅欲飛的朱雀頭飾。朱雀的身體似由全銀製做，眼睛與尾上卻似飾有珠寶，身上的羽毛、雀爪、雀冠也清晰可辨。二是額上的花鈿不是心形，而是花形，花朵下，還分左右描出一道波形紋飾。三是扇面圖案與前者不同，前者的圖案為團花，此扇圖案為花鳥，鳥有 4 隻，上部兩隻為鴛鴦，下部兩隻為大雁，其餘為花葉。四是披帛與前者的不同，前者的帔帛為單色，無花

〔註 72〕陝西省考古研究院，《壁上丹青——陝西出土壁畫集》，科學出版社，2008 年，296 頁。

紋，此帔帛非單色，在帔帛兩端有很寬的花邊。（圖 L-15）

L17，外壁南向西間，人高 97 釐米。圓臉，高髻，頸部戴圓珠狀項鏈，穿帔帛、半臂、窄袖衫、長裙，飾有錦繡花邊，腰繫花飾，衣紋飄動，線條流暢。雙手拱於胸前。（圖 L-17）

L18，外壁南向東間，人高 97 釐米。頭上左右結有雙髻，上有帶狀飾物，身穿帔帛，半臂，著窄袖衫、長裙，衣袖等處飾有錦繡花邊，雙手相合前拱。（圖 L-18）

L1，內壁東向南間，人高 101 釐米。高髻上有小花狀飾物，似爲金屬品，花心中爲一小圓，似爲珠翠。此花不大，與面額中的花子不相上下。花子位於額中，底爲心形，上又有一豎立雙十字架。臉形豐滿，額上飾有花鈿，著帔帛、長裙、衣袖等處飾有錦繡花邊。右手下垂握住竹節扇柄，左手上抬扶住扇面上邊，扇面作長圓形，上飾團花。（圖 L-1）

L5，內壁北向西間，人高 96 釐米。頭上左右梳雙髻，髻上有花形飾物。臉形圓潤，額上飾有花鈿。著帔帛、窄袖衫、長裙，衣袖上飾有錦繡花邊，左手下垂向前，右手半舉撫住寬大的帔帛。（圖 L-5）

另一類服飾呈胡服化的侍女有以下 7 個：

L13，外壁北向西間，人高 105 釐米。圓臉，高髻，身著翻領小袖長衣，腰繫革帶，腰部所繫的三角形飾物下垂至膝，腳穿尖翹頭軟錦靴，雙手捧一包袱，身上飾有卷雲紋、蓮花紋。（圖 L-13）

L3，內壁東向北間，人高 107.4 釐米。頭戴襆頭，圓臉，內穿圓領衫，外面衣服（半臂？）的下部在腰間結起，腰部佩囊，下著長裙，腳穿尖頭軟錦靴，衣服上飾有錦繡花邊，佩囊上飾有卷草紋，靴上有網狀飾。腰部垂下有◇形飾物。雙手捧碗，碗內飾有花紋。（圖 L-3）

L2，內壁東向中間，人高 102 釐米，頭戴襆頭，圓臉，內著圓領衫，外穿翻領窄袖長衣，衣上有錦繡花邊。腰部鞢躞帶上有四條小帶垂下，腰佩囊，其上飾卷草紋。從腰上懸下的◇形飾物下垂至膝部，其上也飾卷草紋。下著條紋褲，腳穿尖翹頭軟錦靴，雙手相合前拱。（圖 L-2）

L4，內壁北向東間，人高 110.5 釐米，戴襆頭，著圓領衫，外有翻領小袖長衣，腰繫蹀躞帶，佩囊，下著條紋褲，穿尖翹頭軟錦靴，雙手捧一方盒。（圖 L-4）

L6，內壁西向北間，人高 104 釐米，戴襆頭，著圓領衫，外有翻領小袖長衣，衣飾錦繡花邊。腰繫蹀躞帶，下著條紋褲，穿尖翹頭軟錦靴，在膝部有從腰處懸下的三角形飾物。雙手捧一包袱。（圖 L-6）

L16，外壁西向南間，人高 107 釐米，戴襆頭，圓臉，著半臂、圓領小袖衫，飾有錦繡花邊‧腰間有衣服卷起如帶狀。腰佩囊，腳穿尖頭軟錦靴，雙於捧碗，碗外飾有花紋。（圖 L-16）

L9，內壁南向西間，人高 102.5 釐米，戴襆頭，面部圓潤，穿圓領衫，外著翻領小袖長衣，其上飾有花紋，腰繫蹀躞帶，佩囊，下著條紋褲，腳穿翹頭軟錦靴。雙手捧一包袱。（圖 L-9）

貼飾妝在玄宗期間達到高峰，薛儆墓石槨人物中，有四人額前飾有花鈿，分別爲外壁西向北間（圖 1-1-28-A）、外壁西向中間（圖 1-1-28-B）、內壁東向南間（圖 1-1-28-C）和內壁北向西間（圖 1-1-28-D）侍女。

十三、秦守一墓石槨人物圖像（724 年）

秦守一，字膺萬，官至司農卿（從三品上）〔註 73〕，據墓誌載，開元十年（722 年）五月三日薨於東都洛陽，開元十二年（724 年）移葬於長安少陵原。2009 年 9 月初，西安國家民用航天產業基地在修路時，發現已被盜的秦守一墓，隨即西安市文物保護考古所對該墓進行挖掘、清理。〔註 74〕

秦守一墓石槨爲廡殿頂式，石槨長近 3 米，寬近 2 米，石槨頂呈四面坡形，面闊三間，進深兩間，共由四塊蓋板、十塊幫板、四塊底板、十塊立柱構成，底座長約 2.9 米，寬 1.8 米。石槨上有精美線刻，東壁中部開間線刻假門，門上刻有泡釘，周圍線刻花卉和蔓草，兩側開間中部線刻直欞窗，周圍線刻花草，兩邊緣立柱上線刻頭戴襆頭、拱手而立的男侍，南側幫板外側及石槨內側均線刻體態豐腴的侍女。（圖 S）

（圖 S）秦守一墓石槨人物線刻圖像

〔註 73〕《舊唐書》，職官志。

〔註 74〕《華商報》，2009 年 9 月 28 日，A20 版。

十四、阿史那懷道十姓夫婦墓石槨人物圖像（727 年）

阿史那懷道十姓爲西突厥最後一個可漢，官至左金吾衛大將軍，據墓誌載：開元十五年（727 年）歿，時年五十有六。〔註 75〕阿史那懷道十姓夫人安氏，瀚海國夫人，開元二十一年（733 年）五月九日歿於長安，時年五十有九。玄宗感念因其族功績「務令優厚葬。」〔註 76〕阿史那懷道十姓夫婦墓位於咸陽市北部二道原的鐵二十局機關院內，該墓被多次盜掘，1993 年 3～12 月由咸陽市文物考古研究所發掘。

阿史那懷道十姓夫婦墓石槨南北長 3.81、寬 2.1 米，爲單簷歇山頂式，分五段組成，現散存於順陵文管所院內，四塊壁板存於庫房。該石槨立柱線刻花鳥、蔓草忍冬、翼鳥、麒麟，鳳凰等圖案，〔註 77〕石槨南嚮壁板爲可開闔式石門，北向爲線刻石門。其餘壁板線刻仕女、宦官。因被盜，石槨壁板僅存四塊。現能取樣人物線刻兩幅，一幅爲著襆頭、圓領袍服，雙手持笏相對恭立宦官兩人（圖 N-2），另一幅爲雙手托花的男裝侍女，襆頭的兩側插著花枝，右腳側繪一隻「拂菻狗」〔註 78〕（圖 N-1）。

（圖 N）

阿史那懷道十姓夫婦墓石槨人物線刻圖像

N-1

N-2

〔註 75〕 阿史那懷道十姓墓誌，順陵文管所郭勇先生提供。

〔註 76〕 大唐瀚海國夫人墓誌，順陵文管所郭勇先生提供。

〔註 77〕 岳起、謝高文，《中國文物報》，1994 年 5 月 15 日。

〔註 78〕 「拂菻狗」體型不大，嘴尖卷毛，類似現代的京巴狗，希臘、羅馬貴婦曾以此爲寵物。據《舊唐書》西戎卷載，武德七年（624 年）此狗初由高昌王麴文泰轉獻高祖。唐人稱「拂菻狗」作「猧兒」或「猧子」。傳入中原之後，備受貴族婦女和高級妓女所喜。在傳周昉《簪花仕女圖》中亦可見到「拂菻狗」形象。

十五、武惠妃墓石槨人物線刻圖像（737 年）

武惠妃係玄宗妃子，新舊《唐書》載：「貞順皇后武氏……唐開元 25 年（737）薨，贈貞順皇后，葬於敬陵。」2007 年由陝西歷史博物館、省考古研究院、長安區文物局聯合組隊，對位於西安市長安區龐留村的敬陵進行搶救性發掘。在發掘過程中發現該墓石槨已被盜，2010 年 3 月被盜石槨由美國追回，現存於陝西省歷史博物館。〔註 79〕

武惠妃墓石槨體量巨大，爲面闊三間、進深兩間的廡殿頂式造型，整體結構由 5 塊槨頂、10 塊廊柱、10 塊槨板、6 塊基座共 31 塊石材組成，高約 2.45 米、寬約 2.58 米、長約 3.99 米。石槨緣頭施彩，繪十字形瓦當，正面中央刻槨門，兩側分置欞窗。珍禽瑞獸、花草樹木、人物等圖案滿布於立柱、槨板內、外壁及基座立面。槨板內壁刻侍女 21 人，彩繪基本完好。〔註 80〕（圖 T-1、圖 T-2、圖 T-3）

（圖 T-1）武惠妃石槨侍女圖

（圖 T-2）武惠妃石槨底座訓獅圖

（圖 T-3）武惠妃石槨侍女圖

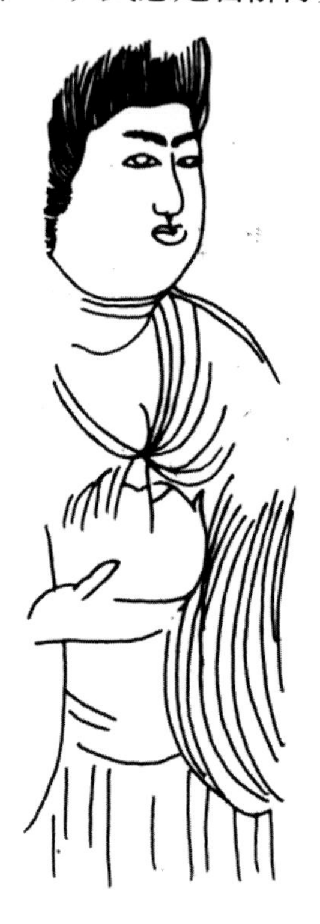

〔註 79〕《西安晚報》，2010 年 6 月 18 日，第六版。

〔註 80〕《西安晚報》，2010 年 6 月 18 日。

十六、楊思勖墓石槨人物線刻圖像（740 年）

（圖 O）楊思勖墓石槨人物線刻圖像

O-1

O-2

楊思勖，本姓蘇，唐玄宗時的著名太監，官至右監門衛將軍。據《舊唐書》記載：開元二十八年（740 年）殞，終年八十多歲。〔註 81〕1958 年中國社會科學院考古研究所對位於西安市東郊等駕坡村的楊思勖墓進行了考古發掘。〔註 82〕

楊思勖墓石槨體積龐大，其形狀大體上與隋李靜訓墓的石棺相似，製作上卻比較簡單。石槨是用青石雕製，由 18 塊石板和 8 根石柱構成。槨的南端雖被破壞，但據殘石板可以復原。槨的平面爲長方形，長、寬是 3.52×2.28 米，高 1.94 米。槨的外觀是面闊三間的廡殿頂式。

楊思勖墓石槨外壁無人物線刻，內壁兩幅，分別刻於內壁東向兩次間，各刻一男侍者像，形象相同，頭戴長軟腳襆頭，襆頭下腳較長是玄宗後期所流行。身穿圓領袍服，左手掐指抬於胸前，身材較胖，高爲 108 釐米。隔著中心間（門道）南北對立。南邊的一個面略向右側視（圖 O-1），北邊的一個則略向左側視（圖 O-2）。〔註 83〕

十七、李憲墓石槨人物線刻圖像（742 年）

讓皇帝李憲原名成器，唐睿宗李旦嫡長子，曾授太子位。睿宗二次即位

〔註 81〕《舊唐書》，列傳第一百三十四，宦官。
〔註 82〕中國社會科學院考古研究所，《唐長安城郊隋唐墓》，文物出版社，1980 年。
〔註 83〕中國社會科學院考古研究所，《唐長安城郊隋唐墓》，文物出版社，1980 年 9 月，66～75 頁。

後，他因三弟隆基平定韋后之亂有功而讓太子位，故此深得玄宗敬重，封爲寧王。唐天寶元年（742 年）卒，後追封讓皇帝，置惠陵。惠陵是唐代已發掘的最高等級唐墓。2000 年陝西省考古研究所對位於陝西蒲城三合鄉三合村村北的李憲墓進行了考古發掘。〔註 84〕

李憲墓石槨現存於墓室原處，形制爲廡殿式建築，由頂蓋、周壁和槨座三部分組成，通高 2.25 米，長 3.96 米，寬 2.35 米。廡殿式頂由 6 塊略呈三角形之青石雕刻拼合而成，每塊石上皆雕出脊瓦、勾頭、滴水等，簷出略上翹，瓦當上朱繪梅花圖案。周壁由十根方形石柱和十塊長方形石壁板相間拼接構成。十根立柱截面方形，其邊長各不相同，十塊壁板長度在 1.485～1.49 米之間，壁板厚 0.05 米。槨座由 7 塊長方形青百條組成，拼成矩形底座。

李憲墓石槨人物線刻分佈於石槨內外壁板之上，石槨的壁板共十塊，線刻 15 個人物，其中內壁 11 人，外壁 4 人。（圖 P）

P1，畫面長 1.5 米，寬 0.52 米，居中刻一男裝侍女，面東側立，高 1.04 米。裹軟腳幞頭，內襯高頭巾子，頭髮攏於巾中，幞頭軟腳搭垂左肩上。身著團領右繫扣長袍，袍擺下露出內襯燈籠褲腳，足穿軟底尖頭錦繡花靴，腰束帶。雙手於右胸前合執如意一柄。（圖 P-1）

P2，畫面長 1.49 米，寬 0.51 米，鏨一男裝侍女。人物面東側立，高 1.01 米。裹軟腳幞頭，內襯高頭巾子，幞頭頂部似兩並列國球，幞頭軟腳飄垂右肩上，長髮攏於巾中。額中貼飾團花鈿，身著圓領右繫扣開衩長袍，腰束玉帶，足踏尖頭薄底錦繡花靴。雙臂曲於胸蒔，雙手含於袖中，合握一長約 0.25 米裝於布袋之內棱角分明的瘦長對象，上端封口處以布帶打成花結並斜依左肩上。（圖 P-2）

P3，畫而長 1.47 米，寬 0.81 米，刻女著男裝侍女一人，面南侍立，高 1.01 米。裹順風腳幞頭，內襯高頭巾子，幞頭頂部似兩並列圓球，髮攏於巾中。額中飾圓形花鈿，身著團領右繫扣開衩長袍腰束帶袍擺下露出內襯燈籠褲腳，足穿翹首薄底花口線鞋，左臂下垂，右臂曲於胸前，手執橢圓形絹扇，長 0.24 米，扇面繪荷花、蘭花、蜜蜂圖案。（圖 P-3）

P4，畫面長 1.47 米，寬 0.87 米，居中鏨侍女一人。身高 1.07 米，頭梳披髮單髻，髻上套戴葉形簪花義髻，邊緣鑲嵌珠飾，底部右側以長簪別於頂髻

〔註 84〕陝西省考古研究所，《唐李憲墓發掘報告》，科學出版社，2005 年 1 月，195～218 頁。

（圖 P）李憲墓石槨線刻分佈圖

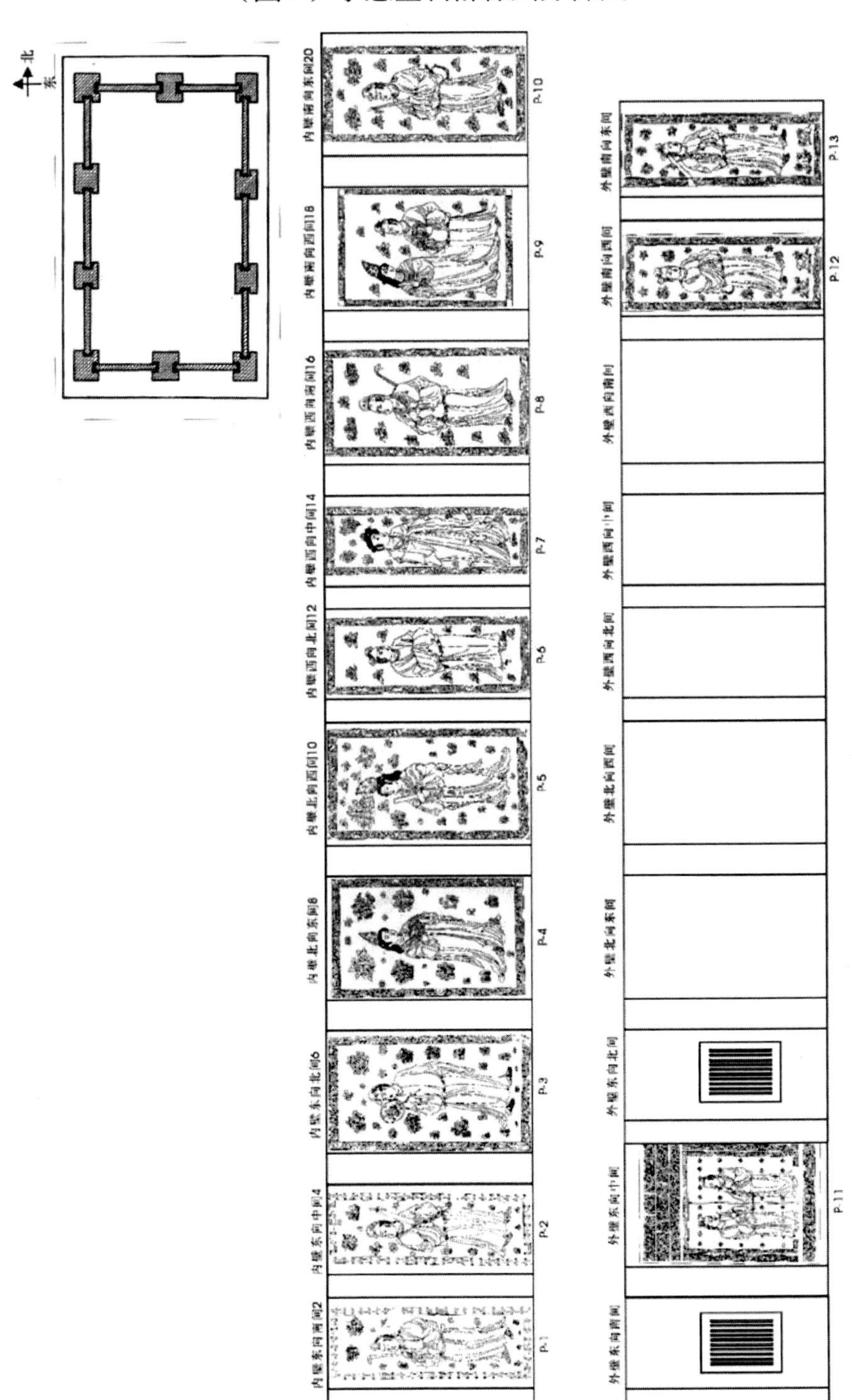

上，後腦插裝飾小櫛一把。上著小襦衫，下繫高腰曳地長裙，腰帶飄垂膝下，端頭墜珠玉，足穿高當雲頭履。肩搭之帔帛於胸前繞成「v」形後雙腳沿後肩垂下，末端亦飾珍珠。雙臂曲於胸前，左手掩於袖中，右手露出袖外，雙手合捧長方形盈頂團花函盒。（圖 P-4）

P5，畫面長 1.45 米，寬 0.8 米，居中刻侍女一人，面南侍立，身高 1.10 米。頂戴葉形簪花義髻，周邊鑲嵌珠玉，後腦插小櫛一把，鬢髮結成小辮垂於耳前，額中貼飾團花鈿。上著小襦衫，下繫高腰曳地長裙，腰帶末端連綴珠飾，足穿雲頭履，雙手露出袖外合握笏板，神情莊重肅穆。肩上帔帛繞胸搭成「V」形後兩腳順雙後肩自然飄垂身側。（圖 P-5）

P6，畫面長 1.45 米，寬 0.5 米・正中刻侍女一人，男裝打扮，面東拱手而立・高 1.03 米。裹順風腳襆頭，內襯高頭巾子，襆頭頂部似兩並列圓球，長髮攏於巾中。額中貼五出團花鈿，身著圓領右繫扣攏袖長袍，腰束帶，右側掛長方形雲頭牌飾，其上刻團花及連珠紋。袍擺下露出燈籠褲腳，足穿翹首薄底花口線鞋，因石質受損右足線條不清。雙袖掩手合拱胸前。（圖 P-6）

P7，畫面長 1.45 米，寬 0.445 米，居中侍女一人，面東側立，高 1.03 米，長髮於頂上挽成牛心雙髻，髮髻前後各插折枝花朵，後腦別裝飾小櫛一把。面龐渾圓，額中貼飾桃形花鈿。頸胸裸露，上身著交領襦衫，下繫高腰曳地長裙，腰帶兩腳垂於膝下，末端綴飾珍珠。足穿高當雲頭履，長袖掩手拱於胸前。肩搭之紗質透明帔帛形制獨特，共分三層。第一層較窄小披裹於肩頭，第二層長及腰際，分垂於身側，第三層長達足跟，前部由彎曲雙臂攏起，露出內著長裙及帶飾。（圖 P-7）

P8，畫面長 1.47 米，寬 0.73 米，刻男裝侍女一人，人物高 1.08 米，面北而立，裹軟腳襆頭，內襯高頭巾子，襆頭頂部似兩並列圓球，側面刺繡團花，長髮攏於巾內，襆頭兩軟腳垂於肩側，額中貼五出團花鈿。身著翻領攏袖、開衩長袍，翻領上刺繡破式團花，領尖綴飾珍珠。腰束帶，袍擺下露出尖頭翹首薄底錦靴。雙手露出袖外拱於胸前，左肩後斜背馬球杆兩柄。（圖 P-8）

P9，畫而長 1.46 米，寬 0.96 米，刻兩侍女形象。右側人物高 1.125 米女裝便服，面向左側、直立式，頭戴簪花義髻，髻邊緣鑲嵌珠飾，秀髮披肩端向內抿起，後腦別鑲珠小櫛一把。額心飾五出團花鈿一朵，頸下戴珠鏈一掛。上著襦衫，下繫高腰曳地長裙，腰帶瓢垂膝下，末端墜飾珠玉，足穿高當雲頭履，肩搭帔帛，帛帶分垂身側，雙手露出袖外合執笏板一枚。左側人物高1.05 米，女著男裝，面右側立，裹順風腳襆頭，內襯高頭巾子，襆頭頂部似兩並列圓球，長髮攏於巾中。身著團領右繫扣開衩長袍，腰束帶，左懸帶鞘短劍一柄，垂於小腿外側。腳穿尖頭軟底錦繡花靴。一雙長袖於腕處迭起，雙手外露捧長方形團花錦盒。（圖 P-9）

P10，畫面長 1.47 米，寬 0.69 米，居中刻男裝侍女一人，高 1.03 米，面北而立，裹軟腳襆頭，內襯高頭巾子，襆頭頂部似兩並列圓球，長髮攏於巾中，襆頭腳垂搭左肩上。五官端正，額間貼飾團花鈿，身著團領，右側扣，開衩長袍，腰束帶，足穿薄底、翹首、花口線鞋，曲臂胸前，雙手掩於袖中合握長 0.3 米裝於窄長布袋中之棱角分明形體瘦長對象，布袋頂端封口挽成花結狀。左腰側斜插一卷或環形之馬鞭。（圖 P-10）

P11，畫面長 1.48 米，寬 0.98 米，鏨刻對開大門一座。居中鏨對立宦官兩名，高 0.815 米，裹軟腳襆頭，內襯高頭巾子，襆頭頂似兩並列圓球，襆頭腳搭垂肩頭。而容瘦削，顴骨凸出、兩腮下陷、身材單薄。著圓領右繫扣襴袍，腰束帶，足蹬平底翹首軟靴。雙手持於胸前。（圖 P-11）

P12，畫面長 1.49 米，寬 0.54 米，刻面東侍立的男裝侍女一名，高 0.98 米。裹順風腳襆頭，內襯高頭巾子，襆頭頂部似兩並列圓球，長髮攏於巾中。身著圓領右繫扣開衩長袍，袍擺下露出內襯燈籠褲腳，足穿高當雲頭履，腰束帶，右後腰捅一卷成圓形之烏鞭。雙手隱袖內拱於胸前。（圖 P-12）

P13，畫面長 1.48 米，寬 0.51 米，鏨面東側立的男裝仕女一位，高 0.99 米。裹順風腳襆頭，內襯高頭巾子，襆頭頂部似兩並列圓球，秀髮攏於巾中。身著團領右繫扣開叉長袍，袍擺下露出燈籠褲腳，足穿翹首薄底花口線鞋，腰束帶。雙手露出袖外斜執一柄長 0.25 米、套於布袋中棱角分明的瘦長物品，袋頂繫花結。（圖 P-13）

十八、王賢妃墓石槨人物線刻圖像（746 年）

睿宗賢妃王芳媚，兩《唐書》無傳，惟在《舊唐書》睿宗諸子傳中略有記錄。〔註 85〕據墓誌載：「唐隆元年（即景雲元年，710 年）睿宗正位，六月廿八日（710 年 7 月 29 日），冊爲賢妃……天寶四載（745 年）秋八月疾丞……旬有八日而薨，春秋七十三……至其載十二月七日（746 年元月 3 日），陪葬

〔註 85〕（後晉）沈昫，《舊唐書》卷九十五，睿宗諸子傳。

（圖 Q）王賢妃墓石槨線刻分佈圖

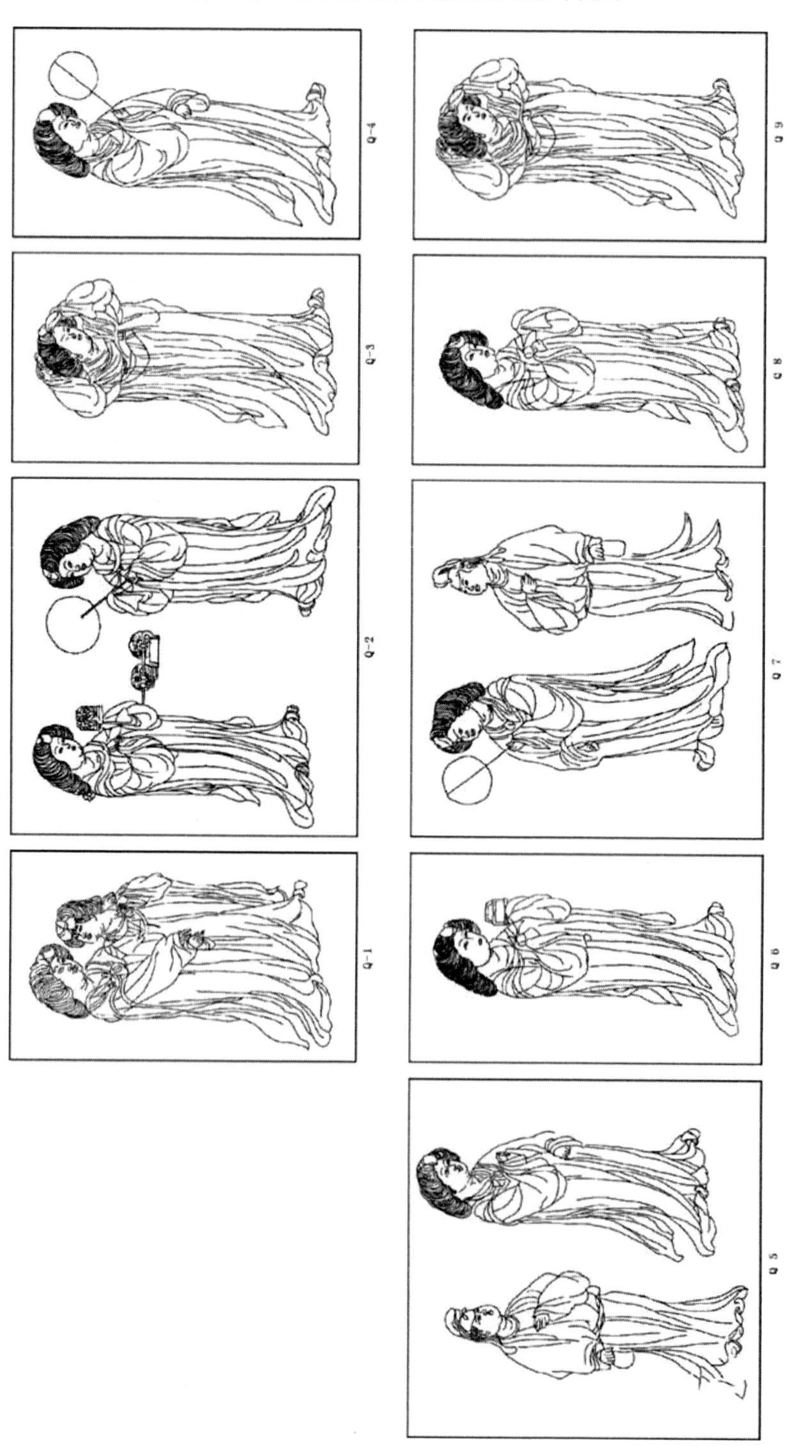

於橋陵。」〔註 86〕王賢妃墓位於唐睿宗橋陵東南約 9 公里、唐憲宗景陵正南稍偏西 2 公里處（蒲城縣西北儀龍村）。

由於被盜嚴重，該石槨現僅存 9 塊壁板，現鑲於蒲城縣博物館碑林西牆之上，所以只見單面，背面是否有圖像不得而知。9 塊壁板共刻有 13 人，均為侍女，其中著裙裝 11 人，著袍服 2 人。

Q1，線刻侍女兩人，一高一矮，相互扶持，高者左手搭於矮者左肩之上，兩人右手相挽。均著寬大曳地長裙，肩搭披帛，頭梳蓬鬆倭墮髻。（圖 Q-1）

Q2，線刻侍女兩人，據圖中線刻的門、鎖，可知其應是石槨外壁正面中間壁板。左側侍女，頭梳披肩倭墮髻，寬大長裙，披帛。左手托一雕花方盒，方盒不大，可能是盛裝璽印之盒。右側侍女，裝、髮於左側侍女相同，左手持一長杆團扇，右手托扇杆。（圖 Q-2）

Q7，線刻侍女兩人，左側侍女著寬大曳地長裙，披帛，頭梳披肩倭墮髻，左手持團扇。右側侍女著圓領袍服，頭戴長軟腳幞頭，右手舉於胸前。（圖 Q-7）

Q5，線刻侍女兩人，右側侍女著寬大曳地長裙，披帛，頭梳披肩倭墮髻，右手抬於胸前。右側侍女著圓領袍服，頭戴長軟腳幞頭，與 03 圖中右側侍女姿態相同。（圖 Q-5）

Q3，線刻侍女一人，著寬大曳地長裙，披帛，左手抬於額前，右手持梳於腦後，作梳頭狀。（圖 Q-3）

Q4，圖中線刻侍女一人，著寬大曳地長裙，披帛，頭梳披肩倭墮髻，右手持團扇。係 Q7 右側侍女線刻的反轉施用。（圖 Q-4）

Q8，圖中線刻侍女一人，著寬大曳地長裙，披帛，頭梳披肩倭墮髻，形態與 02 左側侍女相同。（圖 Q-8）

Q6，線刻侍女一人，與 Q8 相同。（圖 Q-6）

Q9，線刻侍女一人，與 Q3 相同。（圖 Q-9）

十九、武令璋墓石槨人物線刻圖像（748 年）

武令璋，玄宗時為壯武將軍，據墓誌載：「天寶七載（748 年）十二月六日薨於私悌……天寶十三載（754 年）閏十一月十一日懸棺而窆於統萬城南二

〔註 86〕劉向陽，《唐代帝王陵墓》，三秦出版社，2006 年 10 月，186 頁。

十里高原（陝西省靖邊縣紅墩界鄉圪洞河村北山梁上）。」2002 年春，該墓被盜，石槨及墓誌被追回後現存於志丹縣文物管理所。〔註 87〕

武令璋墓石槨由槨底、槨壁和槨頂三部分構成的面闊三間、進深兩間的廡殿頂殿堂式結構，長約 270、寬 185、殘高 163 釐米。槨壁由 10 根槨柱和 10 塊槨板組成，槨柱、槨板上有精美的花葉、侍女、樂舞等線刻圖案。因石槨發現時已被全部拆散，無法弄清槨柱、槨板原始安放位置。

R1，壁板寬 57 釐米，內面陰線刻一拍板樂伎。側身而立，頭戴翹角襆頭，體態豐腴，面頰圓潤，柳眉細眼，直鼻小嘴。身著低領敞袖寬鬆袍服，袍襟下垂至腳踝。腹微鼓，革帶繫於臍下，足登小靴。雙手抬胸前，正在拍打一副七片的拍板。（圖 R-1）

R2，壁板寬 57 釐米，自下部 1／3 處斷爲兩截，右上角殘缺。內面陰線刻敲鈸樂伎一名。正面而立，頭戴翹角襆頭，柳眉細眼，直鼻小嘴，面帶微笑。身著圓領敞袖寬鬆袍服，腰繫革帶，袍襟下垂至腳面，足登小靴。雙手執銅鈸上下敲合。（圖 R-2）

R3，槨板寬 57 釐米，內面陰線刻一名吹笛樂伎。正面而立，頭戴翹角襆頭，面頰豐腴、柳眉細眼。身著圓領敞袖寬鬆袍服，腹微鼓，革帶繫於臍下，袍襟下垂至腳面。雙手執一橫笛左舉於唇邊演奏。（圖 R-3）

R4，槨板寬 50 釐米，內面陰線刻舞者一名，爲一胡人形象。深目、高鼻、大嘴、闊耳，揚眉動目，面部表情詼諧。頭戴尖頂軟蕃帽，身穿右衽長袖及膝長衫，胸束錦帶，足登高筒卷尖軟底靴。左腳踏地直立，右腿提膝騰起。雙肩上聳，兩手隱袖中握袖管擺動。翩翩起舞，雙袖飛舞，衣衫飄動。（圖 R-4）

R5，槨板寬 50 釐米，內面陰線刻舞者一名，係 R4 槨板線刻反轉應用〔註 88〕。（圖 R-5）

R6，槨板寬 57 釐米，內面刻一男裝侍女，側身而立，頭戴翹角襆頭，臉部圓潤，面帶微笑。身著圓領敞袖寬鬆袍服，袍襟下垂至腳面，腹微鼓，革帶繫於臍下。雙臂上舉胸前，翹指似在吹簫。（圖 R-6）

R7，槨板寬 57 釐米，內面刻琵琶樂伎一名。側身而立，頭梳單髻，兩側

〔註 87〕王勇剛、白保榮、宿平，《新發現的唐武令璋石槨和墓誌》，《考古與文物》，2010 年第 2 期，20～29 頁。

〔註 88〕從 R4、R5 圖像中人物的動姿來看，這種舞蹈應是源於西域石國，經涼州傳入中原，並在開元、天寶年間風靡一時的胡騰舞。

（圖R）武令璋墓石槨線刻分佈圖

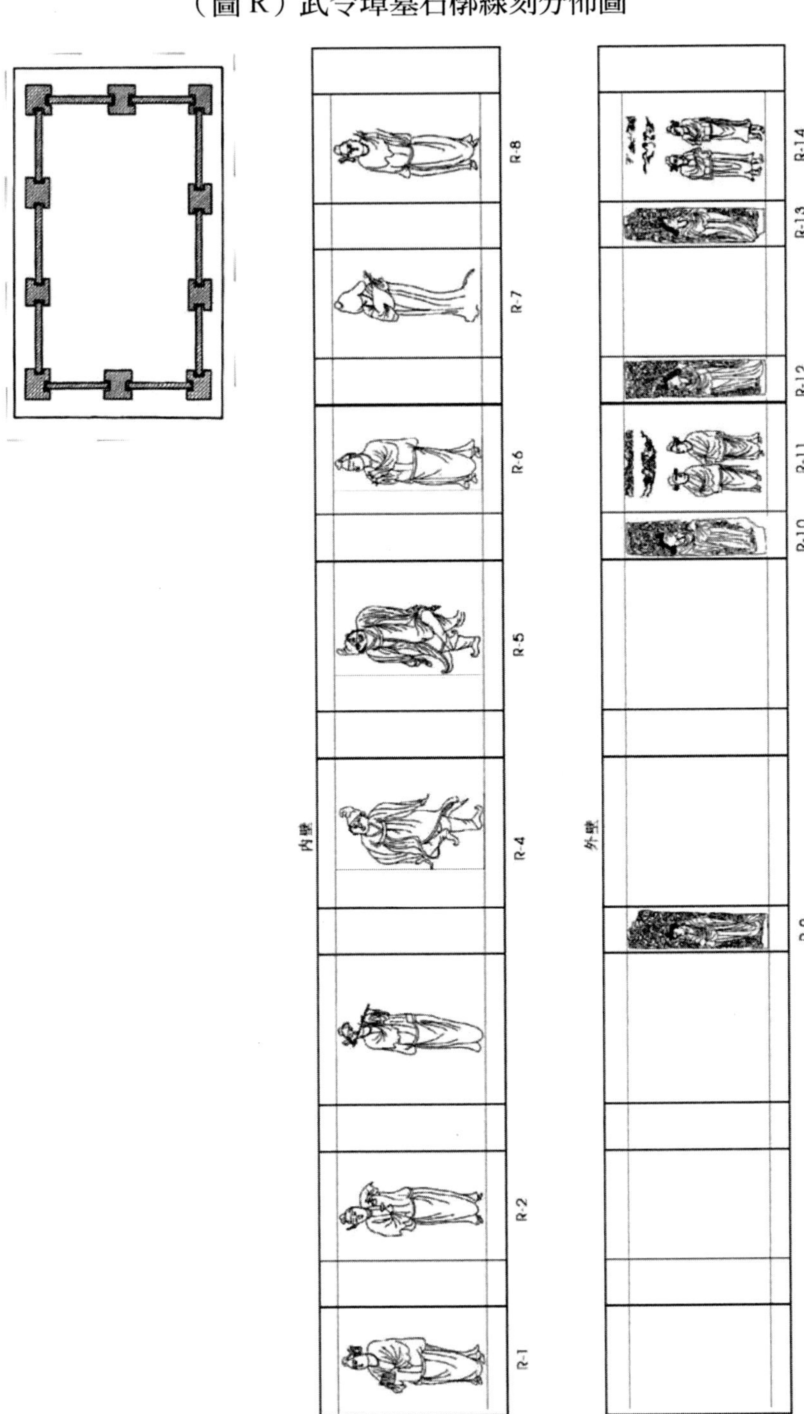

髮髻下梳抵肩，貼鬢掩耳。面部豐腴。上穿 U 形低領袒胸敞袖褥，下著曳地長裙。雙手抱琵琶於胸前，正在彈奏。（圖 R-7）

R8，槨板寬 57 釐米，內面為擊節歌伎一名。正面而立，身體微左傾。頭戴翹角樸頭，似在歌唱。身著圓領敞袖寬鬆袍服，腹微鼓。雙臂上舉至左肩，推測或是擊掌而歌。（圖 R-8）

R9，角柱寬 30、厚 27 釐米，榫頭高 12、寬 7～13 釐米。一面減地陰線刻侍女一名。體態豐腴，神態安詳，除髮型為上梳露耳單髻外。另外相臨的兩面磨光，一面素面。（圖 R-9）

R10，角柱寬 30、厚 20 釐米，榫頭殘高 4 釐米。相臨的兩面磨光。一面右下角殘缺，有減地陰線刻正面為侍女圖案，側身向右而立，體態雍容華貴，雙手隱袖中向右攏於胸前。（圖 R-10）

R11，R6 壁板外壁，線刻侍者兩名。兩人同向側立，右側侍者頭戴翹角樸頭，長眉細目，面部圓潤。身著圓領敞袖寬鬆袍服，袍襟下垂至腳面，腹微鼓，革帶繫於臍下，足登小靴，雙手隱袖中攏於胸前。左側侍者年齡較大，頭戴樸頭，細目直鼻，小口微張。身著圓領敞袖寬鬆袍服，腰繫革帶，袍襟下垂至腳踝，內穿小口褲，足登小靴，雙手隱袖中攏於胸前，回首似與右側侍者交談。上方為一對口銜絲帶的鴛鴦，頂部是一行穿枝花葉紋。（圖 R-11）

R12，倚柱寬 29、厚 21.5 釐米，榫頭殘高 4、寬 11～14 釐米。柱身兩面磨光，減地陰線刻侍女一名，構圖和內容與 R10 基本相同，唯方向相反。（圖 R-12）

R13，倚柱寬 29、厚 21.5 釐米，榫頭高 12、寬 6～13 釐米。柱身內外兩面磨光，刻有圖案，周圍有窄邊框。正面為減地陰線刻捧盒侍女一名，側身面向左站立，體態雍容。頭梳單髻，兩側髮髻下梳抵肩，貼鬢掩耳，面部豐腴。身著 U 形低領袒胸敞袖襦，穿寬大束胸長裙，裙裾曳地，露出兩隻雲頭履尖。披帛繞胸，從右臂向下飄垂，雙手隱袖中攏於胸前，袖籠呈波浪形，懷中捧一方盒。（圖 R-13）

R14，R8 壁板外壁，刻相對侍者兩人。兩侍者均頭戴翹角樸頭，身著圓領窄袖及膝長袍，腰繫革帶，足登長統靴。雙手隱袖中攏於胸前，皆面部瘦削，顴骨微凸，長目翹鼻闊口，兩人相對而立，似在交談。上方為一對口銜絲帶的鴛鴦，頂部是一行穿枝花葉紋。（圖 R-14）

第二章　唐代石槨與創作主體

第一節　唐代石槨的形制

一、唐代石槨的墓葬類型與基本形制

石槨是中國古代「視死如生」喪葬觀念的重要載體，處在墓葬核心位置，是仿照堂室而造。〔註 1〕

關於石槨的記載，較早見於《史記》：「蜚廉爲紂石北方，還，無所報，爲壇霍太山而報，得石棺。」〔註 2〕《漢書》記劉向諫薄葬書云：「宋桓司馬爲石槨……石槨爲遊館，人膏爲燈燭。」〔註 3〕另《通典》記：「夫子居於宋。見桓司馬自爲石槨，三年而不成。夫子曰：『若是其靡也，死不如速朽之愈也。」〔註 4〕《漢書》中載文帝建陵時，爲了堅固，所以欲在陵中「以北山石爲槨」。〔註 5〕漢之前的石槨極少發現，而在隋唐高等級墓葬中則不斷發現。

石槨屬「東園密器」，〔註 6〕西漢時僅限皇族使用，東漢時期，開始普遍

〔註 1〕孫機，《中國聖火》，中國古文物與東西文化交流中的若干問題，遼寧教育出版社，1996 年，198 頁。

〔註 2〕（西漢）司馬遷，《史記》，卷五，秦本記第五，北京出版社，2006 年 7 月。

〔註 3〕施丁主編，《漢書新注》，卷三十六，楚元王傳第六，三秦出版社，1994 年 7 月。

〔註 4〕（唐）杜佑，《通典》，卷八十五，凶禮七，喪葬之三。

〔註 5〕《漢書》，張釋之傳。《史記》，卷一百一十七，張釋之傳。

〔註 6〕《後漢書》，禮儀志載：「東園匠、考工令奏東園秘器，表裏洞赤，文畫日、月、鳥、龜、龍、虎、連璧、偃月，牙檜梓宮如故事。」

賜顯貴以「秘器」，〔註 7〕魏晉時期，被賜「東園秘器」的功臣密戚，多達 60 餘人。〔註 8〕

唐代自公元 618 年建國至 907 年滅亡，立國近三百年，形成了一個龐大的皇戚、貴族群體，其中的極少數才可得到陪葬帝陵的殊榮，石槨墓亦多爲帝陵陪葬墓。

有關唐代墓葬類型的研究，在中國歷代墓葬類型學研究中相對比較完善，特別是西安及周邊地區的唐墓由於數量多、等級高、分佈集中而基本形成了較爲系統的墓葬類型序列。

唐代墓葬形制的分類，主要以墓葬的平面形狀、尺寸，墓內設施、施用材料爲主要劃分依據。早在 1966 年中國科學院考古研究所就對西安地區的 175 座隋唐墓做了綜合性研究，〔註 9〕並將其劃分爲三期：一、隋文帝至唐高宗（581～683 年）；武則天至唐玄宗（684～755 年）；唐肅宗至唐亡（756～907 年）。由於考古發掘的推進和研究方式的不同，上世紀 80 年代初，又出現了四期及七期等不同分期。〔註 10〕80 年代中期之後，唐代墓葬形制研究進入深入研究時期，孫秉根先生將西安地區有紀年的 110 座隋唐墓分型爲土洞單室墓、土洞雙室墓、磚砌單室墓和磚砌雙室墓四類，並細分爲 2 型 18 式。〔註 11〕90 年代初，齊東方先生對西安及周邊地區的 116 座唐墓進行研究後將其形制劃分爲單室磚墓、雙室磚墓、單室方形土洞墓、單室長方形土洞墓 4 型，並將其發展演進分爲 3 個時期 5 個階段，著重對唐墓的等級制度及相關歷史問題進行了深入研究。〔註 12〕90 年代中期，宿白先生對西安地區唐墓進行綜合分析後，將墓型劃分爲單室弧方形磚墓、雙室弧方形磚墓（方形磚墓），單室方形土洞墓及單室長方形土洞墓 4 類，並在以上 4 型中還分出豎穴半洞墓、豎穴偏洞

〔註 7〕《漢書》中記載賜東園密器者是：霍光、董賢、翟方進、孔霸。《後漢書》中記載的賜東園密器者有：和熹鄧皇后、孝崇　皇后、蔡茂、馮勤、梁竦、梁商、劉愷、胡廣、楊賜、蓋勳、王允、單超、戴憑、袁逢等。

〔註 8〕韓國河，《溫明、秘器與便房考》，《2002 年中國秦漢史第九次年會暨國際學術研討會》論文，西安。

〔註 9〕中國科學院考古研究所，《西安郊區隋唐墓》，科學出版社，1966 年。

〔註 10〕1、中國科學院考古研究所，《新中國考古發現和研究》，科學出版社，1984 年。2、齊東方，《隋唐考古》，文物出版社，2009 年 4 月，77 頁。

〔註 11〕孫秉根，《西安隋唐墓的形制》，《中國考古學研究——夏鼐先生考古 50 年紀年論文集》（二），科學出版社，1986 年，151～190 頁。

〔註 12〕齊東方，《試論西安地區唐代墓葬的等級制度》，《紀年北京大學考古專業三十週年論文集》，文物出版社，1990 年，286～310 頁。

墓、後附棺室土洞墓等形制。〔註 13〕本世紀初，李星明先生在《唐代墓室壁畫研究》中對 83 座壁畫墓進行研究後，將墓葬形制劃分爲天井洞室墓、洞室墓、豎穴墓 3 類，並細分爲 17 型 19 式。〔註 14〕由於考古發現日多，形制變化複雜，冉萬里先生按照規模將唐墓形制籠統分爲豎穴土坑墓、磚室墓、土洞墓 3 類。〔註 15〕

由於研究方向的差異，雖然以上研究者的分型分式有所區別，但並無根本的不同，至少能在年代的確定及發生、演變的規律性上達成共識。宏觀而言，高祖至玄宗之間唐代的墓葬等級較爲規範，安史之亂後，不再重視繁複的喪葬禮儀，之前建立的嚴格制度大都廢棄。而本文所研究的石槨墓則全部成於安史之亂之前的規範墓葬時期。

唐代實行的功臣密戚陪葬皇陵制度，始於高祖李淵獻陵，主要借鑒漢魏舊制。太宗昭陵伊始，陪葬墓分佈由建於帝陵東北向的舊制變爲分佈於主陵東南向〔註 16〕，這種改變可能與九嵕山地形及唐長安城仿建有關。〔註 17〕（圖 2-1-1）

長孫皇后首葬昭陵三個月後，即貞觀十一年二月，太宗親製《九嵕山卜陵詔》曰：「自今以後，功臣密戚及德業佐時者，如有薨亡，宜賜塋地一所，給以秘器，使窀穸（墓穴）之時喪事無闕，所司依此營備」。此後太宗又許功臣密戚自請陪葬，並允許其子孫從祖、父陪葬。〔註 18〕

唐帝陵的陪葬墓主要有三個高峰，一爲高祖（566～635 年在世，618～626 在位）獻陵陪葬墓群；二爲太宗（598～649 年）昭陵陪葬墓群；三爲武則天（624 年 2 月 17 日～705 年 12 月 16 日）乾陵陪葬墓群。

〔註 13〕宿白，《西安地區的唐墓形制》，《文物》，1995 年第 12 期，41～50 頁。

〔註 14〕李星明，《唐代墓室壁畫研究》，陝西人民美術出版社，2005 年 10 月，94～108 頁。

〔註 15〕冉萬里，《漢唐考古學講稿》，三秦出版社，2008 年 10 月，247 頁。

〔註 16〕昭陵陪葬墓的地上形制大體分爲五種：(1) 封土堆作圓錐形者爲大多數，燕妃等；(2) 封土作覆斗形，前後各四個土闕者 3 例，即長樂公主墓、城陽公土墓、新城公主墓。前後各設有四個士闕；(3) 象山形，李靖、李勳、李思摩、阿史那社爾和安元壽墓；(4) 因山爲墓者，有魏徵墓、韋貴妃墓；(5) 不封不樹者，有高士廉墓及山上的宮人墓，目前能確認的大約 7 至 8 例。

〔註 17〕姜寶蓮，《試論唐代帝陵的陪葬墓》，《考古與文物》，1994 年第 6 期。

〔註 18〕劉向陽，《唐代帝王陵墓》，三秦出版社，2006 年 12 月，59 頁。

（圖 2-1-1）昭陵陪葬墓分佈圖

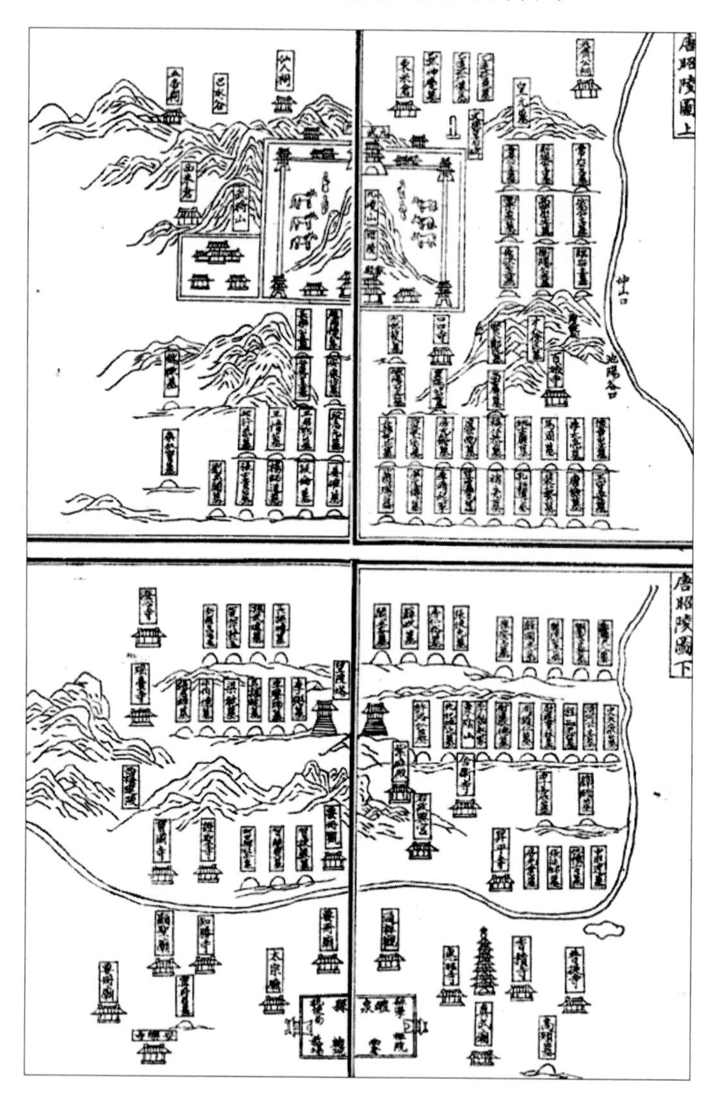

乾陵之後，唐帝陵陪葬制度由太宗的「君臣同體」，逐步改爲以宗親爲主的陪陵制度，數量急劇消減（圖 2-1-2）。據考察，高祖至玄宗之間唐代的墓葬等級較爲規範，安史之亂後，不再重視繁複的喪葬禮儀，之前所建立的嚴格制度大都廢棄。本文所涉及的石槨墓全部成於安史之亂以前的規範時期。其中級別較高的大都出自唐帝陵陪葬墓，其它出自私家墓地的石槨墓也大多以帝陵陪葬墓形制爲標準。在此期間，大多流行整齊劃一的方形或長方形單室墓葬（圖 2-1-3），而級別較高的雙室石槨墓（圖 2-1-4），則多與墓主的特殊地位或政治鬥爭有關，〔註 19〕如永泰公主墓、懿德太子墓、章懷太子墓及韋氏家族墓等。

（圖 2-1-2）唐代帝陵陪葬墓數量示意圖

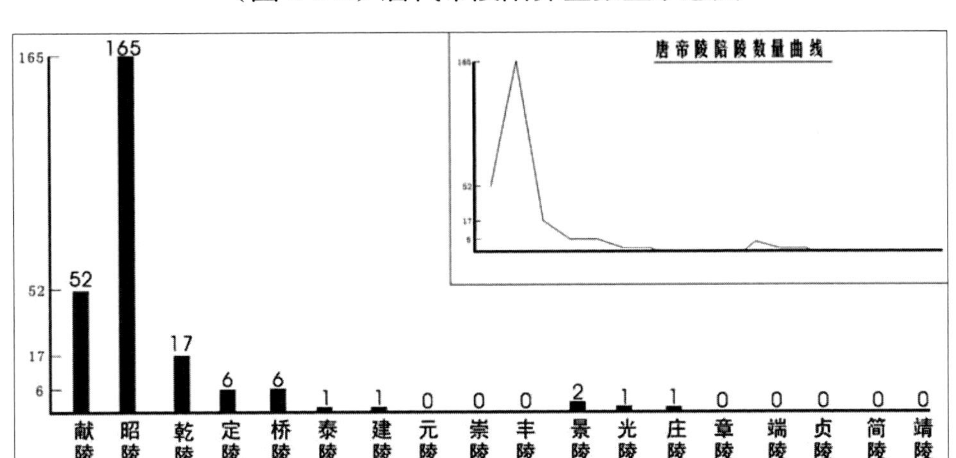

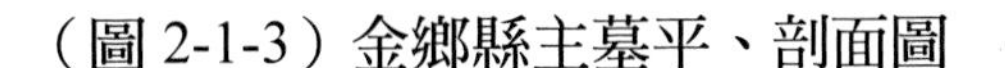
（圖 2-1-3）金鄉縣主墓平、剖面圖

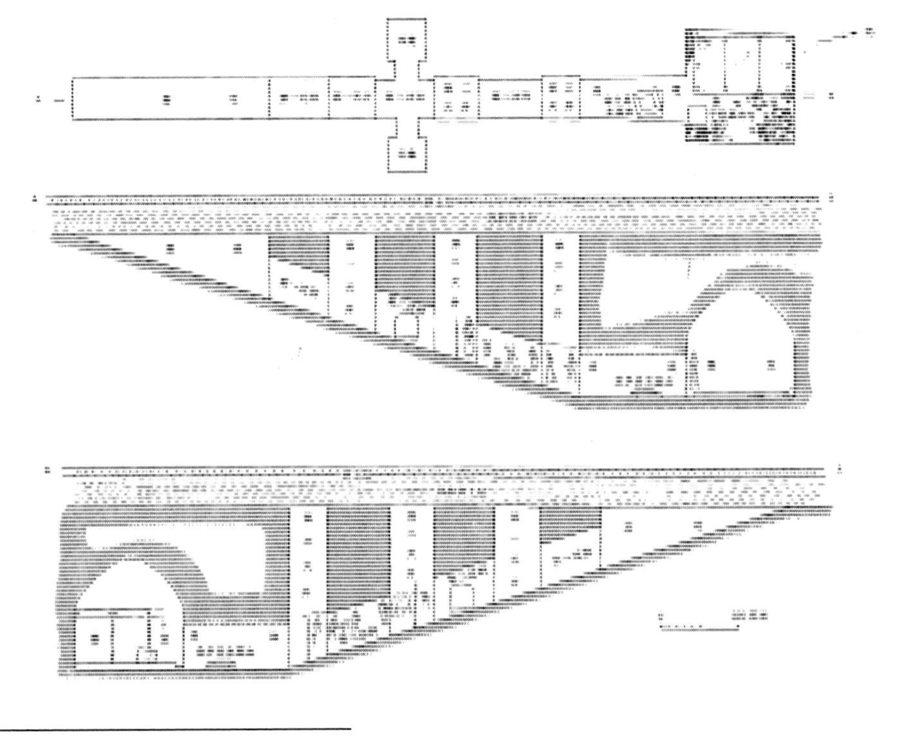

〔註 19〕齊東方，《略論西安地區唐代的雙室磚墓》，《考古》，1990 年第 9 期。

（圖 2-1-4）懿德太子墓平、剖面圖

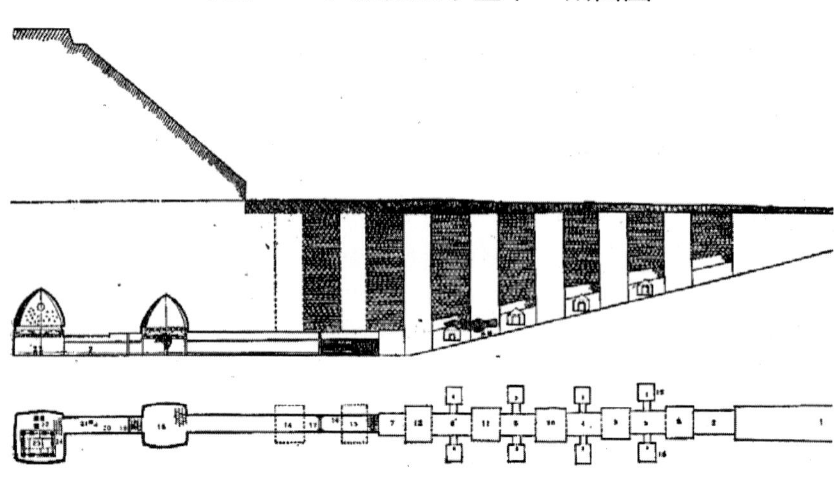

石槨的結構源於早期木質棺槨和地面上的祠堂建築，已發現最早的房形石槨出現在東漢時期的四川地區（圖 2-1-5）。〔註 20〕這種房形石槨形制，之所以能夠在中原地區廣泛使用，與早期道教（「五斗米道」或稱「天師道」）由四川向各地的傳播有關。〔註 21〕從三世紀開始，活躍在巴蜀地區的天師道教徒，逐漸由四川遷徙至陝西、河南、山西等中原地區，〔註 22〕並得到了北

（圖 2-1-5）四川樂山肖壩出土石棺（2 世紀左右）

〔註 20〕 羅二虎，《漢代畫像石棺研究》，《考古學報》，2000 年第 1 期，33 頁。

〔註 21〕 （美）巫鴻，《禮儀中的美術》，下冊，生活・讀書・新知三聯書店，2005 年 7 月，669 頁。

〔註 22〕 （美）巫鴻，《禮儀中的美術》，下冊，生活・讀書・新知三聯書店，2005 年 7 月，699 頁。

魏皇族的青睞。房形石室，也隨之進入，長安地區的殿堂式石棺槨，便是在此基礎上演化而成。

初唐皇室崇尚道教，高祖敕定，在重大禮慶時，以道教禮儀爲先，儒、釋次之，一改隋代「先佛後道」的傳統，確定了道教的主導地位。因而，由道教發端的石槨葬具爲貴族階層所推崇。

唐之前的石槨樣式不一，已發現魏晉至隋代的六具典型石槨，形制各不相同（附表 2-1）。宋紹祖墓石槨體量較大，爲前廊後室屋宇形式的三開間懸山頂式（圖 2-1-10-2）。〔註 23〕智家堡石槨（四座）形制較爲簡單，無立柱、斗拱，均以石板拼成（圖 2-1-10-1）。〔註 24〕寧懋石槨（石室）爲仿木結構，單簷懸山頂、進深二架椽、面闊三間的房屋，壁板每間刻人字拱二朵及簷柱。〔註 25〕史君墓石槨爲歇山頂式殿堂建築，面闊五間，進深三間，上有斗拱，外四面均刻浮雕。虞弘墓石槨的材質爲漢白玉，仿木構三開間、單簷歇山頂式。由上部槨頂、中部槨壁、下部槨座和廊柱組成（圖 2-1-10-4）。〔註 26〕隋李靜訓墓石槨爲青石製成，槨由 17 塊石板拼成，爲懸山頂式（圖 2-1-10-5），棺由 8 塊石板雕成，爲歇山頂式，棺頂正脊加鴟尾及火珠。〔註 27〕

附表 2-1：魏晉南北朝、隋代石槨統計表

墓主	年代	出土地	型制	備註	資料來源
宋紹祖	北魏孝文帝 太和元年 （477 年）	山西大同	懸山頂式		山西省考古研究所，大同市考古研究所，《大同市北魏宋紹祖墓發掘簡報》，《文物》，2001 年第 7 期。
	北魏太和八年 （484 年） 至太和十三年 （489 年）之間	大同市南向智家堡村	懸山頂式	四座石槨	王銀田、劉俊喜，《大同智家堡北魏墓室石槨壁畫》，《文物》，2001 年第 7 期。

〔註 23〕山西省考古研究所，大同市考古研究所，《大同市北魏宋紹祖墓發掘簡報》，《文物》，2001 年第 7 期，19～39 頁。

〔註 24〕王銀田、劉俊喜，《大同智家堡北魏墓室石槨壁畫》，《文物》，2001 年第 7 期，50 頁。

〔註 25〕郭建邦，《北魏寧懋石室和墓誌》，《中原文物》，1980 年第 2 期。

〔註 26〕山西省考古研究所、太原市文物考古研究所、太原市晉源區文物旅遊局，《太原虞弘墓》，文物出版社，2005 年 8 月，15～46 頁。

〔註 27〕中國社會科學院考古研究所《唐長安城郊隋唐墓》，文物出版社，1980 年 9 月。

寧 懋	約建於孝昌三年（527年）	洛陽故城北半坡	懸山頂式		郭建邦，《北魏寧懋石室和墓誌》，《中原文物》，1980年第2期。
史 君	北周大象元年（579年）	西安	歇山頂式		楊軍凱、孫武、劉天運、鄧來善、郝順利、張紅倉，《西安北周涼州薩保史君墓發掘簡報》，《文物》，2005年第3期。
虞 弘	隋開皇十二年（592年）	太原市晉源王郭村	歇山頂式	有基座、槨座墊	山西省考古研究所、太原市文物考古研究所、太原市晉源區文物旅遊局，《太原虞弘墓》，文物出版社，2005年8月。
李靜訓	隋大業四年（608年）	西安西郊	歇山頂式	石槨、石棺	《西安西郊隋李靜訓墓發掘簡報》，《考古》，1959年第9期。

現已發現的唐代29具石槨，最早的李壽墓石槨成於貞觀五年（631年），最晚的一具爲天寶五年（748年）武令璋墓石槨，集中在初唐至盛唐的117年間，時間序列較爲完整，其分佈主要集中於關中地區。（附表2-2）

附表2-2：現已發現唐代石槨統計表

墓主	身 份	墓葬形制	墓 址	下葬時間	發掘時期	石槨形制	備註	資料來源
李壽	司空（正一品）上柱國（正二品）淮安靖王（正一品）	單室磚墓	陝西省三原縣陵前鄉焦村	貞觀四年（630年）去世，貞觀五年（631年）葬	1973年3～8月	歇山頂石槨		陝西省博物館、文管會，《唐李壽墓發掘簡報》，《文物》，1974年第9期。
鄭仁泰	開國郡公（正二品）	雙室磚墓	禮泉縣煙霞公社馬察村西南約0.5公里處	麟德元年（664年）	1972年	拱頂石槨		陝西省博物館、禮泉縣文教局唐墓發掘組，《唐鄭仁泰墓發掘簡報》，《文物》，1972年第7期。
韋珪	唐太宗貴妃	雙室磚墓	陝西禮泉縣煙霞鄉昭陵陪葬墓	麟德三年十二月二十九日（667年）	1990年11～12月	廡殿頂石槨	未有人物線刻	實地考察。
李福	右衛大將軍、梁州都督、司空、并州都督	不詳	陝西禮泉縣煙霞鄉昭陵陪葬墓	咸亨元年（670年）		廡殿頂石槨		實地考察。
燕妃	唐太宗妃、越王李貞生母	雙室磚墓	陝西禮泉縣煙霞鄉昭陵陪葬墓	咸亨二年（671年）	未發掘	石槨一具，形制不詳		筆者進入墓室探查。
大長公主	高祖第六女	雙室磚墓	陝西省富平縣呂村鄉雙寶村獻陵陪葬墓	咸亨四年（673年）	1975年	石槨一具	沒有線刻	安崢地，《唐房陵大長公主墓清理簡報》，《文博》，1990年第1期。

李晦	右金吾大將軍（正二品）秋官尚書	三室磚墓	陝西省高陵縣馬家灣鄉馬家灣村	永昌元年（689年）	1996年	歇山頂石槨	（石槨現存漢陽陵）	陝西省考古研究所，《陝西新出土唐墓壁畫》，重慶出版社，1998年，63～67頁。
契苾明	鎮軍大將軍鷹（正二品）賀蘭州都督涼國公	雙室磚墓	咸陽市渭城區藥王洞村	誕聖元年（695年）死，萬歲通天元年（696年）葬	1992年	廡殿頂石槨		解登、馬先科，《唐契苾明墓發掘記》，《文博》，1998年第5期，11～15頁。
李重潤	懿德太子	雙室磚墓	陝西省乾縣乾陵鄉韓家堡村	神龍二年（706年）	1971年7月～1972年1月	廡殿頂石槨		陝西省博物館、乾縣文教局唐墓發掘組，《唐懿德太子墓發掘簡報》，《文物》，1972年第7期。
李仙蕙與其夫武延基	永泰公主，中宗第七女	雙室磚墓	陝西省乾縣乾陵鄉乾陵陪葬墓	大足元年（701年）去世，神龍二年（706年）葬	1960年8月～1962年4月	廡殿頂石槨		陝西省文物管理委員會，《唐永泰公主墓發掘簡報》，《文物》，1964年第1期。
李賢與妃房氏	雍王(正一品)章懷太子、高宗第二子	雙室磚墓	陝西省乾縣乾陵鄉楊家窪村	神龍二年（706年）遷葬，景雲二年（711年）與其妃房氏合葬	1971年7月～1972年1月	廡殿頂石槨		陝西省博物館、乾縣文教局唐墓發掘組，《唐章懷太子墓發掘簡報》，《文物》1972年第7期。
韋泂	淮陽郡王（從一品）衛尉卿并州大都督、韋皇后三弟	雙室磚墓	長安縣韋曲鎮南里王村	景龍二年（708年）	1959年	廡殿頂石槨		陝西省文物管理委員會，《長安縣南里王村唐韋泂墓發掘記》，《文物》1959年第8期。
韋洵	汝南郡王（從一品）韋皇后大弟	雙室磚墓	長安縣韋曲鎮南里王村	景龍二年（708年）	1987年	廡殿頂石槨		員安志，《陝西長安縣南里王村與咸陽飛機場出土大量隋唐珍貴文物》，《考古與文物》，1993年第6期。
韋浩	贈揚州大都督、武陵郡王、韋皇后二弟	雙室磚墓	長安縣韋曲鎮南里王村	景龍二年（708年）	1987年	廡殿頂石槨		陝西省考古研究所，《陝西新出土唐墓壁畫》，重慶出版社，1998年。
衛南縣主	韋皇后第十一妹	雙室磚墓	長安縣韋曲鎮南里王村	景龍二年（708年）	1987年	廡殿頂石槨		員安志：《陝西長安縣南里王村與咸陽飛機場出土大量隋唐珍貴文物》，《考古與文物》，1993年第6期。
韋泚	荊州大都督上蔡郡王	雙室磚墓	長安縣韋曲鎮南里王村	景龍二年（708年）	1987年	廡殿頂石槨		員安志：《陝西長安縣南里王村與咸陽飛機場出土大量隋唐珍貴文物》，《考古與文物》，1993年第6期。

韋城縣主	韋皇后第九妹	雙室磚墓	長安縣韋曲鎮南里王村	景龍二年（708年）	1987年	廡殿頂石槨		員安志，《陝西長安縣南里王村與咸陽飛機場出土大量隋唐珍貴文物》，《考古與文物》，1993年第6期。
韋頊	韋后兄弟	雙室磚墓	長安縣韋曲鎮南里王村	開元六年（718年）	1987年	廡殿頂石槨		員安志，《陝西長安縣南里王村與咸陽飛機場出土大量隋唐珍貴文物》，《考古與文物》，1993年第6期。
韋氏無名墓			長安縣韋曲鎮南里王村	神龍元年（705年）～開元六年（718年）				現藏於長安博物館。
薛儆	駙馬都尉、上柱國（正二品）、開國郡公（正二品）、殿中省少監（從四品上）	單室磚墓	山西運城市萬容縣黃甫村	開元九年（721年）	1995年	廡殿頂石槨		山西省考古研究所，《唐代薛儆墓發掘報告》，科學出版社，2000年。
金鄉縣主	滕王第三女		西安市東郊灞橋區灞橋鎮呂家堡村	開元十二年（724年）		廡殿頂石槨	立柱及壁板已佚	西安市文物保護考古所、王自力、孫福喜，《唐金鄉縣主墓》，文物出版社，2002年11月。
秦守一	上柱國南安縣開國公、司農卿、京兆少尹、晉州長史、集州刺史、岐州長史、楚州刺史	單室磚墓	西安市長安區國家民用航天產業基地	開元十二年（724年）	2009年9月	廡殿頂石槨		實地考察。《華商報》，2009年9月28日，A20版。
阿史那懷道十姓夫婦	左金吾衛大將軍。瀚海國夫人。	單室磚墓	咸陽市北部二道原，鐵二十局機關院內	開元十五年（727年）	1993年3～12月	歇山頂石槨		實地考察。《中國考古學年鑒》1994年，文物出版社，1997年1月，275頁。
楊會	左羽林飛騎、上柱國		陝西省靖邊縣紅墩界鄉楊家村東陳梁山	開元二十四年七月七日（736年）	1991年6月	歇山頂石槨	沒有線刻	郭延齡，《靖邊出土唐楊會石棺和墓誌》，《考古與文物》，1995年第4期。
武惠妃	玄宗貞順皇后		西安市長安區龐留村，敬陵	開元二十五年（737年）		歇山頂石槨		《西安晚報》，2010年6月18日，第六版。
楊思勖	驃騎大將軍、虢國公（從一品）	單室磚墓	西安市東郊等駕坡村	開元二十八年（740年）	1958年	廡殿頂石槨		中國社會科學院考古研究所，《唐長安城郊隋唐墓》，文物出版社，1980年。

李憲	讓皇帝、睿宗長子	單室磚墓	蒲城縣三合鄉	天寶元年（742年）	2000年	廡殿頂石槨		陝西省考古研究所，《唐李憲墓發掘簡報》，科學出版社，2005年1月。
賢妃王芳媚	睿宗妃子		蒲城縣西北儀龍村	天寶五年（746年）	1975年8月	不詳	僅存9塊石槨壁板	實地考察。
武令璋	壯武將軍、行右司禦率府副率使、執節銀川郡兼銀川太守（四品）、上柱國		陝西省靖邊縣紅墩界鄉圪洞河村北山梁	天寶七年（748年）	2002年	廡殿頂石槨		王勇剛、白保榮、宿平，《新發現的唐武令璋石槨和墓誌》，《考古與文物》，2010年第2期，20～29頁。

李壽墓石槨（631年）爲歇山頂式，面寬三間，進深一間，當心間裝可開闔石門兩扇。〔註28〕成於龍朔三年（664年）的鄭仁泰墓石槨由33塊青、白石組成，槨壁由8根立柱和8塊石板嵌鑲而成，形制類似石棺（圖2-1-6）。〔註29〕韋珪墓石槨槨頂爲四坡流水屋面狀廡殿頂式，當心間裝可開啓石門兩扇，正面左右兩間窗欞爲鏤空仿現實屋室窗式。〔註30〕咸亨元年（670年）李福墓石槨，形制亦爲廡殿頂式。咸亨二年（671）燕妃墓，現未發掘，根據考古調查者經盜洞考察，確認石槨一具，但由於墓室塌陷尚無法確認其形制。大長公主墓石槨爲小型歇山頂式，未有線刻。〔註31〕李晦墓（689年）石槨頂部有脊，仿木斗拱及叉手，結構完整，歇山頂式，現存於漢陽陵後院。萬歲通天元年（696年）的契苾明墓石槨呈廡殿式，體量

（圖2-1-6）
鄭仁泰墓石槨三視圖

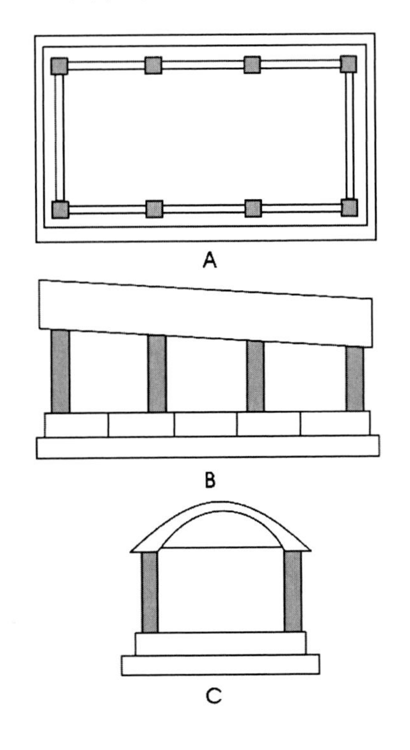

〔註28〕陝西省博物館、文管會《李壽墓發掘簡報》，《文物》，1974年第9期，71～88頁。

〔註29〕陝西省博物館、禮泉縣文教局唐墓發掘組，《唐鄭仁泰墓發掘簡報》、《文物》，1972年第7期，33～41頁。

〔註30〕胡元超主編，《昭陵文史寶典》，三秦出版社，2006年，81～82頁。

〔註31〕安崢地，《房陵大長公主墓清理簡報》，《文博》，1990年第1期，2～6頁。

較大，但做工有急就、粗糙的表現。〔註32〕同爲神龍二年（706年）的懿德太子墓、永泰公主墓、章懷太子墓石槨形制相同、大小相同，爲廡殿式（圖2-1-7）。時間跨度爲708年至718年的8具韋氏石槨，因出自同一家族，形制相同，爲廡殿式石槨，只是韋頊墓石槨已矣。現存於碑林博物院的韋頊墓石槨其中一塊槨蓋，係利用隋開皇二十年（600年）孟顯達碑〔註33〕裁切後而製，碑陰刻爲槨頂，碑面未動（圖2-1-8）。從尺寸規格推斷，應與其它韋氏石槨形制相同。〔註34〕薛儆墓是唯一一個不在陝西的石槨墓，其墓發掘於山西運城市萬容縣黃甫村。石槨由34塊青石雕刻、組合而成，爲廡殿頂式。〔註35〕成於開元十二年（724）的金鄉縣主墓石槨，爲青石質、廡殿頂式。〔註36〕2009年9月發現的秦守一墓（724年）石槨爲廡殿式，長近3米，寬近2米，石槨頂呈四面坡形，面闊三間，進深兩間，共由四塊蓋板、十塊

（圖2-1-7）
懿德太子墓石槨平、正面示意圖

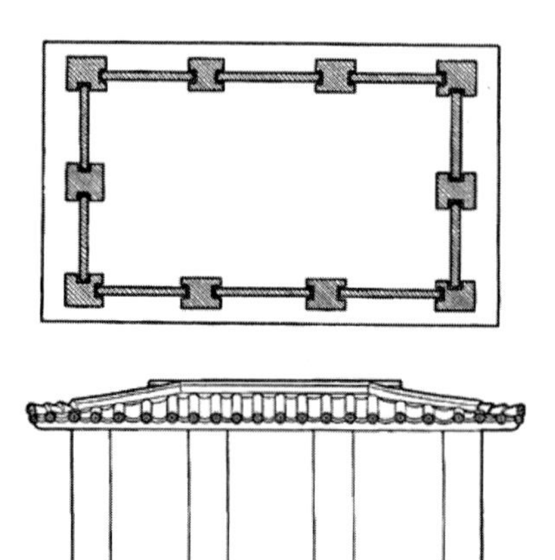

（圖2-1-8）
韋頊墓石槨槨頂（隋孟顯達碑）

〔註32〕解登、馬先科，《唐契苾明墓發掘記》，《文博》，1998年第5期，11～15頁。

〔註33〕孟顯達碑碑文記錄了孟顯達參與賀拔勝大破東魏侯景軍等事，並記，孟顯達死於北周武成元年（559年）。

〔註34〕1、陝西省文物管理委員會，《長安縣南里王村唐韋洞墓發掘記》，《文物》，1959年第8期，8～18頁。2、員安志，《陝西長安縣南里王村與咸陽飛機場出土大量隋唐珍貴文物》，《考古與文物》，1993年第6期。

〔註35〕山西省考古研究所，《唐代薛儆墓發掘報告》，科學出版社，2000年。

〔註36〕西安市文物保護考古所、王自力、孫福喜，《唐金鄉縣主墓》，文物出版社，2002年11月。

幫板、四塊底板、十塊立柱構成。〔註 37〕阿史那懷道十娃夫婦墓（727 年）石槨因被盜，僅存四塊壁板及立柱，形制爲單簷歇山頂式。〔註 38〕楊會墓石槨（736 年）外形似歇山頂式房屋，由 28 塊青石板組成。其中頂蓋 4 塊，立柱 10 根，壁板 10 塊，底座 4 塊。〔註 39〕

（圖 2-1-9）李憲墓石槨透視線摹圖

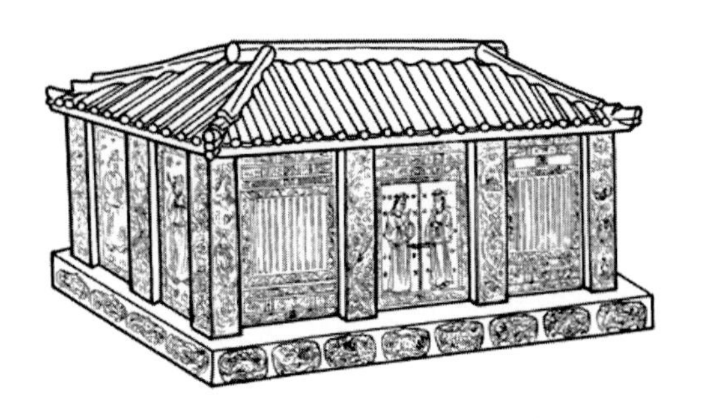

武惠妃墓石槨是現已發現唐石槨中體量最大的一座，殘存賦彩。楊思勖墓石槨（740 年）形狀大體上與隋李靜訓墓的石棺相似，製作上卻比較簡單，由 18 塊石板和 8 根石柱構成。外觀是面闊三間的殿堂形式，槨蓋由 5 塊石板雕刻成廡殿頂。〔註 40〕李憲墓（742 年）是現已發掘的最高等級唐墓，石槨形制爲廡殿式建築，由頂蓋、周壁和槨座三部分組成，通高 2.25 米，長 3.96 米，寬 2.35 米（圖 2-1-9）。〔註 41〕王賢妃墓及石槨形制已不可考，只存石槨壁板 9 塊，現存於蒲城縣博物館碑林。武令璋墓石槨爲面闊三間、進深兩間的廡殿頂殿堂式結構，長約 270、寬 185、殘高 163 釐米。槨壁由 10 根槨柱和 10 塊槨板組成。〔註 42〕

魏晉南北朝至隋代的石槨，由早期多樣式的懸山頂式逐步變化爲歇山頂殿堂式形制。唐代石槨則基本定型爲廡殿頂式，少數爲歇山頂式。比之前朝，唐代的石槨更加簡練、大方，之前石槨中的斗拱、叉手、前廊及鴟尾已去掉〔註 43〕，形成了更加大氣的單沿頂式，石槨倚柱、壁板直接和頂板、單

〔註 37〕《華商報》，2009 年 9 月 28 日，A20 版。

〔註 38〕1、《中國考古學年鑒》，文物出版社，1997 年 1 月，275 頁。2、岳起、謝高文，《中國文物報》，1994 年 5 月 15 日。

〔註 39〕郭延齡，《靖邊出土唐楊會石棺和墓誌》，《考古與文物》，1995 年第 4 期。

〔註 40〕中國社會科學院考古研究所，《唐長安城郊隋唐墓》文物出版社，1980 年 9 月，66～75 頁。

〔註 41〕陝西省考古研究所，《唐李憲墓發掘報告》，科學出版社，2005 年。

〔註 42〕王勇剛、白保榮、宿平，《新發現的唐武令璋石槨和墓誌》，《考古與文物》，2010 年第 2 期，20 頁。

〔註 43〕在已知唐代石槨中，只有李晦墓石槨還保留著斗拱與叉手，但與前朝相比，其斗拱、叉手結構簡練、大氣，斗拱的橫拱與縱拱幾乎貼爲平面。另外，隋代石槨上多設的鴟尾（如隋李靜訓墓和隋虞弘墓石槨的頂部橫脊兩端所設的鴟尾），但在唐代地上建築中廣泛使用鴟尾的前提下，卻無一例應用鴟尾。

層底板鉚合。石槨的整體性及完整性逐步確立，由簡單模擬地面建築逐步形成具有獨立審美特性及實用價值的規範形制（圖 2-1-10）。

（圖 2-1-10）早期多樣式懸山頂式逐步變化為歇山頂式，至唐代基本定型為廡殿頂式形制

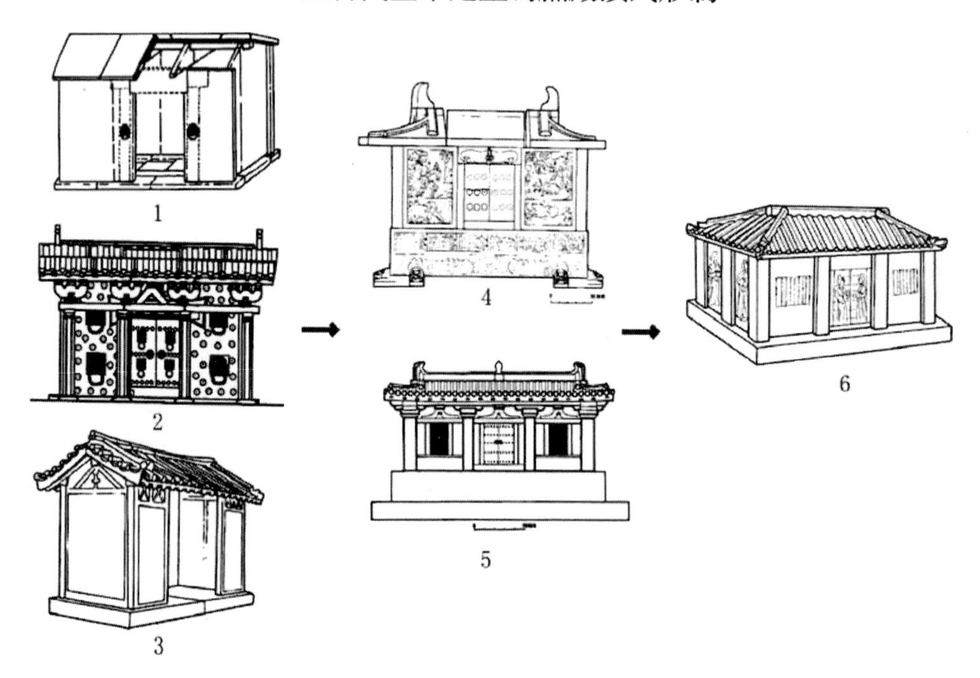

二、李晦墓石槨的特例形制

石槨的結構是模仿木結構建築而成，現已發現的唐代石槨，形制比較統一，結構簡練大方，只有李晦墓石槨依然保留前朝的斗拱與叉手。但與之前相比，其叉手結構簡單平實，斗拱的橫拱與縱拱幾乎貼爲平面（圖 2-1-11）。

（圖 2-1-11）李晦墓石槨斗拱及叉手

唐代是木結構建築斗拱發展的重要階段，初唐時期，斗栱已向成熟狀態過渡。在敦煌奠高窟第 321 窟（初唐）壁畫上（圖 2-1-12），可以看到五鋪作的柱頭斗栱，〔註 44〕這種做法與大雁塔門楣石刻的斗栱基本相同。進入盛唐，斗栱形制愈見豐富，結構機能發揮充分。敦煌莫高窟盛唐第 172 窟（盛唐）壁畫上的斗栱（圖 2-1-13），其轉角鋪作已是出四跳的七鋪作斗栱，〔註 45〕同時也有斜出的雙叉雙下昂，表明盛唐時期的斗栱形態已臻成熟。〔註 46〕

（圖 2-1-12）敦煌奠高窟
第 321 窟壁畫局部

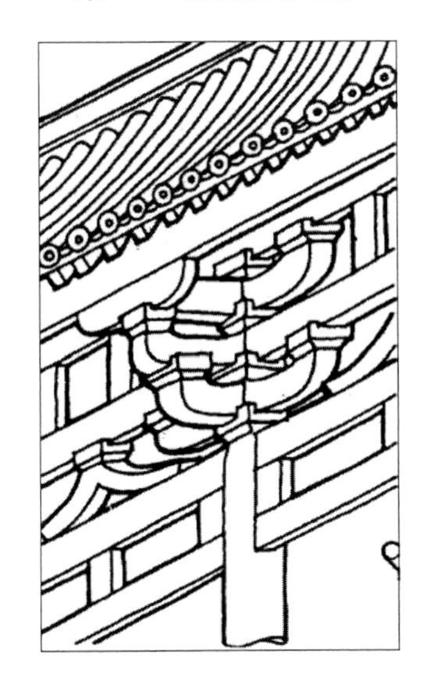

（圖 2-1-13）
敦煌奠高窟第 172 窟壁畫局部

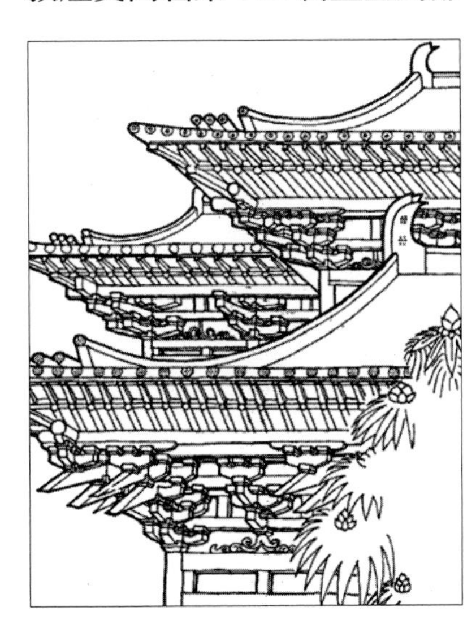

唐代斗拱多是兩重以上的疊栱形制，而李晦墓石槨的斗拱卻是單層式，顯然，李晦墓石槨是沿用了魏晉南北朝的形制構成（圖 2-1-14）。

以該石槨的製作規程，結合李晦墓石槨位置而斷，石槨正面應爲東向〔註 47〕。另外，由於該石槨的西面及北面頂部邊簷均未細刻，西、北兩面的

〔註 44〕其做法是：出兩跳，雙叉，第一跳偷心，第二跳跳頭施不帶散斗的令栱；正心部位在櫨斗上用一栱一枋爲一組，共重疊兩組。

〔註 45〕其做法是：正側兩面爲雙叉雙下昂，第一、二跳跳頭施重栱，第三跳跳頭爲單栱，第四跳以令栱替木承慱。

〔註 46〕侯幼彬、李婉貞，《中國古代建築歷史圖說》，中國建築工業出版社，2002 年 11 月，73 頁。

〔註 47〕陝西省考古研究院編著，《壁上丹青——陝西省出土壁畫集》，下，科學出版社，2009 年 1 月，224 頁。

（圖 2-1-14）

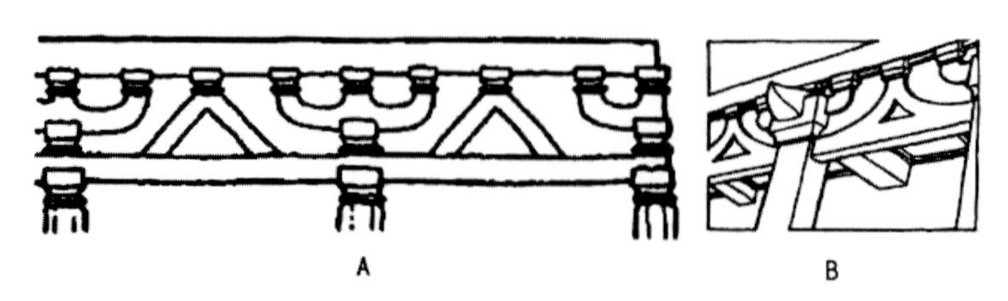

A、雲岡 21 窟塔柱斗拱；B、麥積山 5 窟斗拱

倚柱及壁板上部未刻斗拱及叉手，由此可知，石槨的西、北兩面應是緊貼墓室的西北內壁。

唐代石槨的製作較爲規範，形制與線刻等級與墓主的身份相對應，但在李晦墓石槨的製作中卻發現了與墓主地位不相符的現象。根據出土墓誌和《新唐書》、《舊唐書》載：李晦，字慧炬，生於唐太宗貞觀元年（627 年），卒於武則天太昌元年（689 年），享年六十二歲。其父李孝恭爲唐太宗李世民之堂兄弟，係初唐開同元勳，淩煙閣二十四功臣之一。李晦身爲李唐皇室貴胄，歷任左千牛備身、朝散大大、行通事舍人、太子左衛率、東都留守、戶部尚書、右武威大將軍、燕然道大總管、赤水軍經略大使、安北道安撫大使、秋官尚書等要職。輔佐帝儲，參贊戎機，戍衛京畿，冶軍撫民，以致高宗李治「一日不見，則滿座無歡。」就李晦墓的墓葬形制而言，該墓爲初唐較大規模帝陵陪葬墓，其墓室也不同於其它陪葬墓的雙室形制，呈「品」字形三室分佈，可見其墓葬等級較高。然作爲墓葬中心的石槨理應在選材、刻製上具有嚴格的制度及程序。但通過現場考察卻發現，該石槨的刻繪排列與其它唐代石槨的順序不同亦無規律可循。與唐代其它石槨的不同有以下幾點：

1、石槨的東 1 倚柱與南 a 壁板上的卷草花紋在刻製技法上明顯與其它倚杜和壁板不同。並且，南 a 壁板中部斷裂，用鐵卯嵌合（圖 2-1-15）。由這兩點來看，該倚柱和壁板與其它倚柱、壁板應不是同一石槨上的構件。

2、唐代石槨四面壁板的刻繪圖像有著嚴格的仿殿堂特性，正面正中壁板多爲雙人對立的門吏，左右兩邊爲欞窗，其它各壁板多爲侍女形象。李晦墓石槨正面正中壁板（東 b）則刻兩位侍女（圖 2-1-16），正面左側壁板卻是刻門吏形象，無欞窗。

（圖 2-1-15）
李晦墓石槨南 a 壁板

3、在唐代其它石槨中，壁板線刻均爲規律性排布，但李晦墓石槨的西南嚮壁板（南 c）卻是素面（圖 2-1-16）。

4、唐代其它石槨倚柱，多刻花卉間飛鳥及靈獸圖案或素面。李晦墓石槨的倚柱，卻是一部分刻花卉，一部分刻侍女，並且是無規律分佈。東向四柱均刻卷草花卉（東 1、東 2、東 3、東 4）；北向四柱的西 4、東 4 爲粗素面；中間兩柱線刻侍女；西向四柱的中間兩柱線刻侍女，兩側西 4 爲素面、南 4 爲粗素面；南向的南 4、南 3 倚柱爲素面，南 2 爲侍女，東 1 爲卷草花卉（圖 2-1-16）。

5、門吏形象在其它唐代石槨中基本爲同一壁板對立兩人，而在李晦墓石槨中卻出現在兩塊壁板之上（東 a、南 a），並且不是刻在石槨正面中心壁板之上（圖 2-1-16）。

（圖 2-1-16）李晦墓石槨倚柱、壁板平面圖

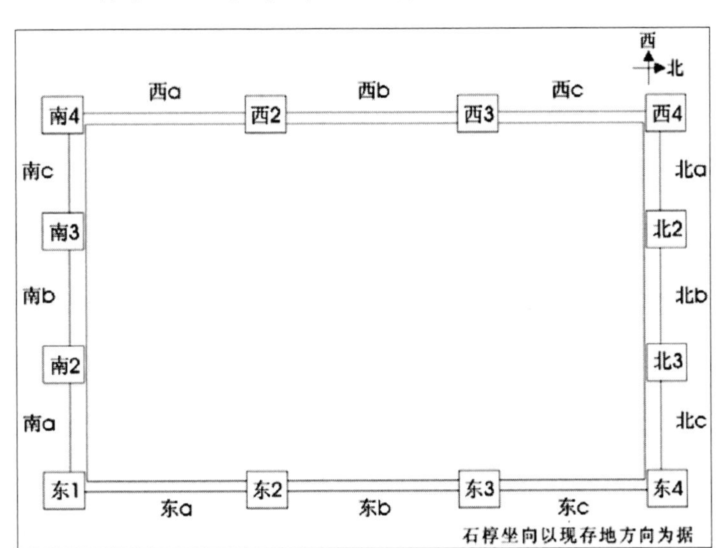

6、將李晦墓石槨與其它唐代石槨對比，李晦墓石槨是使用侍女樣稿最少、覆刻最多的一例。

由以上幾點，基本可以斷定李晦墓石槨應是急就、拼合而成，並不是同一組刻工集中刻製。極有可能是由於時間或刻製價格較低，刻工將其它廢棄石槨的組件進行了拼合。

由於李晦的皇族身份和高宗的寵信，其墓的葬式及石槨的形制與體量，在唐代帝陵陪葬墓中可算是等級較高的一例。〔註 48〕但該石槨刻製的急就、倉促，與其身份和特殊葬式則形成了極大的反差。就現有資料而言，只有一種較爲合理的解釋，即李晦墓的葬式是在其生前得勢之時就已基本成形。而李晦去世時則是武后當權，由於武后的打壓李氏宗親政策，李晦後人已無往日的勢力與財力，在下葬時匆匆而就其石槨。所以，才形成了石槨刻藝與其形制不符的現象。關於其石槨採用唐以前具有斗拱、叉手的形制，或可解釋爲李晦及其後人對當世不滿的一種發泄。

第二節　唐代石槨的消費主體

一、唐代石槨墓墓主

石槨的使用是古代帝王對皇族貴戚的特殊禮遇，也是爲鞏固政權而採取的政治手段，未得詔准所有人不得在墓葬中使用。現已發現唐代 29 具石槨的墓主身份大多是正二品以上高官或皇族。

淮安王李壽係唐高祖李淵從弟，海州刺史李亮（李虎第八子）子。以「詔與贈司空」〔註 49〕的身份下葬；鄭仁泰是李淵太原起兵和玄武門兵變的開國元勳，帝賜開國郡公「並立第一功臣」〔註 50〕，「詔葬昭陵」；楊思勖雖爲宦官但官至從一品並深得玄宗恩信；契苾明爲唐代著名蕃將契苾何力之子，正二品，延載二年（六九五）正月一日，則天太后加尊號「慈氏越古金輪聖神皇帝」，赦天下，改元證聖，大獎功臣，契苾明應是在這種情況下得賜「東園密器」；李晦爲李氏宗親，並官至正二品，垂拱初，拜右金吾衛大將軍，並秋官尚書。永昌元年卒，則天皇帝贈幽州都督；韋洵、韋泂、衛南縣主、韋城

〔註 48〕陝西省考古研究所，《陝西新出土唐墓壁畫》，重慶出版社，1998 年，63 頁。
〔註 49〕《舊唐書》，卷五十八，列傳第八。
〔註 50〕《唐會要》，卷四十五。

縣主、具是韋后之兄妹，遷葬京邑時正值韋后當政，得以王禮詔葬並賜「東園秘器」；〔註 51〕李福，貞觀十三年（639 年）受封，咸亨元年（670 年）去世，贈司空、并州都督，陪葬昭陵；房陵大長公主爲高祖第六女；韋珪、燕妃、武惠妃及賢妃王芳媚均爲皇妃；永泰公主、懿德太子、章懷太子都是與武則天不睦而致死的李唐宗室，中宗復位後改葬三墓乾陵，並賜懿德太子「號墓爲陵」；李憲，「讓皇帝」、睿宗長子，以帝陵建制。

以上諸人，或因其皇族身份或因其官至極品，在墓葬中使用石槨應在情理之中。然而，在金鄉縣主墓、薛儆墓、楊會墓、武令璋墓及秦守一墓中使用石槨是否「逾制」卻頗多爭議。

金鄉縣主係滕王第三女。滕王李元嬰爲高祖李淵最小的兒子，「貞觀十三年己亥丙申，封皇弟元嬰爲滕王」。〔註 52〕但其在高宗時與將王惲、江王祥、虢王鳳以暴斂出名，其時傳言「寧向儋、崖、振、白，不事江、滕、蔣、虢」。〔註 53〕滕王一生了無政績，屢遭貶斥，死後陪葬獻陵。金鄉縣主爲滕王之女，自然在其時並無特權可言，其夫於隱，官僅七品，更是微不足道。「從政治背景看，金鄉縣主無法和萬泉縣主相比，在身份地位上也無法和李鳳〔註 54〕、李仁〔註 55〕等親王相比，這幾位親王尚且不能用石槨，只用了石棺床，而金鄉縣主墓卻使用了石槨。」〔註 56〕類似於金鄉縣主的薛儆，雖爲睿宗駙馬但地位並不高，政績平平，也使用了石槨葬具，而地位高於二者的萬泉縣主墓〔註 57〕不但沒有使用石槨，甚至連石棺床或石棺都未使用。所以，發掘者認爲該墓當屬逾制。〔註 58〕

〔註 51〕西安市文物保護考古所、王自力、孫福喜，《唐金鄉縣主墓》，文物出版社，2002 年 11 月，102 頁。

〔註 52〕《舊唐書》，本紀第三，太宗下。

〔註 53〕《唐會要》，卷五，諸王。

〔註 54〕虢王李鳳（623～674 年）唐高祖第十五子。出生時即封豳王，貞觀七年（633 年）授鄧州刺史，貞觀十年（636 年）封虢王，麟德初，授青州刺史。上元元年（674 年）薨，時年五十二歲，贈司徒、揚州大都督，許陪葬獻陵，謚號莊。

〔註 55〕「神堯皇帝之曾孫，高宗天皇之幼子」（李仁墓誌）。

〔註 56〕西安市文物保護考古所、王自力、孫福喜，《唐金鄉縣主墓》，文物出版社，2002 年 11 月，103 頁。

〔註 57〕萬泉縣主墓採用目前所知唐代最高級別的雙室磚墓，顯然是因爲太平公主「三子封王」，「關決大政」的地位以及韋后專權後勢傾朝野而受到的特殊待遇。

〔註 58〕山西省考古研究所，《唐代薛儆墓發掘報告》，科學出版社，2000 年。

如按上述分析，楊會墓、武令璋墓和秦守一墓則更有「逾制」嫌疑。楊會只是陝北靖邊的一個地方長官，官級不高，武令璋的官職也僅爲四品太守。唐開元、天寶年間經濟社會安定，封建統治穩固，官員喪葬中僭越的可能性很小。〔註 59〕或是由於所葬之地偏遠，並屬多戰地區，所以有可能逾制。2009 年 9 月在西安南郊發現的秦守一墓，亦是高級別的穹頂磚室墓，墓主秦守一的官職僅爲從三品司農卿，其葬地在長安近郊，墓中使用石槨葬具，頗令人費解。

唐代墓葬等級制度基本分爲三個階段：第一階段：高祖、太宗時期是新朝等級制度創建期；第二階段：高宗至玄宗時期是墓葬等級制度嚴格管理時期；第三階段：肅宗至唐末是等級逐漸削弱時期。〔註 60〕第一階段喪葬制度尚不完善，例如，1978 年，山東省嘉祥縣馬集公社出土的唐代貞觀十年（636 年）石室墓。〔註 61〕墓主爲漢王司馬徐師謩，身份不高，但卻使用了唐代「諸葬不得以石」的石室，至少說明唐代初期的喪葬制度並不嚴明。〔註 62〕而唐代的石槨墓大多出自第二階段的高宗至玄宗時期，金鄉縣主墓、薛儆墓、秦守一墓都屬這一時期，要想在這一階段的喪葬中逾制，幾乎不可能。特別是秦守一墓，所葬地點在長安城郊，與韋氏墓地同在一地，如秦守一墓爲逾制而建是不可能避人耳目的。秦守一其人在史料中介紹甚少，關於此人的身世及與皇族的關係還不能明確，但基本可斷定其墓中使用石槨並非逾制。

在開元年間的唐墓中，墓主身份高於金鄉縣主和薛儆的有多人，如越王李貞等，但墓中只使用了石棺床，而金鄉縣主和薛儆墓卻使用了石槨。從這兩人的身份來分析，可能由於他們與玄宗有著某些特殊的關係從而得到特賜。金鄉縣主是玄宗的祖父母輩，其輩分較高。在經過武氏改周和韋后亂政之後，李唐皇族受到極大損傷，玄宗掌權之後，爲了鞏固政權，就必須需得到更多皇室家族的支持，另外，墓葬等級往往也與安葬墓主的後人身份地位有關。從金鄉縣主的墓誌來看，撰誌者是其侄子兼女婿的武陽郡王李繼宗，李繼宗又名「堪」，則天時期亦是被除籍之列，玄宗時復繼武陽郡王（從一

〔註 59〕王勇剛、白保榮、宿平，《新發現的唐武令璋石槨和墓誌》，《考古與文物》，2010 年第 2 期，20～29 頁。

〔註 60〕參見齊東方，《試論西安地區唐墓的等級制度》，《中國考古學論文集》第一集，文物出版社，1990 年。

〔註 61〕李衛星，《山東嘉祥發現唐徐師謩墓》，《考古》，1989 年第 2 期，91～92 頁。

〔註 62〕冉萬里，《漢唐考古學講稿》，三秦出版社，2008 年 10 月，249 頁。

品)，〔註63〕以其澧國公〔註64〕的身份在厚葬金鄉縣主時得到玄宗賜葬也是可能的，另外，玄宗希望得到更多的支持，對皇族顧老予以厚葬也在情理之中。事實上是否「逾制」是由統治階層來決定的，在得到朝廷特許而使用石槨既是「合法」的。

二、韋氏家族

唐代已發現的石槨墓從數量上來看，除皇族外以韋氏爲最，多達六座。其中原因不單單與韋后干政有關外，還與韋氏家族作爲三輔世家在唐代的勢大有相當大的關係。高宗當政期間（649 年～683 年），朝中形成兩大勢力，一方是韋后集團，一方是李旦和太平公主，高宗暴斃之後，兩方處於相持階段，李旦及太平公主以李姓皇族自居，而韋后的最大後盾既是韋氏家族。

作爲唐代長安最大的門閥士族，在初唐至盛唐間的政治社會有著相當大的勢力，《資治通鑒》曾有「城南韋杜，去天尺五」之說。〔註65〕《舊唐書》亦載：

> 議者云自唐以來，氏族之盛，無踰於韋氏。〔註66〕

1、韋氏緣起

據《新唐書》所載，韋姓係顓頊帝後裔一支。顓頊帝得風姓，故云韋氏出自風姓。〔註 67〕顓頊帝的孫子名火彭，是夏代的諸侯。至夏帝少康之世，大彭之子元哲又受封於今河南省滑縣東的豕韋，由此，豕韋成爲諸侯國，及豕韋傳國於周赧千時，被周所奪，豕韋之人遂舉族遷居今江蘇徐州的彭城，並以國爲氏，是爲韋。漢初，劉邦將韓信故封楚地一分爲二，荊封於劉賈，楚封於劉交爲楚元王。居於彭城的韋孟以其賢士之名任元王太傅，韋孟爲楚太傅，歷楚元王、楚夷王、楚王戊三朝，終因與楚王戊有隙被迫辭官而舉家遷至今山東鄒縣一帶。因鄒縣一域，儒學一道，遠逾其它地方的。〔註 68〕韋孟有詩曰：

〔註63〕689 年，武則天批准索元禮、來俊臣等人奏章，對李姓皇族大肆除籍，黜奪封爵。李祖叢被黜奪武陽郡王封爵，流放嶺南。李祖叢流放途中在福建南安病逝，玄宗時，其子李繼宗繼其爵位。

〔註64〕《舊唐書》，卷八十六，列傳第三十六載：「武陽郡王繼宗堪爲澧國公。」

〔註65〕《資治通鑒》，卷二百零九，胡三省注語。

〔註66〕《舊唐書》，卷一百零二，韋述傳。

〔註67〕《新唐書》，卷七十四上，宰相世系四上。

〔註68〕鄒縣係孟子故鄉，具有強烈的儒教、詩學氛圍。

濟濟鄒魯，禮義唯恭，誦習絃歌，於異他邦。

我雖鄙苟，心其好而，我徒侃爾，樂亦在而。〔註 69〕

韋氏居於鄒地日久，深受孔孟之學影響。自漢武帝崇儒術以來，士官多以經術起家，致身通顯，子孫相繼形成累世公卿。〔註 70〕韋孟之後，（韋）「賢爲人質樸少欲，篤志於學，兼通禮、尚書，以詩教授，號稱鄒魯大儒」。〔註 71〕遂被徵爲博士、給事中，爲漢昭帝講授詩義即爲昭帝老師。其後，升爲光祿大夫詹事與大鴻臚。韋賢以營建昭帝平陵之際，舉家遷於平陵邑，即爲韋氏遷入關中之始。

公元前 74 年，韋賢以擁立漢宣帝爲功，「賜爵關內侯，食邑；徙爲長信少府。」〔註 72〕漢宣帝本始三年（前 71 年），韋賢又進爲丞相，封扶陽侯，食邑七百戶。韋賢繼有四子：長子名方山，曾任官高寢令，但不幸早逝；次子名弘，歷官太常丞、太山都尉、東海太守等職；三子名舜，留鄒縣守祖墳；少子名玄成，襲父爵，承父業，以明經出仕，官至丞相。據《漢書》載，韋氏官至二千石以上十餘人者，除韋賢、韋玄成官至宰相外，如，韋方山之子韋安世，歷官郡守、長樂衛尉、大鴻臚等職；東海太守韋弘之子韋賞，以明經成名，先爲定陶王（漢哀帝）太傅。哀帝即位以後，即擢升大司馬車騎將軍，位列三公，賜爵關內侯，食邑千戶。

韋玄成爲相時，值漢宣帝營建杜陵，並詔敕高官富資者徙人，玄成又別徙杜陵，即今西安以南之韋曲。

在經過兩漢的社會大動亂之後，韋氏家族的政治地位受到很大影響。西漢時期代代相傳的爵封世祿，隨著社會的大變革而自行消除。但以儒學爲基的家學傳統仍使韋氏家族在東漢時期保持著特殊的社會地位。

西晉末年永嘉之亂，晉室南渡，晉元帝於建康（今南京）立東晉政權。其後，又有宋、齊、梁、陳諸朝代相繼。北方則在群雄兼併中統一於北魏。北魏之後，又有北周與北齊。南北兩個中央政權的對峙時期，史稱南北朝。

西晉之後，北方少數民族大規模南遷。北方社會一片混亂，在此情況下廣大民眾大規模南徙以避亂於江左。社會政治的大幅動蕩對留守北方的世家大族無疑是嚴峻的考驗。尤其是關中士族，他們既沒能像山東士族那樣擁戴

〔註 69〕《漢書》，卷七十三，韋賢傳。

〔註 70〕王仲犖，《魏晉南北朝史》，上冊，上海人民出版社，1979 年，143 頁。

〔註 71〕《漢書》，卷七十三，韋賢傳。

〔註 72〕《漢書》，卷七十三，韋賢傳。

司馬氏後裔舉族南渡，而其本身所掌的文化特性又不爲少數民族政權所承認，詩禮相傳的士族門第受到嚴重威脅。〔註 73〕由於常年戰亂，北方大族則不得已而武裝結社，修建城塢以自保，韋氏子弟順應社會，不得不改變單一爲文的傳統，兼習武藝。

北魏統一北方之後，北魏政權也需要一部分社會政治力量來鞏固其統治，而作爲關輔世家的韋氏則重新回歸於上層社會。而於漢時不同的是，此時的韋氏族人則多以戰功爲仕。

北周伊始，政治中心轉至關中，爲關隴集團所把持。以成爲軍事貴族的韋氏家族亦是關隴集團的重要成員，並爲呑併北方和隋朝統一全國立下累世功勳。韋氏不僅在爲北周滅齊立下戰功，而且，還與隋文帝有著相當深厚的關係。隋文帝楊堅在起兵造反時，曾遭北周三大總兵圍困，時爲雍州（西安）刺史的韋孝寬率關中兵解圍，使楊堅順利稱帝。所以，在隋時，韋氏家族的地位遠非其它貴族所能比擬。隋時韋氏的代表人物主要爲韋世康兄弟子侄、韋操、韋師等人。

2、韋氏鼎盛

有唐一代，是韋氏家族最爲輝煌興盛的時期。韋氏家族更以世家大族的門第與李唐結姻，有男或尚公主，有女或晉后妃，其貴可見一斑。〔註 74〕

長安韋氏家族在經過兩漢、魏晉南北朝的發展，已經形成了擁有多支分脈的龐大望族，並由於韋氏在有漢以來在政治中一直起著相當大的作用。李唐政權伊始，關中地區還較爲混亂，李淵不得不借助作爲關中地區享有巨大影響的韋氏家族來穩定長安：

> 武德初，關中混亂，高祖用（韋）雲起策。〔註 75〕

即便是由於韋氏在宣武門世變時支持太子一派，李世民在登基之後只殺了韋雲起的幾個族弟，〔註 76〕對韋氏家族還是相當優待：

> 貞觀初……（韋挺）遷尚書右丞。俄授吏部侍郎，轉黃門侍郎，進拜御史大夫，封扶陽縣男。太宗以挺女爲齊王祐妃。常與房

〔註 73〕黃利平，《長安韋氏宗族述論》，《陝西歷史博物館館刊》第一輯，三秦出版社，1994 年 6 月，68 頁。

〔註 74〕呂卓民，《古都西安——長安韋杜家族》，西安出版社，2005 年 3 月，66 頁。

〔註 75〕《舊唐書》，卷七十五，韋雲起傳。

〔註 76〕《舊唐書》，卷七十五，韋雲起傳。

玄齡、王珪、魏徵、戴胄等俱承顧問，議以政事。又與高士廉、令狐德棻等同修《氏族志》，累承賞賚。太宗嘗謂挺曰：「卿之任御史大夫，獨朕意耳，左右大臣無爲卿地者，卿勉之哉！〔註 77〕

其後太宗又任韋叔諧、韋季武、韋叔謙爲尚書省清要官，分任主爵郎中、庫部郎中和吏部郎中。其時有號爲「三列宿」。〔註 78〕

初唐至玄宗的一百年間，「李、武爲其核心，韋、楊助之黏合，宰制百年之世局。」〔註 79〕作爲能夠左右世局的韋氏家族，要想保持不衰則必須與當政的李氏聯姻，所以，韋家出有多名后妃與駙馬，也就順利成章。在與李唐聯姻中最爲人知的當屬中宗爲太子時所娶的韋玄貞之女，嗣聖元年（684 年），中宗即位，遂爲皇后。

在史籍中並未見韋后其名，約出於唐高宗顯慶年間（660 年左右）。祖父韋弘表，貞觀年間任曹王府典軍，持府曹王府警衛。父韋玄貞，韋后未顯時任普州（今四川安岳縣）參軍。韋后是韋玄貞的長女，爲時當周王的李顯納爲妃。高宗儀鳳二年（677 年）八月，李顯改封英王，亦改名李哲。高宗永隆元年（680 年）八月，武后廢太子李賢，改立李哲爲皇太子，韋氏遂晉爲太子妃。弘道元年（683 年），高宗病逝，李哲繼皇帝位，是爲唐中宗，韋妃亦因之被冊立爲皇后。中宗即位後，即將韋后之父，時任普州參軍的韋玄貞提升爲豫州刺史，隨後欲升當朝侍中（門下省長官）：

我以天下與韋玄貞，何不可！而惜侍中邪！〔註 80〕

但被垂簾聽政的武后指爲誤國，遂廢帝爲廬陵王，韋后亦隨之貶赴房州（湖北房縣）十四年。

武周末，宰相張柬之聯絡兵部尚書姚元之和右羽林大將軍李多祚等政變，捕殺佐政武后的男侍張昌宗、張易之，並逼武后退位。神龍元年（705 年），中宗復位，韋氏再爲皇后。由於韋后常於中宗臨朝時仿武后「二聖臨朝」，設幔帳於帝側，參與朝政。朝野多有不滿，有桓彥範上疏曰：「詩以關雎爲始，言后妃者人倫之本，治亂之端也。故舜之興以皇、英，而周之興以任、姒。桀奔南巢，禍階末嬉，魯桓滅國，惑始齊姜。伏見陛下臨朝視政，皇后必施帷殿上，預聞政事。臣愚謂古王者謀及婦人，皆破國之身，傾輈繼

〔註 77〕《舊唐書》，卷七十七，韋挺傳。
〔註 78〕《新唐書》，卷一一八，韋湊傳。
〔註 79〕陳寅恪，《記唐代之李武韋楊婚姻集團》，《歷史研究》，1954 年第 1 期。
〔註 80〕《資治通鑒》，卷二百零三，唐紀十九，則天順聖皇后光宅元年。

路。日以陰乘陽，違天也；以婦淩夫，違人也。違天不祥，違人不義。故書曰：『牝雞之晨，惟家之索。』易曰：『無攸遂，在中饋。』言婦人不得預外政也。伏願上以社稷爲重，令皇后無居正殿、干外朝，深居宮掖，修陰教以輔佐天子。」〔註 81〕然中宗怯懦不置可否，韋后依然。之後，韋后爲了打擊異己，不遺餘力培植自己的勢力，引武后餘黨武三思爲同黨。兩相結黨，打擊政敵，慫恿中宗下「墨詔」誅殺張柬之、恒彥範、敬暉、袁恕之、崔玄暐五王，朝事日傾。韋后在排除異己之後，已不滿足於垂簾聽政，欲傚仿武后稱帝。與此時，中宗之妹太平公主與相王李旦因感威脅，逐慫恿中宗立李重俊爲太子，招致韋后惱怒，太子爲保嗣位，率兵誅殺武三思一家，但因寡不敵眾，兵敗宣武門致死。太子兵敗之後，韋后爲盡早登帝，已毒藥鴆死中宗，此舉令全國震驚，臨淄王李隆基和太平公主擁立李旦，聯合擁護李唐皇室的軍事力量，平滅了韋后之亂。

韋后干政之時，任用同門韋氏於高位，任用諸韋控制軍隊，壟斷朝政：

後方優寵親屬，內外封拜，遍列清要。〔註 82〕

一時間韋氏權傾朝野，並對軍隊也加以控制，封「韋溫總知內外兵馬，守援宮掖；駙馬韋捷、韋濯分掌左右屯營。」〔註 83〕

由於韋氏家族已相當龐大，且根深地固，所以，韋后被誅後，韋氏依然與李唐皇家保持著密戚關係，玄宗爲其太子納妃時依然選擇了韋氏，可見韋氏家族並未因韋后之故而被李唐所棄。在玄宗之前，韋氏家族一直以望族大家的身份參與政治，在歷代官場中具有明顯的入仕優越性：

中外榮盛，故早從官敘。〔註 84〕

自以門品可坐階三公。〔註 85〕

安史之亂後，這種官場格局被打破，李唐江山岌岌可危，名門望族的影響逐漸削弱，雖然韋氏還與皇家有著聯姻關係，但以「韋姓」而能入仕的現象已經一去不返，將安史之亂前後的韋氏入仕的情況進行對比，就會看出，以安史之亂作爲分界，韋氏的入仕已經從多人因門第而直接當官變成必須參加科考而進仕。(附表 2-3)

〔註 81〕《新唐書》，卷一百二十，恒彥傳。
〔註 82〕《舊唐書》，卷五十五，列傳第一，后妃上。
〔註 83〕《舊唐書》，卷五十五，列傳第一，后妃上。
〔註 84〕《舊唐書》，卷一百九十，列傳第五十五，韋堅。
〔註 85〕《新唐書》，卷一百二十二，列傳第四十七。

附表 2-3：唐代韋姓九房所出宰相表

族姓	房　支	安史之亂前	入仕方式	安史之亂後	入仕方式
韋氏	平齊公房	弘敏	門第	保衡	進仕
	東眷	方質	門第		
	逍遙公房	代價	門第	冠之、處厚	進仕
	勳公房	巨源、安石、明經	門第		
	南皮公房	見素	進仕		
	駙馬房	溫〔註 86〕	門第		
	龍門公房	思謙、成慶、嗣立		執誼〔註 87〕	進仕
	小逍遙公房				
	京兆房			貽範、昭度	進仕

現已發現的韋氏石槨墓共 6 座，無論從數量上還是從等級上來看，顯然要高於同時的其它貴族墓。其主要是因爲這六座墓葬的墓主均是韋后兄弟姊妹，並在韋后干政之時去世，以高規格下葬也在情理之中。

韋詢、韋浩、韋泂、韋泚，具是韋后之弟，韋城縣主、衛南縣主，依墓誌文，兩縣主爲韋后早殤的妹妹，六人均屬駙馬房一支，皆葬於長安城南風棲原之祖塋。

韋城縣主折於六歲，衛南縣主殤於四歲。中宗被廢時，韋后之父韋玄貞也遭貶至嶺南欽州。韋詢、韋浩、韋泂、韋泚〔註 88〕也隨其父，並在欽州被殺。中宗韋后復位之後，韋泂等兄弟四人又皆得以平反並獲追贈，兩縣主也受追贈與禮葬，並以較高規制歸葬於祖塋。墓誌與史書記載亦基本相符。

據呂卓民先生研究惟墓誌文所記世系與《元和姓纂》和《新唐書》宰相世系表中所記互有出入。〔註 89〕依墓誌文，韋詢、韋浩、韋泂、韋泚各誌皆

〔註 86〕《新唐書》，卷二百零六。《舊唐書》，卷一百八十三。

〔註 87〕《新唐書》，卷一百六十八。《舊唐書》，卷一百三十五。

〔註 88〕韋泂如意元年（692 年）殤於廣西容縣，年僅 16 歲，神龍二年（705 年）中宗追封淮南郡王。韋詢、韋浩、韋泂、韋泚均以「冥婚」下葬。蔣廷瑜，《韋玄貞流放欽州早夭兒地府》，《文史春秋》，1994 年第 5 期，78 頁。

〔註 89〕呂卓民，《古都西安——長安韋杜家族》，西安出版社，2005 年 3 月，244～245 頁。

云其曾祖爲韋材，祖韋弘表，父書玄貞。〔註 90〕而《新唐書・宰相世系表》則記其曾祖是韋仁，父祖二人與誌文相同。《元和姓纂》更以韋議爲其曾祖，曰：「議生弘表，弘表生玄貞。」在這裡皆應以墓誌文爲準，進行校訂。但《宰相世系表》所記韋仁與諸兄弟墓誌文所記韋材皆官坊州刺史，封恒安縣開國伯，又似爲一人而異名，或名仁字材，或名材字仁。如此，《宰相世系表》與上述墓誌文則無異。至於《元和姓纂》以韋議爲韋洵等人之曾祖，與墓誌文顯然不符。然韋議雖未爲墓誌文所道及，卻見於《宰相世系表》與《元和姓纂》。在二書中，韋議爲韋洵等的遠祖韋延賓之子，有兄曰韋璋，韋璋有曾孫曰韋玄郁、韋玄諤、韋玄誕。韋洵等的父親韋玄貞亦屬「玄」字輩，與韋玄郁等爲堂兄弟，自然當是韋璋弟韋議的曾孫，韋洵等乃爲韋議之玄孫。以此可證，《元和姓纂》記述之誤，呂卓民先生予以校正。〔註 91〕

第三節　唐代石槨人物線刻的創作者

石槨發展至唐代達到鼎盛，形制及使用更爲規範，在墓葬中佔據獨一無二的中心地位。其上的線刻（包括唐墓壁畫）「是依據典章制度，按照尊卑、品第等進行創作，從中也可反映出宮室貴戚的審美趣味和價值取向，以及創作者們對社會流行畫風及流派的承襲和摹擬。」〔註 92〕並由於墓主的高貴身份，石槨線刻的創作者理應爲其時的代表性藝術家。由此也可確信，時序相對完整的唐代石槨人物線刻，代表了這一時期的審美取向。也可以說，唐代石槨人物線刻代表了在這一百餘年間唐代人物畫的主流形式與風格變遷。

唐代石槨人物線刻，無論是藝術性，還是在刻繪技法上，與同時期其它平面作品相較，均堪稱佳品。以製作程序而言，其作者可分爲兩部分：一爲線刻樣稿創作者，二爲依據樣稿施工的勒石工匠。這兩類作者的藝術素養及技法水平，直接決定著作品的藝術品質。由於唐代石槨墓的高等級原因，決定了不論是樣稿作者還是勒石作者，他們的藝術水平必然是當時的最高水

〔註 90〕陝西省文物管理委員會《長安縣南里王村唐韋泂墓發掘記》，《文物》，1959 年第 8 期。另：韋詢、韋浩、韋泚墓誌現藏於陝西省考古研究所。

〔註 91〕呂卓民，《古都西安——長安韋杜家族》，西安出版社，2005 年 3 月，245 頁。

〔註 92〕李國選，《論唐墓壁畫的藝術風格》，《陝西歷史博物館館刊》第六輯，陝西人民教育出版社，1999 年，266 頁。

準。基於這個原因我們自然就需要瞭解這些線刻的作者是誰？他們屬於什麼級別的藝術家？以此爲我們瞭解唐代石槨人物線刻的藝術面貌提供一個參考依據。

一、樣本作者

作爲唐代石槨線刻第一作者的樣本畫家，是墓室線刻藝術價值的先決因素，其藝術修爲直接影響著作品的優劣。將石槨線刻與同期墓室壁畫進行比對時，不難看出，線刻中的人物造型更加優美精緻，線形更爲洗練準確，風格也較爲統一。就此而言，爲石槨線刻繪製樣本的作者必然是具備很高水平和級別的畫家，因此，唐代石槨線刻的樣本定然不是一般畫工所爲〔註 93〕。基於此點，在探討唐代墓室線刻樣本作者的時候，便不能將眼光只放在直接工作於墓室的畫工身上，勢必要將視野範圍放得更開放一些。

唐代與繪畫相關的人員主要分四部分：

一、皇家專職畫家（待詔）。

二、高官（貴族）畫家。

三、官署畫工或畫家。

四、民間畫匠。

這四部分人員的身份相互交織，高層畫家多由民間陞遷而來，他們既有各自份內職責，也會相互協作。

1、唐墓石槨人物線刻樣本的創作者

古代陵墓中的棺槨是盛裝死者屍身的器具，是墓主生前最關心的器物，也是陵墓建設者最爲重視的一部分。那麼，什麼人才能爲皇家和高級貴族的石槨線刻創作樣本呢？

由於中國古代「視死如生」的喪葬觀念，石槨代表了逝者生前所居的室舍，亦是死者日常生活的體現。唐代墓室線刻中的人物大多是以現實人物爲原型，例如，侍女、宦官等形象。將已發現的唐代石槨人物線刻圖像進行平行比較時，雖然普遍存在程序化傾向，但仍然可以從人物的神情、動態、飾物上辨識出他們的官職、身份、年齡等現實屬性，也就是說，這些人物線刻基本具備了唐代寫眞繪畫的特徵。

〔註 93〕 宿白先生、李星明先生等研究者，多將唐代墓室壁畫和線刻的作者設定爲畫工，當有失偏頗。

（圖 2-3-1）北宋游師雄覆刻《淩煙閣功臣圖》局部

唐代人物繪畫大多以寫眞爲基礎，一般不會憑空臆造。畫家在作畫之前，爲了防止畫得不像而先畫寫生樣稿，樣稿完美後才會施於絹素〔註 94〕。大中初（約 847 年），唐宣宗繢圖功臣形象於淩煙閣，（圖 2-3-1）爲陸象先、張九齡、裴寂、李現、王矽、戴冑、馬周、崔玄煒、桓彥範、劉幽求、褚遂良、韓瑗、郝處俊、婁師德、王及善、朱敬則、魏知古、劉文靜、張柬之、袁恕己、郭元振、張巡、許遠、盧弈、張溢、蕭復、房館、袁履謙、李嗣業、南霽雲、蕭華、張鎬、李勉、柳渾、賈耽三十七人畫像。〔註 95〕在此三十七人中並無十八學士之一的薛收，因爲，貞觀初（約 627）召繪秦府十八學士：「尋遺圖其狀貌」〔註 96〕時薛收已卒，是以歎曰：「薛收遂成故人，恨不早圖其像。」〔註 97〕

《尚書右垂徐公寫眞圖贊》載唐寶應元年（761 年）侍御史韓公爲前尙書右壓徐公寫眞的過程：

> 侍御史韓公至清，以學藝書畫之美，聞於天下。辛丑歲三月，以王事靡監，館於豫章，與前尚書右垂徐公同舍於慧命寺之淨室。

〔註 94〕 1、《朝天詞十首寄上魏博田侍中》：威容難畫改頻頻，眉目分毫恐不眞：有詔別圖書閣上，先教粉本定風神。《全唐詩》，中華書局，1960 年 4 月版，3424 頁。2、張彥遠記錄繪製《麗正殿學士寫眞圖》：初詔殷参支、季友、無泰等分貌之，粉本既成，遲回，未上絹。張彥遠，《歷代名畫記》，卷九。

〔註 95〕 （宋）歐陽修、宋祁撰《新唐書》卷 191 列傳第 116 忠義上，中華書局，1975 年 2 月，5512 頁。

〔註 96〕 （後晉）劉晌等撰，《舊唐書》卷 72 列傳第 22 褚亮，中華書局，1975 年 5 月，2582 頁。

〔註 97〕 （後晉）劉峋等撰，《舊唐書》卷 73 列傳第 23 薛收，中華書局，1975 年 5 月，2589 頁。

嘗以暇日，裂素灑翰，畫徐公之容，陳於公之座隅，而美目方口，和氣秀骨，毫釐無差，若分形於鏡。入自外者，或欲擎踞曲拳，俯僂拜渴，不知其畫也。〔註 98〕

傳爲五代周文矩的《宮中圖》（圖 2-3-2）中，所繪一位宮廷畫師右手執筆，左手拿紙，全神貫注爲宮女畫像的場面，即是其時畫家對面寫生的眞實寫照。此圖雖爲五代作品，但去唐不遠，當爲唐代餘緒之作。

（圖 2-3-2）（傳）周文矩，《宮樂圖》局部

如歷代宮廷生活一樣，唐代皇室雖屬於現實生活的一部分，但其範圍非常狹窄，與其它社會相對隔離，一般的畫師根本無法接觸，即便是高官貴族的私密生活，也不是普通畫家所能企及的。那麼，什麼級別的畫家才能爲皇家貴族「寫像」，或可在史籍中尋到一些蛛絲馬蹟。

玄宗時梅妃深受恩寵，召繪寫眞。〔註 99〕731 年帝召楊寧圖《梅妃畫眞》。〔註 100〕開元二十一年（733 年），玄宗召爲方士張果寫眞，圖形集賢院。

〔註 98〕（清）董浩等編，《全唐文》卷三百八十九，獨孤及，中華書局，1983 年 11 月，3956 頁。

〔註 99〕（清）陳邦彥撰，《四庫文學總集選刊．歷代題畫詩類一》，卷五十四，上海古籍出版社，1993 年 11 月，第 1435 冊，677 頁。

〔註 100〕（清）陳邦彥等撰，《四庫文學總集選刊．歷代題畫詩類一》，卷五十四，上海古籍出版社，1993 年 11 月，第 1435 冊，677 頁。

〔註 101〕敬宗亦召待詔李士爲方士趙歸眞寫像。〔註 102〕唐建中四年（783 年），回鶻使者獻貢，請求和親。德宗詔令咸安公主下嫁，並讓中偈者將公主畫像賜予可汗。〔註 103〕

《歷代名畫記》載：

> 殷季友、許琨、同州僧法明，……常在內廷畫人物，海內知名。……開元十一年，勅令寫貌麗正殿諸學士，欲畫像、書贊於含象亭，以車駕東幸，遂停。初詔殷參支、季友、無忝等分貌之。〔註 104〕

《唐朝名畫錄》載：

> 明皇開元（713～741 年）中，（陳閎）召入供奉，每令寫御容，冠絕當代。〔註 105〕

以上記載中所涉及的畫家均是皇家畫師，職位爲「待詔」。太宗昭陵韋貴妃墓墓室壁畫中《韋貴妃圖》及《太宗圖》〔註 106〕的樣稿作者，也應爲「待詔」。

唐代「待詔」雖爲官名，但並非正官，〔註 107〕以其特殊才能隨侍皇家。史載此職秦漢既有，多爲君王豢養之能匠，唐代顏師古注引《漢書》應詔曰：「諸以材技徵召，未有正官，故曰待詔。」〔註 108〕西漢時期武帝採用董仲舒建議，獨尊儒術，表章六藝，設太學，置博士。並招收畫匠隸屬於「黃門署」，以備奉詔作畫，即所謂「黃門畫者」。《漢書》霍光傳曰：「上使黃門畫者畫周公負成王朝諸侯圖以賜光」。顏師古注云：「黃門署職任親近，以供天子，百工在焉，故亦有畫工。」

〔註 101〕（宋）歐陽修、宋祁撰，《新唐書》，卷二百零四，列傳第一百二十九，中華書局，1975 年 2 月，5810 頁。

〔註 102〕（後晉）劉崅等撰，《舊唐書》，卷一百七十四，列傳第一百二十四，中華書局，1975 年 5 月，4518 頁。

〔註 103〕（宋）歐陽修、宋祁撰，《新唐書》卷 217 上列傳第 142 上回鶻上，中華書局，1975 年 2 月，6123 頁。

〔註 104〕張彥遠，《歷代名畫記》，卷九。

〔註 105〕（唐）朱景玄，《唐朝名畫錄》，唐妙品中。

〔註 106〕昭陵博物館編，《昭陵覽勝》，陝西人民教育出版社，1999 年。

〔註 107〕《唐會要》載：「天寶十三載五月。吏部奏。準格。伎術官各於當色本局署員外置。不得同正員之數。從之。」《唐會要》，卷六十七，東宮官。

〔註 108〕韓剛，《北宋翰林圖畫院制度淵源考論》，湖北教育出版社，2007 年 8 月，33 頁。

唐代「待詔」隸屬於翰林院。玄宗即位之初於宮內設翰林院，稱參與軍國事務的近侍權臣爲「翰林供奉」，供御伎術人爲「翰林待詔」。「開元二十六年（738 年），又改翰林供奉爲學士，別置學士院，專掌內命」，〔註 109〕稱爲「翰林學士」。而翰林待詔、翰林供奉遂成爲供御伎術人的專稱，其日常行政管理由掌管宮禁事務的內侍省宦官主持。新、舊《唐書》中並未說明翰林院的歸屬，但就其運作方式及位于禁中而言，應爲皇室的直屬機構。

翰林院是奇才異能之士的「待詔」管理機構，並隨天子之需而定制，直接服務與皇家。沒有明確的處所，隨天子之動而移。《益州名畫錄》中「隨駕寫貌待詔」、「駕前翰林待詔」之語亦可說明。待詔的這些特點在劉昫撰《舊唐書》中翰林院一節中有著較詳盡的記述。〔註 110〕

由於「待詔」並非正官，既有平民爲之，亦有高官兼職。事實上只要皇帝賞識，無論出身貴賤都可成爲翰林待詔。畫史中關於晚唐以前的「待詔」記述很少，史載玄宗朝召入的僅有吳道子、陳閎和韓幹〔註 111〕三人。

據《唐六典》載，除翰林院之外另有集賢殿書院設寫眞官和畫眞官〔註 112〕，並有「畫直」之職，〔註 113〕楊升、張萱既是該院畫直。〔註 114〕另據《歷代名畫記》載，朱抱一，任直亮，李果奴亦爲畫直。〔註 115〕依據集賢殿書院處所位于禁中和隨帝而動的特性而看，〔註 116〕畫直的工作應與待詔相當。此外，

〔註 109〕《新唐書》，百官志。

〔註 110〕（後晉）劉昫撰，《舊唐書》，卷四十三，志第二十三，職官志。

〔註 111〕《唐朝名畫記》載：陳閎會稽人，善寫眞及人物、士女，本道薦之於上國，開元中召人供奉。每令寫御容，冠絕當代，韓幹京兆人，善寫貌人物，天寶中召人供奉。

〔註 112〕《舊五代史》，唐書，閔帝紀載：「集賢院上言：『準敕書修創淩煙閣，尋奉詔問閣高下等級。……舊日主掌官吏及畫像工人，並已淪喪。集賢院所管寫眞官、畫眞官人數不少，都洛後廢職』。」

〔註 113〕《唐六典》，卷九，中書省集賢院史館匭使。

〔註 114〕《新唐書》，志第五十九，藝文三。

〔註 115〕《歷代名畫記》卷九，唐朝上載：「朱抱一，開元二十二年直集賢，善寫貌。任直亮，開元中直集賢，時有畫直邵齋欽，書手吉曠，皆解畫。李果奴，筆跡調潤。天寶中寫貌人物及僧佛爲妙。元和初有李士昉，即果奴之孫，筆跡及其祖，寫貌極妙。在翰林集賢院。」

〔註 116〕《唐六典》載：「集賢殿書院，開元十三年所置……開元五年，於乾元殿東廊下寫四部書……六年，駕幸東京；七年，於麗正殿安置……十二年，駕幸東都，於命婦院安置。十三年……改名集賢殿修書所爲集賢殿書院。」《唐六典》，卷九，中書省集賢院史館匭使。

能與宮廷接觸的繪畫部門還有門下省的史官畫直〔註117〕和掖庭局的宮教博士（內教博士），〔註118〕其地位應與集賢殿畫直相似。

「待詔」和「畫直」的工作地點均在宮中，職責爲奉召作畫，所以，他們可直接接觸到皇家生活。〔註119〕

另外，已確認的石槨墓墓主，除皇室外基本爲正二品以上高官，身份雖次於皇族，但與皇家成員的品級相當。而皇家畫師除奉召外並沒有固定的工作內容，（附表2-4）例如，吳道子在「奉召」之外，亦爲多所寺院繪製壁畫，另外，石槨亦爲帝賜。以此推斷，皇家畫師參與皇家之外的墓葬樣本繪製應在情理之中。

附表2-4：唐代高級畫家作畫概況

作畫原因及題材	作者職別	作畫時機	預設觀眾	畫　蹟
先賢圖	皇家畫師、高官畫家	職內	廣佈天下	史籍多錄
功臣圖	皇家畫師	職內	廣佈天下	淩煙閣功臣圖等
帝後圖	皇家畫師	職內	皇家	梅妃畫眞等
宮廷繪畫	皇家畫師	職內	皇家	史籍多錄
國家重大工程	皇家畫師、高官畫家（樣本創作）	職內	皇家、貴族	昭陵六駿畫本等
寺觀壁畫	皇家畫師	職外或職內	廣佈天下	史籍多錄
商業繪畫	皇家畫師、高官畫家	職外	雇主	麗正殿學士寫眞圖等
帝詔其它繪畫	皇家畫師、高官畫家	皇家畫師職內、高官畫家職外	皇家、廣佈天下	職貢圖等

〔註117〕《新唐書》百官志載：唐于禁中設史館掌修國史。貞觀三年（629年）置，隸門下省；開元二十年（732年）徙中書省。史館設修撰4人，直館若干。《歷代名畫記》載：「楊寧……開元十一年（723年）爲史館畫直。」《新唐書》藝文志載：「楊升……張萱……並開元（史）館畫直」。

〔註118〕《新唐書》百官志，掖庭局載：「宮教博士二人，從九品下。掌教習宮人書、算、眾藝。初，內文學館隸中書省，以儒學者一人爲學士，掌教宮人。武后如意元年（692年），改曰『習藝館』，又改曰『翰林內教坊』，尋復舊。有內教博士十八人，經學五人，史、子、集綴文三人，楷書二人，莊老、太一、篆書、律令、吟詠、飛白書、算、棋各一人。開元末，館廢，以內教博士以下隸內侍省，中官爲之。」吳道子即曾任此職。

〔註119〕韓剛，《北宋翰林圖畫院制度淵源考論》，湖北教育出版社，2007年8月，71頁。

在待詔之外還有一些高官畫家，既可以接觸到皇家生活，本身也是貴族生活的直接體驗者，因此，他們也有可能參與石槨線刻樣本的繪製。

由於歷史文獻的缺乏，在現有資料中只記錄了高官畫家閻立本參與了陵墓石刻樣本的繪製。作爲唐代最爲代表性的昭陵記功碑刻——昭陵六駿，從建陵伊始便受到太宗的重視，不但親自撰文還特命歐陽詢手書，對於如此高的規格，六駿的樣本必然會與之配合。名膺初唐畫壇之冠的「畫聖」閻立本，也就成爲最佳人選。宋代游師雄作昭陵碑文亦言「六駿」爲閻立本所繪，朱景玄在《唐代名畫錄》中也證明閻立本曾畫過太宗坐騎。〔註 120〕

傳爲閻立本所作的《步輦圖》可謂這一時期的代表性作品，雖然此作品或爲後代畫家的摹品，但應是依據唐人原畫而臨摹，圖中人物形象爲唐人無疑。大多研究者均將《步輦圖》中位於祿東贊後面持笏曲腰的人物身份設定爲筆吏或朝廷翻譯人員，但如將此人物形象與永泰公主墓石門線刻（圖 2-3-3）的宦官形象對比，就會發現兩者極爲相似，其更像是一個宦官（圖 2-3-4）。

（圖 2-3-3）
永泰公主墓石門線刻

（圖 2-3-4）傳閻立本，
《步輦圖》局部

〔註 120〕朱景玄云：「太宗壯之，使其弟立本圖其狀，鞍馬、僕從皆若眞，觀者莫不驚歎其神妙。」《唐代名畫錄》，閻立德。

永泰公主墓石槨線刻的風格與初唐閻立本畫風頗爲相近，況且永泰公主墓是國家的重大工程，閻立本這樣的畫家既熟悉皇家生活，又具有高超的繪畫技藝，他們所繪製的人物形象必爲皇家所欣賞，雖然永泰公主墓是在閻立本去世數年後而建，但就其藝術風格造詣而言，也證明了該墓線刻樣本的繪製者應是像閻立本這樣的皇家畫師。

2、永泰寺壁畫與永泰公主墓

據王仁波先生推斷，永泰寺壁畫影響到永泰公主墓的創作風格，〔註 121〕但據史料分析，此說似有出入。

永泰寺本名延壽寺，隋開皇四年，文帝爲沙門曇延在長安廣恩坊南門之東側所立，〔註 122〕「神龍中（705 年～707 年），〔註 123〕中宗爲永泰公主追福，改爲永泰寺。」〔註 124〕但從成書於其後的《歷代名畫記》所說，其壁畫應不是同一時期所繪：

> 永泰寺，殿及西廊李雅畫聖僧。東廊懸門楊契丹畫。東精舍，鄭法士畫滅度變相。〔註 125〕

李雅〔註 126〕、楊契丹、鄭法士均爲隋代畫家，即使他們身跨隋、唐兩代，但與中宗時期也相差將近百年，所以說永泰寺壁畫與永泰公主墓壁畫有關，似有牽強之嫌。

從同時建設的永泰公主墓、懿德太子墓石槨線刻及壁畫風格來看，無論是人物的生活氣息和身姿比例都與唐初李壽墓石槨人物線刻的風格不同，也不似其後薛儆墓的吳家樣風格。兩墓石槨線刻的風格統一，甚或有些人物線刻是出自同一樣本（在線刻技法一節另有詳述），兩墓石槨線刻的樣本作者顯然是同一風格系統的畫家，或出於同一人之筆。

與永泰寺相同，唐長安城南的懿德寺，建寺之初亦非爲懿德太子所立，據《兩京城坊考》記：

> 南門之西，懿德寺、本慈門寺，隋開皇六年（586 年），刑部尚書萬安公李圓通所立。神龍元年（705 年），中宗爲懿德太子追福，

〔註 121〕王仁波，《唐懿德太子墓壁畫題材分析》，《考古》，1973 年第 6 期。
〔註 122〕龔國強，《隋唐長安城佛寺研究》，文物出版社，2006 年 10 月，57 頁。
〔註 123〕龔國強，《隋唐長安城佛寺研究》，文物出版社，2006 年 10 月，57 頁。
〔註 124〕（清）徐松，張穆校，《兩京城坊考》，中華書局，1985 年，119 頁。
〔註 125〕張彥遠，《歷代名畫記》，卷三。
〔註 126〕張彥遠，《歷代名畫記》，卷九。

改名加飾焉。〔註 127〕

與永泰寺不同的是，懿德寺在改名時重新繪製了壁畫，據張彥遠所記：

懿德寺，三門樓下兩壁神，中三門東西華嚴變，並妙，三門兩廊東靜眼畫山水。〔註 128〕

關於爲懿德寺繪製壁畫的「靜眼」，《歷代名畫記》所記的唐初畫家中確有其人：

陳靜心，善寺壁；弟靜眼，善地獄山水。〔註 129〕

懿德寺改名與永泰公主墓、懿德太子墓的興建爲同期，〔註 130〕同是帝勅建設，因此推斷，善畫寺觀壁畫的陳靜心、陳靜眼兄弟極有可能同時參與了兩墓石槨線刻樣本的創作。

3、薛儆墓石槨人物線刻樣本作者推測

薛儆墓石槨人物線刻具有典型的「吳家樣」風格（參見本文線型程序一章），史載「吳家樣」爲吳道子所創，其線型特徵爲「蓴菜條」。

湯垕在《畫鑒》中提到吳道子的技法時，幾乎原抄了米芾的說法，但其最大的貢獻是提出了「蓴菜條」出現的時間概念：

（吳道子）早年行筆差細，中年行筆磊落，揮霍如蓴菜條。〔註 131〕

按湯垕的說法，「蓴菜條」是吳道子中年以後才形成的。然而，根據薛儆墓石槨的製作年代和吳道子的履歷來看，張彥遠此處所言的「中年」似有差誤。

薛儆墓石槨成於開元九年（721 年），吳道子大概 33 歲左右〔註 132〕。此

〔註 127〕（清）徐松，張穆校，《兩京城坊考》，中華書局，1985 年，106 頁。

〔註 128〕張彥遠，《歷代名畫記》，卷三。

〔註 129〕張彥遠，《歷代名畫記》，卷九，唐朝上。

〔註 130〕懿德寺爲 705 年改名，懿德太子墓 706 年竣工。

〔註 131〕（元）湯垕，《畫鑒》，於安瀾編，《畫品叢書》，上海人民美術出版社，1982 年，407 頁。

〔註 132〕據王伯敏先生推測吳道子生於 685 年。王伯敏，《中國繪畫史》，文化藝術出版社，2009 年 5 月，118 頁。
但據畫史記載，吳道子 16 歲時「任兗州瑕丘縣尉」，大概當一年縣尉，17 歲辭去縣尉職務。從「浪迹東洛」到「長安畫壁」，按 6 年時間計，便到了 22 歲。也就是說，在他「事逍遙公韋嗣立爲小吏」的景龍三年十二月至景龍四年六月（710 年前半年）應爲 23 歲。這樣計算下來，吳道子當是垂拱四年（688）出生。和王先生的推測的相差 3 年。

時的「蓴菜條」線型應未出現。按照常理推斷，吳道子之所以被「召入禁中」，說明其藝術造詣已相當成熟，「蓴菜條」的典型線型理應形成。因此，吳道子的「入禁」時間便極爲關鍵了，據《歷代名畫記》說吳道子爲「玄宗召入禁中」，而玄宗在位時間（712～756 年）長達 44 年之久。那麼，吳道子是否在薛儆墓之前即已入禁呢？

就此問題，黃苗子先生認爲吳道子是在開元十三年，玄宗東封泰山時，由韋嗣立之子韋桓介紹其入禁〔註 133〕。但據《歷代名畫記》載：

（敬愛寺）禪院內西廊壁畫，開元十年吳道子描。〔註 134〕

敬愛寺係中宗爲高宗、武后所建的皇家寺院，吳道子理應是奉召爲敬愛寺繪製壁畫，可見，吳道子入禁時間應早於開元十年。另據《補夢溪筆談》記：

禁中舊有吳道子畫鍾馗，其卷首有唐人題記曰：「明皇開元講武驪山，歲翠華還宮。上不懌，因痁（虐疾）作。將逾月，巫醫殫技不能致良。忽一夕夢二鬼一大一小。其小者衣絳，犢鼻，屨一足，跣一足。懸一屨，搢一大筠紙扇，竊太眞紫香囊及上玉笛，繞殿而奔。其大者戴帽，衣藍裳，袒一臂，鞹雙足，乃捉其小者，刳其目。然後擘而啖之。上問大者曰：『爾何人也？』奏云：『臣鍾馗氏。即武舉不捷之士也。誓與陛下除天下之妖孽。』夢覺，痁苦頓瘳而體益壯。乃詔畫工吳道子，告之以夢。曰：『試爲朕如夢圖之。』道子奉旨，恍若有睹，立筆圖訖以進。上瞠視久之，撫几曰：『是卿與我同夢爾，何肖若此哉！』道子進曰：『陛下憂勞宵旰，以衡石妨膳，而痁得犯之，果有蠲邪之物以衛聖德，因蹈舞上千萬歲壽。』上大悅，勞之百金，批曰：『靈祇應夢，厥疾全瘳。烈士除妖，實須稱奬。因圖異狀，頒顯有司。歲暮驅除，可宜遍識，以祛邪魅，兼靜妖氛。仍告天下，悉令知會。』」熙寧五年，上令畫工摹拓鐫板，印賜兩府輔臣各一本。是歲除夜遣入內供奉官梁楷，就東西府給賜鍾馗之像，觀此題相記似始於開元時。〔註 135〕

〔註 133〕1、黃苗子，《吳道子事輯》，《中國畫研究》第二期，人民美術出版社，1981 年，124 頁。2、袁有根，《吳道子研究》，人民美術出版社，2002 年 10 月，2～3 頁。

〔註 134〕《歷代名畫記》，卷三，記兩京外州寺觀畫壁。

〔註 135〕（宋）沈括，《夢溪筆談》，補筆談，《文淵閣四科全書》，子部。

吳道子畫鍾馗之事在《圖畫見聞志》中亦有記載。據沈括所說，吳道子在「明皇開元講武驪山」之前就已是「待詔」，那麼，玄宗究竟是在何時「講武驪山」？據《舊唐書》載，玄宗在先天二年「癸卯，講武於驪山，」〔註 136〕《新唐書》載，玄宗於開元元年「癸卯，講武於驪山」〔註 137〕，先天二年與開元元年爲同一年〔註 138〕。如果開元元年（713 年）時，吳道子已入禁，那麼，在薛儆墓施工之前，吳道子即已畫技成熟並應用了「蓴菜條」的筆法。如此而言，湯垕所說的「中年」或許本就與現代理解不同。

薛儆墓石槨人物線刻樣本爲「吳家樣」畫家所作，那麼，如此精美的作品是否是「吳家樣」的代表人物吳道子所作呢？吳道子作爲皇家畫師，「非有詔，不得畫」，他會有時機在遠離長安的萬榮，爲殯時僅爲從三品的薛儆繪製石槨樣稿嗎？

薛儆雖爲唐睿宗女婿〔註 139〕，但官職不高，政績平平，而其墓中卻使用了石槨，薛儆死後受此禮遇顯然另有原因。薛儆墓墓誌載：「皇上閔悼，贈兗州刺史，謚曰口口口口」〔註 140〕，可見，薛儆之死受到了玄宗的重視，因此，吳道子受皇上指派參與薛儆墓施工也在情理之中。那麼，開元八年左右吳道子是否去過山西？可巧的是，吳道子在開元八年（薛儆死年）或開元九年（薛儆下葬）三月之前，奉召在河北曲陽北嶽廟繪製《天宮圖》壁畫，〔註 141〕在此期間，經常往來於長安與河北之間，而由長安去河北極有可能途徑山西。即便是薛儆墓的施工年代早於開元八年，吳道子還是有機會經過山西，開元五年正月辛亥，玄宗曾「如東都」洛陽〔註 142〕，作爲「待詔」的吳道子很可能隨駕，由長安至洛陽則必途徑運城所屬的萬榮縣，而作爲皇親的薛儆必然會侍駕於當地，亦可能會與吳道子接觸。按此推斷，吳道子是有機會參與薛

〔註 136〕（後晉）劉昫等撰，《舊唐書》，中華書局，1975 年，171 頁。

〔註 137〕（宋）歐陽修、宋祁撰，《新唐書》，中華書局，1975 年，122 頁。

〔註 138〕唐玄宗在先天二年（713 年）十二月改元爲開元，因此，十二月之前爲先天二年，十二月之後爲開元元年。

〔註 139〕《新唐書》卷八十三：「（唐睿宗女）鄎國公主，崔貴妃所生。三歲而妃薨，哭泣不食三日，如成人。始封荊山。下嫁薛儆，又嫁鄭孝義，開元初，封邑至千四百户。」

〔註 140〕山西省考古研究所，《唐代薛儆墓發掘報告》，科學出版社，2000 年 9 月，73 頁。

〔註 141〕袁有根，《吳道子研究》，人民美術出版社，2002 年 10 月，20 頁。

〔註 142〕袁有根，《吳道子研究》，人民美術出版社，2002 年 10 月，20 頁。

儆墓石槨線刻樣本的創作工作。

4、直接參與陵墓建設的畫匠

在有關唐代各部職能的史料中，〔註 143〕參與陵墓建設主要是工部之下的少府監和匠作監兩部門。兩監的畫匠由民間畫工和領奉的職業畫匠組成，《新唐書》載：

> 武德初，改令曰大匠。龍朔二年，改匠作監曰繕工監，大匠曰大監，少匠曰少監。咸亨元年，繕工監曰營繕監。天寶十一載，改大匠曰大監，少匠曰少監。有府十四人，史二十八人，計史三人，亭長四人，掌固六人，短蕃匠一萬二千七百四十四人，明資匠二百六十人。〔註 144〕

匠作監民間雇工中的短藩匠和明資匠中的一部分爲畫工，從唐代皇家陵墓的大量壁畫，可看出畫工的數量應不在少數。短藩匠和明資匠的區別是，短藩匠是無薪工匠〔註 145〕，明資匠則是官府出資雇傭的技藝高超工匠，另外，明資匠亦是具有品級陞遷的公職匠工。

（圖 2-3-5）懿德太子墓墓頂題記

由於少府監與匠作監的畫匠地位卑微，史料中並無記錄，有學者認爲，懿德太子墓頂部兩側發現的題記爲畫工之名（圖 2-3-5），但從題記位置〔註 146〕及名字後綴的「願得常供養」來看，提名之人似非畫匠，可能是墓主生前下屬或僕從，〔註 147〕因參與墓葬建設爲表忠心而題記。

唐代陵墓中的線刻，特別是石

〔註 143〕《舊唐書》、《新唐書》、《唐六典》、《宋書》等。

〔註 144〕《新唐書》卷四十八，第三十八，百官志，將作。

〔註 145〕「短蕃」是低級工匠級別的泛指，均是無償勞工，沒有工錢。這些匠人由各地徵集來派往各部的定額工匠，以務工的形式替代納稅，「內中尚巧匠，無作則納資」。並且，不得從事其它行業，「一入工匠後，不得別入諸色」。所以，這些工匠的最好出路便是升至爲正式的領奉匠工。

〔註 146〕題記離壁畫較遠。

〔註 147〕羅寧，《冷靜的目光——唐墓壁畫出自何人之手》，陝西人民美術出版社，2005 年 10 月，47 頁。

槨人物線刻，其內容主要是摹寫皇家、貴族的近身人物。鑒於兩監畫匠的身份、地位，他們是無法接觸這類題材的原形，也就無法進行樣稿創作。如果說他們參與了墓室線刻工作，只能是將樣本進行石面拓印或放樣的簡單勞動。

二、勒石作者

對於唐代墓室線刻，人們關心的多是其藝術品質或歷史、社會價值，而對勒石作者的研究較少，從史料中亦無法直接獲知這些刻工的姓名、文化層次及具體身份等信息。漢代實行「物勒工名」制度〔註148〕，刻工記錄較多〔註149〕，其後，此制度未得延續，刻工署名寥寥無幾，以至於唐代勒石作者幾乎無從查考。因此，只能根據其群體特性及相關的管理機構，來推測這些刻工的技藝等級和在所屬機構的相應身份。

中國在漢代已建立起龐大的官府手工業系統，至唐代更甚，政府設立了不同層次的政府機構直接經營、管理門類眾多的手工業生產，其典型的建置體系在《唐六典》等典籍多有所反映。

唐中央政府專管官府手工業的最高政務部門是尚書省工部，《大唐六典》載：

> 工部尚書一人，正三品；侍郎一人，正四品下。工部尚書、侍郎之職，掌天下百工、屯田、山澤之政令。其屬有四：一曰工部、二曰屯田、三曰虞部、四曰水部。尚書、侍郎，總其職務而奉行其制命。凡中外百司之事，由於所屬，咸質正焉。〔註150〕

其中工部司設：

〔註148〕《禮記》月令曰：「物勒工名，以考其誠。功有不當，必行其罪，以窮其情。疏：每物之上，刻勒所造丁匠之名於後，以考其誠。信與不，若其用材精美而器不堅同，則功有不當，必行其罪罰，以窮其詐僞之情。」《十三經注疏》，禮記，月令第六，上海古籍出版社，1997年7月，1352頁。

〔註149〕漢代對於刻工的記述有：1、漢安帝元初四年（117年）刻工朱高刻《祀三公山碑》，植帝建和元年（147 年）夏匠衛改刻《武梁碑》，靈帝熹平四年（公元175年）刻工陳興刻名書家蔡邕所書《石經・論語》，三國時吳末帝天璽元年（公元276年）刻工殷政、何赦同刻《禪國山碑》等。「書之妙，又賴刻之精。」爲了不使優美的書法失眞，有些石碑，還由書者手自勒石。如：三國時魏大書法家鍾繇於魏文帝黃初二年（公元222年）刻《受禪表》。朱太岩，《漫談刻工》，《古籍整理研究學刊》，1988年第2期，61頁。2、在武梁祠的碑銘中也提及到該石刻工「衛改」、「孟卯」兄弟，使之名與武梁祠中的畫像石並存於世。

〔註150〕（唐）張説、張九齡、李林甫，《大唐六典》，三秦出版社，1991年，156頁。

郎中一人，從五品上；員外郎一人，從六品上。郎中、員外郎，掌經營興造之眾務，凡城池之修葺、土木之繕葺、工匠之程序，咸經度之……凡興建修築材木工匠，則下少府（監）、將作（監），以供其事。〔註 151〕

尚書省工部負責官府手工業的宏觀管理，制定相關政令，並下達具體的興作營造計劃，責令少府監、將作監具體實施。

將作監是「掌供邦國修建土木工匠之政令，總四署、三監、百工之官屬」〔註 152〕的工程總負責，也是皇家建陵的總指揮。屬下甄官署則是製作陪葬器物的具體實施單位：

甄官署：令一人，從八品下；（《周禮》摶埴之工二，謂陶與旊也。後漢將作大匠屬官有前、後、中甄官令。丞。晉少府領甄官署，掌磚瓦之任。宋、齊有東、西陶官瓦署督、令各一人。北齊太府寺統甄官署，甄官又別領石窟丞。後周有陶工中士一人，掌爲樽、彝、簠等器。隋太府寺統甄官署令、丞二人，皇朝改屬將作。）丞二人，正九品下；（後漢前、後、中三甄官各丞一人，晉有甄官丞，後周有陶工下士一人。隋甄官丞二人，皇朝因之。）監作四人，從九品下。甄官令掌供琢石、陶土之事；丞爲之貳。凡石作之類，有石磬、石人、石獸、石柱、碑碣、碾磑，出有方土，用有物宜。凡磚瓦之作，瓶缶之器，大小高下，各有程準。凡喪葬則供其明器之屬，（別敕葬者供，餘並私備。）三品以上九十事，五品以上六十事，九品已上四十事。〔註 153〕

甄官署的主要職責之一是召集各地工匠，具體實施「石作之類」及「喪葬則供其明器」，並區分類別、劃分細則、管理實施。按四時分長功、中功、短功，其分工形式並非是指某個具體工程長短，而是按一年中的做工時段來劃分，也就是說按時段來發工資（長功：四月、五月、六月、七月；中功：二月、三月、八月、九月；短功：十月、十一月、十二月、正月），〔註 154〕由錄事（從九品）分項計算〔註 155〕。

〔註 151〕（唐）張說、張九齡、李林甫，《大唐六典》，三秦出版社，1991 年，164 頁。
〔註 152〕（唐）李林甫，《唐六典》，卷二十三，將作都水監，將作監。
〔註 153〕（唐）李林甫，《唐六典》，卷二十三，將作都水監，甄官署。
〔註 154〕（唐）李林甫，《唐六典》，卷二十三，將作都水監，錄事。
〔註 155〕（唐）李林甫，《唐六典》，卷二十三，將作都水監，錄事。

甄官署的工匠應是長期供職的領奉匠工，領奉匠工亦名「巧兒」，「巧兒」是匠人中技藝優異者，《大唐六典》載：

（少府監）掌百工技巧之政……短蕃匠五千二十九人，綾綿坊巧兒三百六十五人，內作使綾匠八十三人，掖庭綾匠百五十人，內作巧兒四十二人，配京都諸司諸使雜匠百二十五人。

「巧兒」並不限於織錦匠人，雕刻及畫工的技長者亦為「巧兒」。《歷代名畫記》記兩京寺觀壁畫之敬愛寺：載「巧兒張壽、宋朝塑」。日本河世寧輯《全唐詩逸》卷下錄有張文成《遊仙窟詩》，其中《贈十娘》詠十娘儀容之美云：「……婀娜腰支細細許，賺瞎眼子長長馨。巧兒舊來攜未得，畫匠迎生摹不成」。《遊仙窟》通篇多唐時口語，以 1952 年古典文學出版社本《全唐詩》〔註 156〕校之，則「攜未得」之「攜」應作「鐫」，於是始知此巧兒為雕塑家。〔註 157〕「巧兒」多是「短藩」因技巧優秀而晉升為官府的領奉匠工。官府作場由於製品的儀軌、尺度等方面的特定規格要求，必須有深諳其中理數、通曉法度規範的工師，對百工進行教導指示，「巧兒」亦負責指導工作。

領奉匠工在同行中的地位較高，並多以此職為榮。唐《升仙太子碑》的刻者韓神感即署「營繕監」，初唐石刻匠人楊惠慶自署「永樂縣營繕監長上」。〔註 158〕「長上」即長上匠，州屬雇工。〔註 159〕另有，田文遠在神龍二年（706 年）刻《浮圖內造像》，自署「造像博士」，〔註 160〕從其署名分析可能屬於將作監。〔註 161〕

唐代的高級石刻匠工應遠多於史籍所記，從宋代李誡《營造法式》中的記功（李誡的記功方式是以「唐六典」中甄官署的記功為標準）來看〔註 162〕，一座鼇座碑的用工就達 622 功（一人一天為一功）。從唐代各地大量的皇家建設及墓室石作中，可以想見當時的勒石刻工人數之眾多。

唐代對手工藝者的管理相當規範，各工種分化細緻。刻工主要是依附與貴族和朝廷，忠於樣本施以刻石，來滿足雇主的要求。唐代刻工分為民間刻

〔註 156〕1952 年古典文學出版社本《全唐詩》主要依據的是日本元祿三年（1690 年）刻本。

〔註 157〕黃苗子，《藝林一枝》三聯書店，2003 年，300 頁。

〔註 158〕曾毅公，《石刻考工錄》，書目文獻出版社，1987 年，6 頁。

〔註 159〕《新唐書》，卷四十八，百官志三，將作監下。

〔註 160〕曾毅公，《石刻考工錄》，書目文獻出版社，1987 年，7 頁。

〔註 161〕程章燦，《石刻刻工研究》，上海古籍出版社，2008 年 12 月，88 頁。

〔註 162〕（宋）李誡，《營造法式》，開篇，商務印書館，1933 年 12 月。

工和朝廷領奉刻工兩大類，領奉刻工的勒石技藝高於民間刻工。這一點，在具有較高藝術水準的皇室、貴族墓室線刻中的高超勒石表現可以得到證明。唐代石槨線刻的勒石作者顯然應是最高級別匠工，但由於當時世人重才術、輕技藝的普遍態度，營繕之職歷來不受重視，被視同「匠人」之事，史書缺乏記載。即便是作爲建設施工的最高總指揮的將作大匠，也很少記述，更何況處於甄官署最底層的勒石匠人。

下　篇

唐代石槨人物線刻的美術考古學研究

第三章　勒石與勾描

第一節　「白畫」、「樣本」與「勒石」

「白畫」是唐代人物畫創作中出現的一個特定概念。由於「白畫」與「白描」在形態上頗有相似處，往往導致當代美術研究領域對這兩者在概念上的混淆。如饒宗頤和米澤嘉圃均將「白畫」和「白描」等同起來；〔註 1〕當代敦煌壁畫研究者沙武田也同樣用「白畫」來對應粉本、稿本等形式。〔註 2〕應該說，從「白畫」與「白描」這兩種線描的直觀形式來看，以上學者的說法有其合理之處，但若從兩者各自所特指的意義和畫面存在性質來分析，把二者等同就值得商榷了。

較早提到「白畫」一詞的是《漢晉春秋》：

> 曉而有蒼石立水中，長一丈六尺，高八尺，白石畫之，爲十三馬，一牛，一鳥，八卦玉玦之象，皆隆起。〔註 3〕

《全晉文》說：

> 鐸又見於晉陵，冥數玄感，若合符契焉。又初玄石圖有牛繼馬

〔註 1〕 Jao Tsong-yi, Peintures Monochromes de Dunhuang, Paris: Ecole Francaise d' Extreme-Orient, 1978。饒宗頤，《敦煌白畫》，載於《法國遠東學院學刊》，1978 年。沙武田，《敦煌畫稿研究》，中央編譯出版社，2007 年 5 月，7 頁。

〔註 2〕 沙武田、邰惠麗，《20 世紀敦煌白畫研究概述》，《敦煌研究》，2001 年第 1 期，164～167 頁。

〔註 3〕 （晉）陳壽，（宋）裴松之注，《三國志》，卷三，魏書三，明帝紀第三，嶽麓書社，2002 年 8 月。

後，故宣帝深忌牛氏，遂為二。〔註4〕

又《晉書》，武帝紀：

氐池縣大柳谷口有玄石一所，白畫成文，實大晉之休祥，圖之以獻。召以制幣告於太廟，藏之天府。〔註5〕

對於以上提到的「白畫」，饒宗頤、石守謙均解為「在白石上畫之」。〔註6〕但兩位學者都忽略了文中同時提及的「玄石」和「蒼石」。《說文》云，「玄」者，黑也；「蒼」者，青色（深藍或暗綠色），這裡都是指石頭的顏色。「白石畫之」應是指以白色顏料或以白色石筆在黑色石頭上作畫。

無論是在白石上或是在「蒼石」上作畫，這裡所說的「白畫」是單指在特定材質上以單色線描所作的畫，其實際含義與唐代所曰的「白畫」有所不同了。

在畫論及畫史中所提到的「白畫」一詞，均出現在唐代之後。當代有的學者將白畫與粉本等同起來，主要是依據唐代段成式《酉陽雜俎》中所說的一段話：

常樂坊趙景公寺……三階院西廊下，范長壽畫西方變及十六對事，寶池尤妙絕，諦視之，覺水入浮壁。院門上白畫樹石，頗似閻立德。予攜立德行天祠粉本驗之，無異。〔註7〕

從這段話的直觀字面來看，「白畫樹石」與「行天祠粉本」是「無異」的，但如果將《酉陽雜俎》中的其它論述連接起來，就能理解段氏所說的「白畫」與「粉本」並非同義，而只是兩者在題材內容與形式表現上一般無二而已。試舉例：

如段成式在評論吳道子的作品時云：

辭。吳畫連句：「淡十堵内，吳生縱狂迹。風雲將逼人，鬼神如脫壁。其中龍最怪，張甲方汗栗。黑夜窸窣時，安知不霹靂。此際忽仙子，獵獵衣舄奕。妙瞬乍疑生，參差奪人魄。〔註8〕（遊長安諸寺聯句・常樂坊趙景公寺・吳畫聯句）

詩中對吳道子在趙景公寺東壁繪畫的描述中，用「脫壁」一詞來形容道

〔註4〕（清）嚴可均輯，《全晉文》卷六十四，商務印書館，1999年1月。
〔註5〕（唐）房玄齡《晉書》卷三，帝紀第三，武帝，中華書局，1974年11月。
〔註6〕石守謙，《風格與世變》，北京大學出版社，2008年7月，24頁。
〔註7〕（唐）段成式，《酉陽雜俎》續集卷五，寺塔記上，趙景公寺。
〔註8〕（唐）段成式，《酉陽雜俎》續集卷五，寺塔記上，吳道子繪寺壁。

子之畫「如眞現實」。這裡的「脫壁」二字一則可以與前句之「迫人」相對仗，理解爲對所畫人物脫落而出之生動感的稱道，也可以理解爲一種繪畫空間形式效果的描述。其之所以會產生「脫壁」的繪畫效果，就不是單能以線描來達到的，必然是在線描所畫的主體形象之上施以暈染，才能使之具備一定的立體效果。可見，前文中段成式所說的「白畫」是對應這種賦彩後的完整繪畫而言的。

另外，從段成式在記錄平康坊菩提寺壁畫的文字中，亦能體會出白畫與完整繪畫的關係：

> 佛殿東西障日及諸柱上圖畫，是東廊舊蹟，鄭法士畫。開元中，因屋壞，移入大佛殿內槽北壁。食堂前東壁風上，吳道玄畫《智度論》色偈變，偈是吳自題，筆蹟遒勁，如磔鬼神毛。次堵畫禮骨僊人，天衣飛揚，滿壁風動。佛殿內槽後壁面，吳道玄畫《消災經》事，樹石古險。元和中，上欲令移之，慮其摧壞，乃下詔擇畫手寫進。佛殿內槽東壁維摩變，舍利弗角而轉睞。元和末，俗講僧文淑裝之，筆蹟盡矣。〔註9〕

「文淑裝之」即文淑使畫工重新著色之意，卻未料使吳之筆蹟風貌盡失。考察唐代畫跡，其時著色之顏料以不透明的礦物材料居多，布色畫工由於技術不好或稍不小心將色彩覆蓋於上色界限的線條之上，先前所繪的白畫線形就會受到損害、變形。所以，鄭公尚才有「但慮彩色污，無虞臂胛肥」的感慨。〔註10〕

段成式之後，張彥遠在其成書於唐大中元年的《歷代名畫記》中亦有相同的記載：

> 其東壁有菩薩轉目視人，法師文淑亡何令工人布色損矣。〔註11〕

《唐朝名畫錄》又載：

> 吳道子……又數處圖壁，只以墨蹤爲之，近代莫能加其彩繪。〔註12〕

〔註9〕（唐）段成式，《酉陽雜俎》續集卷五，寺塔記上。

〔註10〕（唐）段成式，《酉陽雜俎》續集卷五，寺塔記上。

〔註11〕（唐）張彥遠，承載注，《歷代名畫記》，卷三，菩提寺佛殿，貴州人民出版社，2009年1月。

〔註12〕（唐）朱景玄《唐朝名畫錄》，神品上一人，吳道玄。

可見，吳道子「只以墨蹤爲之」的白畫雖然已經足以成爲獨立而完美的藝術形態，但是在當時人們的心目中仍覺得需要「加其彩繪」才是一幅繪畫作品的完整呈現。這一點，在敦煌壁畫中有多幅壁畫屬此種情況。如「成於642年的第220窟北壁西側的一部分就有白粉掩蓋筆蹟的現象」（圖3-1-1），〔註13〕山西五臺山佛光寺東大殿北側栱眼的唐代諸菩薩眾像亦存在相同跡象（圖3-1-2）。

（圖3-1-1）敦煌220窟北壁西側七佛藥師變局部

（圖3-1-2）山西佛光寺東大殿北側栱眼的唐代諸菩薩眾像局部

可以確認，唐人認爲的成品繪畫是由白畫、暈染敷彩相加而成的繪畫作品。「白畫」只是作畫過程中的重要步驟，它是放樣之後以墨線勾描而成的半成品，所以，現今白畫的存世幾乎爲零。

白畫與成品繪畫之間的關係，在張彥遠的《歷代名畫記》中有著更加明確的表述。張彥遠在西京寺觀等壁畫的記錄中，相當詳細地記述了「白畫」（描）與「成色」（成）之間的步驟關係：

〔註13〕石守謙，《風格與世變》，北京大學出版社，2008年7月，23頁。

大殿內東西面壁畫（劉行臣描）。維摩詰盧舍那（並劉行臣描，趙龕成。自餘並聖曆以後劉茂德、皇甫節恭成）。法華太子變（劉茂德成帥行臣子）。西壁西方佛會（趙武端描）。十六觀及閻羅王變（劉阿祖描）。西禪院北壁，華嚴變（張法受描）。北壁門西，一間佛會及山水（何長壽描）人物等（張法受描，趙龕成）。東西兩壁西方彌勒變，並禪院門外道西行道僧（並神龍後王韶應描，董忠成）。禪院內西廊壁畫（開元十年吳道子描）。日藏月藏經變及報業差別變（吳道子描，翟琰成。罪福報應是維手成，所以色損也）。東禪院殿內十輪變（武淨藏描）。東壁西方變（蘇思忠描，陳慶子成）。殿間菩薩及內廊下壁（武淨藏描，陳慶子成）。〔註14〕

其後又云：

畫絹幡十三口（金銅腳長一丈二尺，張李八寫，並成。又四口，亦長一丈二尺，雜手成。），大院紗廊壁，行僧。中門內已西（並趙武端描。惟唐三藏，是劉行臣描，亦成）。中門內已東，五僧（師奴描）。第六僧已東至東行南頭第二門已南（並劉行臣描。已北並趙武端描。或云劉行臣描）。中門西邊，紗廊外面（並聖曆已後劉茂德描，陳庶子成）。〔註15〕

再云：

吳生每畫，落筆便去，多使琰與張藏布色，濃淡無不得其所。〔註16〕

盛唐之際，人物畫中的線描已成爲關乎繪畫成敗的關鍵作用。唐代繪畫的創作者在「九朽一罷」（打草稿）之後，關乎作品成敗的重要環節有兩步：一爲勾描（白畫）；其二爲布色（成畫）。

這兩者之間互爲關聯，但白畫的重要作用在於塑形，「骨法用筆」是作品成功與否的關鍵步驟，而賦彩布色的主要功能是以「隨類賦彩」增加畫面

〔註14〕（唐）張彥遠，承載注《歷代名畫記》卷三，記兩京外州寺觀畫壁，西京寺觀等畫壁。

〔註15〕（唐）張彥遠，承載注《歷代名畫記》卷三，記兩京外州寺觀畫壁，西京寺觀等畫壁。

〔註16〕1、（唐）張彥遠，承載注《歷代名畫記》卷三，記兩京外州寺觀畫壁，西京寺觀等畫壁。2、陳高華，《隋唐畫家史料》，文物出版社，1987年10月，189頁。

氣氛和感染力。所以，白畫的勾描者均爲畫壇巨擘。並且，當時彩繪的用色具有固定模式與程序，〔註 17〕對敷色的技藝要求相對較低，故吳道子等大家之流多不屑於「成」色，由此也形成了繪畫工種的高低等級之分。不能忽視的是，前面所提到負責「描」的畫家在《歷代名畫記》中幾乎都有詳細記載，而「成」的畫家在其著錄中，均沒有單獨條目來記載其人的狀態及畫風。另外，在畫史及畫論中描述畫家技法時多記錄其用筆方法及造型形式亦可佐證。

由此可見，「描」與「成」在當時人們的心目中存在著主與次的關係，「描」（白畫）是繪畫的主體部分，「成」（敷色）是從屬於繪畫主體的部分。「成」既有上色的意思，也指繪畫成品的完成形態。

盛唐以降，新的線描表現形式迅速發展，白畫在完成一幅優秀作品過程當中的作用與地位有了進一步提升，爲後來獨立成畫的「白描」提供了必要的預備條件。如《酉陽雜俎》中《寺塔記》載：

> 長樂坊安國寺。紅樓，睿宗在藩時舞榭。東禪院，亦曰木塔院，院門北西廊五壁，吳道玄弟子釋思道畫釋梵八部，不施彩色，尚有典刑。〔註 18〕

段成式在記述吳道子僧人弟子釋思道的繪畫時，只提其「不施彩色」，而未使用「白畫」或「描」，可見釋思道「不施彩色」的作品應與吳道子的「白畫」並不相同。對於「尙有典刑」，(「刑」又通「型」) 有兩種解釋，其一，由於釋思道爲吳道子的弟子，所以，這裡所說的「典型」即典型範式，可能就是吳道子的「白畫」，在嚴格意義上「尙有典刑」意爲依循了吳道子的白畫樣式。其二，釋思道之後多有模仿者。從這兩種解釋中都可以看出，釋思道之「不施彩色」是以吳道子白畫爲基礎的新的繪畫形式觀念，它與白畫形態相似，是白畫向白描演進的中間環節。如圖示：

白畫 → 不施彩色 → 白描

「白描」是一種以線描獨立完成的繪畫樣式，宋代以後才成爲獨立畫科的白描，指的是排除線描之外的其它繪畫程序（如暈染、施彩等），單純以線勾描而完成的繪畫作品。

〔註 17〕（宋）李誡，《營造法式》，卷十四，彩畫作制度，商務印書館，1933 年 12 月。

〔註 18〕（唐）段成式，《酉陽雜俎》續集卷五．寺塔記上，安國寺。

「白畫」之所以不等同於「白描」主要是由於唐代人對於繪畫的「成品」觀念上有很具體的限定，認爲「白畫」只是繪畫步的驟之一，是尚未完成的繪畫形態，不能看作是已經完成的獨立的繪畫成品。所以，從白畫與白描的存在狀態來看，兩者有著質的區別。

在白描成立之前，有著白畫向白描轉化的明顯趨向，這不止是一個時間的概念，還是「白畫」在成品繪畫諸步驟要素量度上逐步加強的過程，這一點除了史籍證據之外，還可以在饒宗頤先生所關注的「白畫與彩繪的間插」〔註 19〕現象中得以佐證。

鑒於唐代繪畫的「成品」形態，及「描」與「成」的關係，「白畫」的成立，是繪畫在發展至盛唐時期，畫家融入書法的用筆形態，對繪畫中線形的審美特質有了更爲深刻的理解，並對繪畫本體中的線描表現有了認識上的飛躍性提升。雖然當時的白畫還不能獨立成爲繪畫成品，但它是達到成品繪畫最爲重要的環節。

就此，我們可以歸納出白畫的基本特徵：

1、是繪畫的步驟之一

2、是正在進行時狀態（所以存世的白畫幾乎爲零）

3、畫家對線型的認識更加強化

4、線描在繪畫中的表現地位得到空前提升

5、在當時的繪畫觀念中不能成爲繪畫成品

6、白畫與粉本的形式基本相同

7、是白描獨立存在的前身

可見，「白畫」只是繪畫的正在進行時狀態，而不是完整意義的繪畫。石守謙用盛唐「施彩淡薄」的成品繪畫來解釋白畫，〔註 20〕恰恰是忽視了白畫的「正在進行時狀態」，這就如同我們不能拋開各自的成品要求，而來談白描與施彩工筆畫之間的關係（白描在繪畫之前已預設到只用線條來達到最後效果，而施彩的工筆畫在繪畫之前預設到的是線條與色彩的組合效果）。同樣，張鵬先生將白畫歸爲粉本，〔註 21〕沙武田先生將粉本絹畫和敦煌的畫工的線

〔註 19〕參見饒宗頤，《敦煌白畫》，《法國遠東學院學刊》，1978 年。

〔註 20〕參見石守謙，《風格與世變》，北京大學出版社，2008 年 7 月。

〔註 21〕張鵬，《「粉本」、「樣」與中國古代壁畫的創作》，《美苑》，2005 年第一期，55 頁。

描練習畫稿等也統稱之爲白畫，〔註 22〕也是混淆了粉本、畫稿與白畫在各自存在狀態上的區別。〔註 23〕

（圖 3-1-3）
永泰公主墓石槨外壁東向中間局部

唐代石槨人物線刻既是以「白畫」爲樣稿。爲了達到「成品」效果，線刻作者甚至將不同技法、不同材質的兩種表現形式組合在同一幅畫面當中。唐代初期的墓室線刻幾乎都在線刻完成後再施以顏色〔註 24〕，以符合唐人對「成品」的要求。可惜由於年代久遠大多已脫落無存，但李壽墓（631 年）石門和石槨尚保留有殘蹟〔註 25〕，從審美角度而言，這種組合相當蹩腳。武周之後，勒石刻工採用了色差對比的方式來表達「成品繪畫」，永泰公主墓（706 年）石槨線刻（圖 3-1-3）採用淺減地方式模擬色差效果，並用主體形象外邊緣的坡形漸變來模仿暈色。開元之後，隨著線描在繪畫中地位的逐步提升，藝術家更加關注線條本身的藝術表現，線刻也隨之趨向於勒石材質本身所決定的「線描」特徵。成於天寶五年（746 年）的王賢妃墓石槨人物線刻（圖 Q），已不是簡單的模擬繪畫，而是根據線刻的特性，逐步將刻線作爲勒石表現的主體。

從這一時期勒石形態的轉變中，也體現出「白畫」向「白描」的轉變軌跡，亦可以說，唐代石槨人物線刻既是「白畫」的一種轉譯形式。

〔註 22〕參見沙武田，《敦煌畫稿研究》，中央編譯出版社，2007 年 5 月。
〔註 23〕李杰，《唐「白畫」辯》，《藝術教育》，2011 年第 1 期，119 頁。
〔註 24〕劉鳳君，《考古中的雕塑藝術》，山東畫報出版社，2009 年 4 月，254 頁。
〔註 25〕劉鳳君，《考古中的雕塑藝術》，山東畫報出版社，2009 年 4 月，254 頁。

第二節　石線刻的材料與技法

一、石線刻對石材的要求

各種藝術的表現手段，均會受到所用材料物理特性的限制。石刻線畫是以繪畫爲標準，順應石材特性，以刀代筆，以刻石代勾描而呈現其特有藝術風格。因此，石刻線畫的表現必然要與石材特性和勒石技法相關聯。

中國古代平面石刻藝術的數量及成就以漢、唐兩時期爲最。就各自的取材地的石材差異和物理特性而言，亦是影響其技法表現的因素之一。漢畫像石的取材主要是山東、四川、陝北等地的青石和沙岩石，石刻線畫（特別是關中唐墓的石刻）的取材主要是長安附近較爲細膩的青石。對比現已發現的漢畫像石和石刻線畫主要分佈地的用材，山東地區的青石質地較硬，四川郫縣及陝北的砂岩石質地則比較粗糙，而長安附近的青石石質較爲細膩。

（圖 3-2-1）

陝西神木大保當墓門畫像石局部

漢代審美風尚簡約、粗獷，畫像石的造型手段主要是以用粗線條或深減地襯託人物形象，大多不作細部刻畫，在製作時多只進行大輪廓及大塊面的鑿刻，對石材的平整度、光潔度和細膩度要求不高（圖 3-2-1）。至唐代，審美傾向於細膩、華美，粗糙的石材已不能滿足這種要求。石刻線畫對石材的要求遠高於畫像石，爲了達到繪畫拓本線條的完整清晰，所用石材必須具備適宜印拓的光潔度要求。另外，所用

（圖 3-2-2）

阿史那懷道十娃夫婦石槨立柱殘件

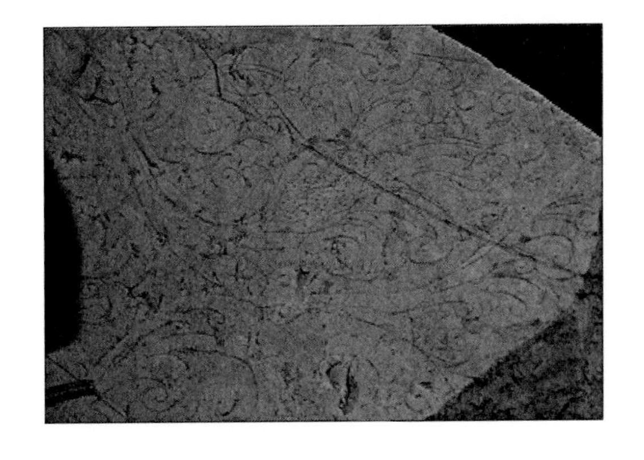

石材的石質太硬或太粗，刻製時不能自如行刀，很難體現繪畫線型的藝術表現力。長安附近的青石顆粒細小，石質細膩，打磨平整後如絲如緞、細膩光滑，比較適宜樣本的完整拓印，並且，石質較軟，顆粒基本爲等粒結構，力學性能均勻，非常適合推刀的滑動行刀，爲在石材上的模擬繪畫線形提供了材料上的保證（圖 3-2-2）。唐代石槨採用長安附近細膩的青石，既適應了新的表達形式，也是對天然材料應用的經驗進步。

二、石刻線畫的技法

中國以線造型的觀念，是從軟線、硬線兩條道路發展起來的，軟者以毛筆爲主，如陶圖畫、壁畫、漆畫、帛畫、卷軸畫等。硬者則是由早期的岩刻畫、玉器、青銅紋樣、畫像石（磚）及石線刻等發展起來，兩者相互影響、相互促進。〔註 26〕

中國古代勒石工具主要分爲兩大類，一類是鑿刻類型刻刀，另一類是推刻類型刻刀。鑿刻類刻刀分爲鏨刀、尖刀、鑿鏟、斜鑿鏟、鑿斧等，推刻類刻刀分爲手握式尖刀、斜刀，和肩推式尖刀、斜刀（肩推式只是在刀杆後加上長木柄，頂到肩部增加推力）等。這兩類刻刀的使用區別很大，鑿刀類的主要功能是用於減地和連貫鑿線，這種技法在漢畫像石上表現的最爲充分，推刀則適用於石刻線畫的推刻行刀技法。

1、畫像石的「雕塑」性表現技法

漢代畫像石的勒石技法主要分爲四種：

一、陰線刻，以尖刀按預先在石材上繪製的墨線邊鑿邊行，以點鑿方式均勻連線而成。

二、淺減地平面陰刻，以平鏟刀鑿刻出主體形象的邊緣線，並用尖刻刀砧出主體以外的部分，形成減地效果，使物象呈平面凸起，類似《營造法式》中的減地平鈒〔註 27〕或剔地隱起技法〔註 28〕。

三、深減地平面陰刻，與淺減地的刻石技法基本相同，只是增加減地的深度，主體形象更爲突出。

〔註 26〕 王今棟，《古代繪畫與雕刻線之變》，《美術》，1989 年第 6 期，60～62 頁。

〔註 27〕 （宋）李誡，《營造法式》第 3 冊，卷二十九，商務印書館，1933 年 12 月，141～143 頁。

〔註 28〕 （宋）李誡，《營造法式》第 3 冊，卷二十九，商務印書館，1933 年 12 月，150 頁。

四、淺浮雕式，在深減地平面陰刻的基礎上，將主體形象的平面剪影與圓雕進行綜合，即保留二維的平面剪影式效果，又使主體形象更加生動，類似剔地起突技法〔註 29〕，是漢畫像石技法成熟的表現，也是魏晉所流行的造像碑技法前身。

（圖 3-2-3）陝西綏德出土《白虎、鋪首、朱雀》畫像石局部

雖然畫像石的刻製技法比較豐富，但均是採用正面衝擊的鑿刻方式。就其技法使用和線型表現內涵而言，並沒有將勒石技法與繪畫技法進行有機的融合。還屬於雕塑性技法表現範疇，鑿刀的運刀方式與繪畫技法的行筆並無關聯（圖 3-2-3）。

2、石線刻的「繪畫」性表現技法

魏晉南北朝時期，繪畫藝術得到空前發展，表現性大大增強。而同樣作爲平面藝術的石線刻在表現力上則遠不如繪畫，這多與畫家和勒石匠人文化素質的差異相關。這一時期的主流畫家幾乎都兼具畫家和文人兩種身份，他們直接左右著社會的審美傾向。刻工雇主對藝術的需求亦是以主流藝術觀念和形式的體現，石線刻不可避免要受到繪畫的強烈影響。因此，勒石刻工爲適應雇主的欣賞傾向，則必須以刻刀來達到繪畫的意境效果。然而，作爲傳承多年的鑿刻技法，已無法適應這種表現要求。石刻匠人必須尋求一種更加適合的勒石技法來達到這種「效果」，因此，模仿繪畫運筆的推刻用刀方式便逐漸流行起來。而這種看似微不足道的變化，確是導致由畫像石形態向石刻線畫形態轉型的關鍵因素。

〔註 29〕（宋）李誡，《營造法式》第 3 冊，卷二十九，商務印書館，1933 年 12 月，147 頁。

鑿刻運刀是由上至下垂直衝擊，而推刻的行刀更像畫筆的行筆方式，平行用力，推刀前行（圖 3-2-4）。以兩者的技法特性而言，可將這兩種石刻技法界定爲雕塑性勒石（鑿刻畫像石）和繪畫性勒石（推刻石刻線畫）。

（圖 3-2-4）畫像石與石刻線畫用力方向對比圖

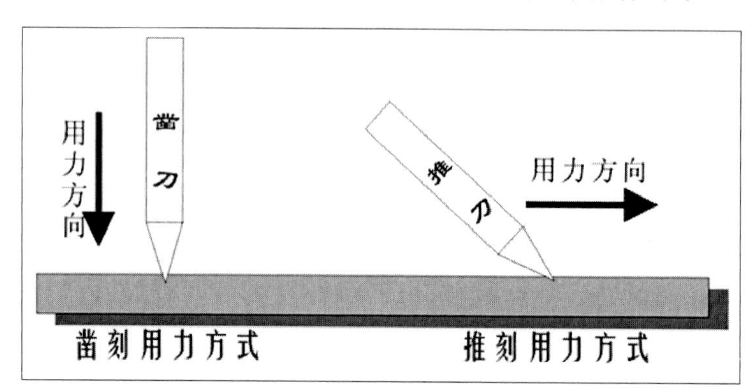

由於繪畫的直接介入，在線刻的表現力上，唐代的推刻技法比漢代的鑿刻技法更加細膩，對勒石工匠的綜合要求更高。既要求刻工熟練的掌握刻石技法，同時又要具備較好的繪畫能力。

關於唐代勒石技法的研究，學者們多是前以漢代《考工記》，後以宋代李誡的《營造法式》來推演唐代線刻技法。然而，在這兩部著作中主要是介紹石刻構件的基本形制及施工程序，而未從刻石技法的應用手段上對唐代線刻技法作必要的分析。故本文主要以唐墓石線刻主要生產地的傳統刻工技法作爲考察對象，〔註 30〕結合歷史文獻記錄，對唐代石刻線畫勒石技法作以探究。

爲了充分達到繪畫效果，唐代勒石刻工在接到任務後，首先要做的是充分理解樣本的風格特徵及精神內涵，並選擇適合的石料開始施工，其工藝程序大體分爲 6 個步驟：

1、選擇石料

選擇顆粒均勻的細膩石材，粗刻出所需構件的基本形狀（圖 3-2-5）。

〔註 30〕筆者在唐墓中所用石材及加工的主要生產地——富平，經過對當地主要的三個石刻廠的傳統刻工，長達兩個月的現場考察，並對其傳統刻石技法及工具與唐墓中的線刻進行比對，從而總結出基本接近唐代當時線刻技法、工具及工序。

（圖 3-2-5）當代石匠複製的唐代廡殿式石槨構件粗樣

現存於藥王山南庵

2、選擇適用的勒石刻刀

線刻工匠在勒石時不使用錘子，這也是石刻線畫與畫像石在技法上的明顯區別之一。石線刻的刻刀不同於其它石匠的鑿刀，它是專爲在石面進行推線而設計的，以合手、短小、靈巧、鋒利爲特點。手推刀長度一般在 20 公分左右，刀刃寬約 1 公分，分爲尖刃和平刃兩種，與刀體呈 30 度斜角，刀柄中間較粗，適宜手握，刃部經過淬火處理以保證硬度，這樣的設計使得刀具既輕巧又便利。手推刀短小可充分發揮手腕的靈活轉折，適於細部刻畫。與此相配合的還有一種體形更小的小尖刀，刀頭窄小，主要是爲了彌補推刀的刀刃較寬而擋住視線造成的接刀不到位現象。

3、精選輔料

各道工序中都有相應的製作輔料，輔料質量的好壞會直接影響刻石的質量（已發掘的唐代線刻墓都是較高級別，其石料、輔料的選擇非常嚴格）。常用的輔料有細墨、棉紙、蜜蠟、木炭、朱砂、桐油、毛氈、漿糊等。

4、理解樣本

刻工要對所提供畫稿的繪畫步驟、順序、行筆技法等進行綜合分析，充分理解樣本。並將行刀的順序、粗細、轉折等與樣本進行對應。

5、勒石技法

準備工作做好後，刻工既要開始進行具體的雕刻工序。

（1）石面起平

首先，刻工要對將要刻繪的石面進行起平加工，先用粗砂石將石面磨平，再用細水砂石磨光，這樣既有利於刻前樣稿的拓印和刻後的拓帖，也是爲了保證推刀時行刀平穩、順滑。

（2）石面底蠟處理

首先在磨光的石面上，用綿團製成的「綿撲」蘸上濃墨，輕拍上一層墨底。石面上墨主要是爲了在鐫刻時，刻線與黑底產生較大色差，更易觀察刻線與樣稿線形的差異。

第二步是在石面墨底之上進行上蠟、刮蠟處理（在已發現的唐代墓室棺槨及墓門線刻上多發現有塗蠟現象）。在風乾的墨底上薄塗上一層溶化的黃蠟〔註 31〕，待蠟完全乾透後，以薄竹片將蠟面逐層刮平，石面上均勻保留大約 0.3 毫米薄蠟層。這是一道非常細緻的工序，蠟面既不能有刮透的情況，也不能太厚，主要是保證蠟面既能完整吃住拓線朱痕，又不會使線條擴張。

（3）過朱

過稿之前，要製作油紙。棉紙充分浸入桐油之後陰乾，以保持紙面平整，從而保證勾線均勻。陰乾後的油紙呈無光澤半透明狀。油紙做成之後，將其平覆於樣稿之上，選擇與樣稿相同的毛筆複鈎樣稿。

勾成後將其翻轉，以毛筆蘸朱漆在油紙背面依正面畫稿再次複鈎，即爲「過朱」。〔註 32〕

（4）上樣

將油紙「過朱」的一面平鋪於石面，再覆蓋一層毛氈，其後用木槌輕輕在毛氈上均勻捶打，使油紙背面的朱漆黏附於黃蠟之上。需要說明的是，這種過稿方式會比壁畫的針孔放樣方式更能準確反映線型的具體形態，有利於刻製時完整呈現繪畫線型的變化。由於石線刻對樣稿是採用「摹」的形式過稿，所以可以最大限度的將原稿的精神傳達至石面之上。上樣之後的朱漆在石面上並不牢固，還需在整個石面上以稀釋的漿糊輕刷一遍，以保護朱線。

〔註 31〕《營造法式》中記：「蠟面每長一丈廣一尺，黃蠟五錢，木炭三斤，細墨五錢。（宋）李誡，《營造法式》，三冊，卷二十六，石作，商務印書館，1954 年 12 月，61 頁。

〔註 32〕「過朱」所使用的朱漆，是以紅色細石粉調和稀釋後的桐油而成。

（5）刻製

以上的幾道工序都是爲了最後鐫刻作準備。刻製時，依據石面上朱線粗細採用不同方式。一、手推式，主要刻短、細線條。刻線時右手握前，左手握後，勻速推刀，每條線條儘量一次刻完。以向下用力的大小來調整刻線粗細（圖 3-2-6），達到與朱線相合。二、肩推式，與手推式原理相同，只是在推刀後面加上木柄，以肩用力，刻製較粗或較長的線。

（圖 3-2-6）

刻刀力度與線性粗細關係圖

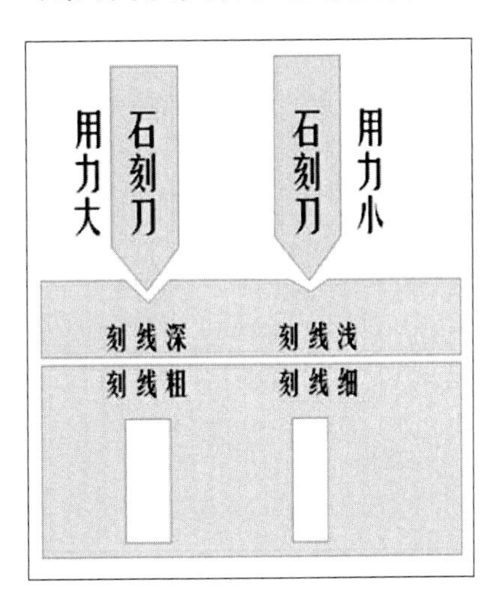

石線刻的鐫刻技法要求行刀流暢、穩定，線型平整、光滑，無崩裂。線與線交接處的深度要基本相同，充分體現繪畫的用筆特點。

6、驗收、拓帖

刻製完成後，就進入修正和驗收階段。首先要拓出一張烏金帖〔註 33〕，與樣稿進行比照，由於烏金帖的墨色比較濃重，反差較大，很易看出與樣稿的差異，便於刻工對線刻進行修正。之後另刻蟬翼貼存樣及送上級主管或雇主勘驗，通過後即完工。

三、懿德墓石槨線刻的起樣材料分析

關於唐墓石槨線刻起樣，當代學者多有意見，以乾陵博物館館長范英峰先生的觀點較爲代表。范先生認爲懿德太子墓石槨線刻是以毛筆沾白堊土在石面上直接畫樣：

> 尚有幾處留下了當初加工的痕跡，可以清楚的看到一些原來的起樣。就墓中線刻與同時期的一些墓中的線刻比較，我們可以得知，當時這些精心的雕飾，是先將青石或漢白玉石表面打磨光潔，然後以清膠拌白堊土用毛筆沾著在石面上起樣。〔註 34〕

〔註 33〕烏金帖拓後的拓片黑亮，黑白分明故名「烏金」。

〔註 34〕范英峰，《乾陵線刻畫研究》，《乾陵文化研究》第三輯，三秦出版社，2007 年 12 月，75～76 頁。

（圖 3-2-7）永泰公主墓石槨外壁北向東間與外壁南向西間線刻

文中又說石槨壁板在起樣之前先「用白堊土塗底」，〔註 35〕這種以同一材料打底、畫樣，是無法分清線與底的界限，在製作中顯然不符合實際應用。另外，需要說明的是，唐代石槨線刻往往會根據整體構圖需要，將同一幅樣稿正反兩面都用上，（圖 3-2-7）甚或同一底稿反覆應用（圖 3-2-8）。以范先生的觀點，唐代石槨線刻是以毛筆沾白堊土〔註 36〕直接起樣而不是拓樣，如此，即便是繪畫高手，也不可能達到同一底稿的兩幅線刻一成不變。甚或翻轉施用，要想達到與正稿相同就更難實現。

（圖 3-2-8）
薛儆墓石槨外壁西向北間和外壁西向中間壁板的侍女線刻

竊以為，石槨上殘留的白堊土線樣可能是拓稿時所殘留。傳統拓樣工

〔註 35〕范英峰，《乾陵線刻畫研究》，《乾陵文化研究》第三輯，三秦出版社，2007 年 12 月，75 頁。

〔註 36〕白堊土較稠，毛筆行筆不易，即便是以毛筆起樣亦可用沾墨汁。初唐契苾明墓石槨線刻中即有一個以墨線起樣的花卉。

藝中，即有一種在樣稿反面刷上白堊，或在牆壁、石面上塗以白堊，〔註 37〕再用簪子在樣稿上刻畫，〔註 38〕使牆面或石面上的白堊產生拓痕的放樣技法。因殘留白堊線的部位是在石槨與墓室內壁接觸較近的壁板之上〔註 39〕，是以，在刻製完成後並未清理乾淨。

對於懿德墓石槨線刻的主線附近殘存著一些極細刻線，有學者認爲可能與起樣有關。〔註 40〕但通過對關中傳統線刻工藝考察，這些細線與起樣並無關聯。刻工在推刻時，由於石材硬度較大，刻刀在石面上運行時稍有不甚極易滑刀，於是，刻工會在拓樣之後，以細刀先刻一遍，再加重力量覆刻。以細線先刻一遍的目的是在石面上形成淺槽，加重複刻時可以保證刻刀壓力均勻不會跑偏。

四、唐代石槨人物線刻的綜合性技法

對唐墓石槨人物線刻技法風格進行分析時，爲了敘述方便本文不採用慣用的以歷史時代分期方式，而是依據現已發現的唐代石槨人物線刻勒石技法的差異特徵進行分期，以期更加明確的對唐代墓室線刻的技法演變及各段時期的特點進行闡釋。

1、魏晉遺刀（630～689 年）

初唐石線刻延續了魏晉南北朝的刻製技法，貞觀四年（630 年）李壽墓石槨外壁的深減地刻石技法並非直接效法畫像石，而是延續北魏時期，將 90 度垂直鑿刻衝擊轉化爲 30 度角的邊鑿邊推刻製方法。刻線延續鑿刻刻線形式，多次鑿成。不同的是線條在畫面中的比例增加，更加注重線型的表現力度。內部線形跨出主體邊緣與減地相通（圖 3-2-9），這種刻製方法顯見是畫像石向石線刻轉變的中間狀態。畫像石中出現的鑿刻線條，大部分是減地包裏中的主體人物內部線條，這些線條與表現人物動姿的外輪廓多不連貫。而魏晉之後的鑿刻線則將主體人物內部的線條向外延展，擴充至輪廓外，從局部打破

〔註 37〕契苾明墓石槨的部分立柱因還未線刻可見完整「白底」。謝峰、馬先登，《唐契苾明墓發掘記》，《文博》，1998 年第 5 期，14 頁。

〔註 38〕申秦雁，《唐墓壁畫起稿方法的考察和研究》，《西部美術考古》，上海大學出版社，2008 年 12 月，237 頁。

〔註 39〕與墓室內壁接近的一面，本就不擬與人看。例如，永泰公主墓石槨西壁與墓室西壁的距離僅 15 公分左右。

〔註 40〕這類學者認爲，工匠先以細刻線起樣，之後再加粗刻線。

了畫像石的剪影式效果（圖 3-2-10）。李壽墓石槨外壁的減地與線形對比強烈，主體線形明確，線條已成爲人物造型表現的主要手段，突破了漢畫像石中，線形在畫面當中的輔助地位。

（圖 3-2-9）
李壽墓石槨外壁東向中間線刻

（圖 3-2-10）
龍門古陽洞禮佛圖局部

李壽墓石槨內壁則全部採用以推刻技法實施的石線刻。兩種不同風格的刻石集中在同一個石槨上爲歷代僅有。李壽墓石槨外壁鑿刻技法相當成熟，刻線與減地即獨立而又相互關聯。而內壁線刻技法相對較差，運刀不穩，線形連貫性差、斷點多，刻線的轉刀生硬，接刀處無慣性銜接（圖 3-2-11）。

（圖 3-2-11）李壽墓石槨線刻

（圖 3-2-12）
李晦墓石槨線刻局部

李壽墓之後，永昌元年（689 年）李晦墓石槨線刻（圖 3-2-12）的技法，與李壽墓石槨內壁推刻技法相似，只是線型稍細。可見，這一時期的線刻技法沒有較大突破，依然延續魏晉南北朝的技法體系。

2、以刀擬繪（706～721 年）

經過唐初近百年的實踐，石線刻與繪畫更加貼近，表現技巧愈加豐富，形成了較為完整的技法系統。其代表性作品非永泰公主墓石槨人物線刻莫屬。永泰公主墓石槨製於 706 年，為了接近繪畫成品的效果，刻工採用了淺減地、漸變主體外邊緣等以刀擬繪的手段來呈現「成品繪畫」的視覺感受，這一時期刻技手段的特點是：為表現繪畫暈染的空間效果，採用淺減地方式體現主體與背景的前後關係。由於減地的產生本身已形成了三維空間效果，因此刻工儘量減淡減地的深度，以模擬繪畫的二維表現形式，以至於很多觀者忽略了它的存在。劉鳳君先生在論及唐墓線刻技法時，即將永泰公主墓石槨線刻的技法定為「不用減地」的平面陰線雕法，〔註 41〕這可能是由於劉先生並未實地考察，而只以拓片論之。

為了使減地與推刻線條相協調，刻工使用平鏟推刻技法。由於石材硬度大，用力上較難把控，刻工使用一種以手控刀、以肩用力的肩刻刀。肩刻刀的長度約為五十公分，前部刀頭為兩公分寬（依據永泰公主石槨減地的刀痕測量），厚度約為一公分的平面雙刃鏟（圖 3-2-13）。這樣的刻刀推行的夾角更小，較易掌控推刀力度及方向，使的推行更為平滑，刻面更為平整。（圖 3-1-14）

（圖 3-2-13）傳統雙刃推刀頭

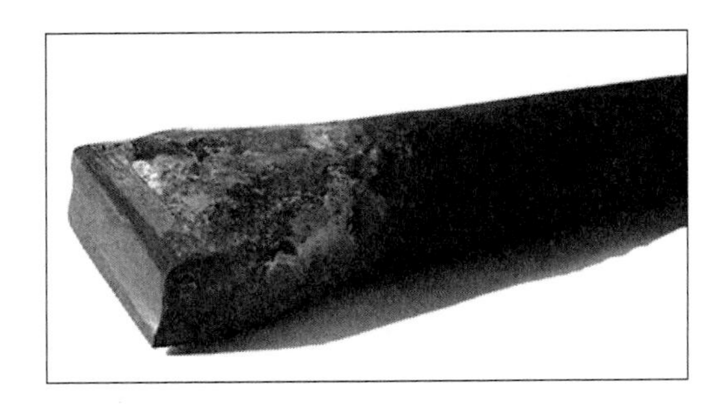

〔註 41〕劉鳳君，《考古中的雕塑藝術》，山東畫報出版社，2009 年 4 月，254 頁。

（圖 3-2-14）尖刃刀與平面雙刃刀用力角度示意圖示意圖

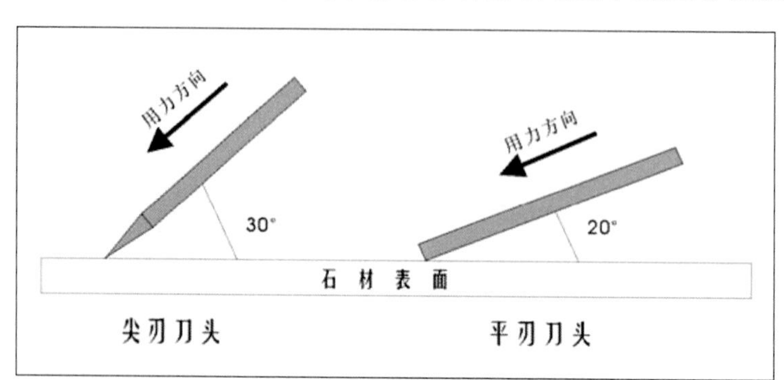

爲了使減地與主體線刻形象的結合不會產生突兀感，刻工在輪廓刻線的邊緣與減地結合部斜刻出 30 度的斜角（圖 3-1-15），避免了畫像石式減地與刻線生硬的對接。

（圖 3-2-15）永泰公主墓石槨東向中間局部

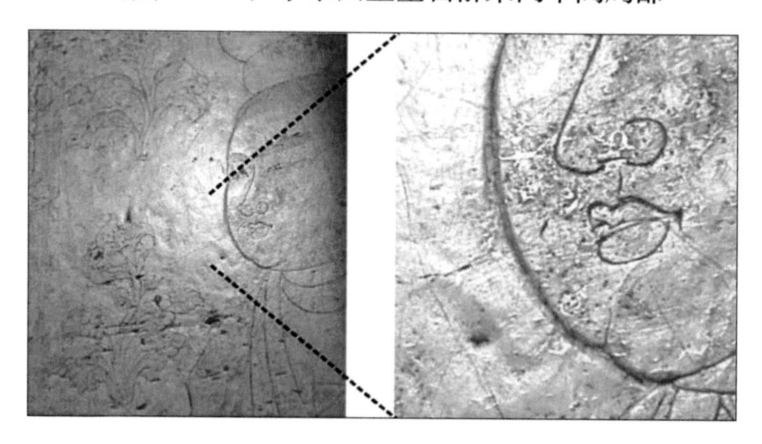

就線刻而言，這一時期推刻線條的流暢性加強了，雖稍有粗細變化，但並非有意爲之。同期的懿德太子、章懷太子墓等石槨線刻中均屬同類技法。

盛唐時期流行的粗細略有變化的繪畫線型，對推刻技法增加了更大的難度。開元九年（721 年）的薛儆墓石槨人物線刻，爲了模擬這種粗細變化更加明顯的繪畫線型，刻工將刻刀刀頭改進成大方棱形狀。與傳統尖刃刀相比，在同等壓力下可使線型加寬（圖 3-2-16），以適應樣本中線型粗細的變化。在入刀、行刀、收刀的環節上施以壓力變化來適應繪畫線型，將以往入刀至收刀的平均用力發展爲微力入刀、重力行刀、微力收刀或重力入刀、微力收刀的新推刻技法。另外，在同一畫面中，對粗細不同的刻線使用了刀口寬窄不同的刻刀，使刻線變化更加豐富（圖 3-2-17）。

（圖 3-2-16）方棱刀與尖刃刀壓力對比示意圖

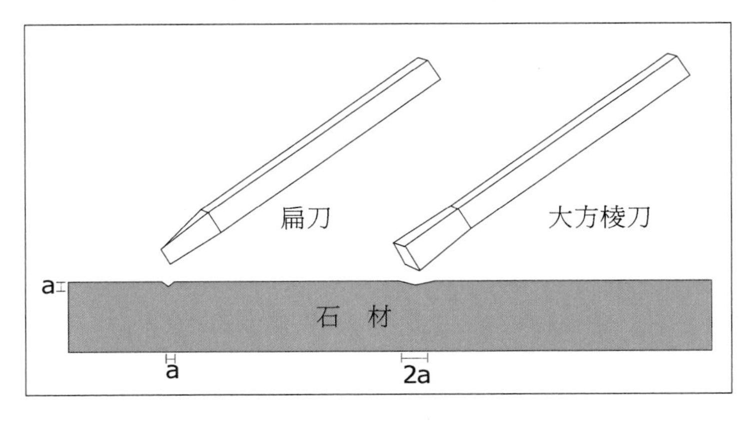

（圖 3-2-17）

左：薛儆墓石槨內壁北向西間壁板局部；右：薛儆墓石槨外壁北向東間壁板局部

3、自主風格的確立（以刀代筆）（724～748 年）

隨著石線刻在盛唐時期鼎盛發展，線刻勒石在模仿繪畫的同時也需要社會對其自身價值的認可。經過石刻技法及對繪畫理解度的提高，刻工已不滿足於完全模擬繪畫的表現，亦需要線刻自身藝術價值的體現。

毛筆具有較強的彈力，在與紙面接觸時由於垂直用力不同，會產生線型粗細的變化。而刻刀則不具備這種彈性，與石材以硬觸硬，推刀時的反作用力較強。在石面推行時如果施以不同的垂直用力就會使推行速度發生變化，刻線的流暢性就會減弱。另外，由於刃形刀頭較寬，在推刻轉彎時必須調直刀頭，使得勻速推刀的速度產生停頓。爲了彌補這些不足，刻工將傳統的刃形刀頭改進成直角的小方棱形刀頭，以刀頭的直角尖部刻線，刻刀轉彎時不必調正刀頭，保證了行刀的連貫，使線形保持流暢的一致性，同時還減弱了刻線的垂直力度，以保證刻刀在石面上滑行順暢，使畫面中的線型形式保持統一協調。成於天寶元年（742 年）的李憲墓石槨人物線刻，均爲輕勻細線刻成，線形流利順暢，充分發揮石材特性，但刻線依然具有繪畫線型特徵。

（圖 3-2-18）王賢妃墓石槨線刻局部

刻工在行刀時，如果意念中還保留著模擬繪畫線型的觀念，行刀就會受到阻礙，無法達到酣暢淋漓的狀態。天寶五年（746 年）王賢妃墓石槨人物線刻（圖 3-2-18），更加注重勒石自身材質特性的體現，刻刀的垂直壓力減弱至最小，並減少線條的硬性轉折，多施以弧形刻線，使得刻線得以自由發揮，線型極具勒石質感。就勒石技法而言，王賢妃墓石槨人物線刻從單純模仿毛筆效果轉向「以刀代筆」發揮石材特質的勒石技法，更加注重本體特性的抒發。這種轉化標誌著石線刻具有了自身獨立的性格，同時也標明了石線刻技法的成熟。

唐代石線刻是由漢畫像石中脫胎而出，與各時期不同審美觀念及繪畫表現的發展相互關聯。藝術界一直對石刻線畫的屬性是雕塑還是繪畫頗有爭議，其最大的爭議點就是石線刻的材質及工具性質。就刻石技法而言，漢代畫像石採用鑿刻方式，顯然屬於雕塑的技法表現範疇。而石刻線畫的推刻勒石技法則與繪畫中毛筆的行筆方式基本相同。這種技法上的變化，看似微不足道，但確是促成由雕塑性刻石向繪畫性刻石轉變的巨大變革。

石刻線畫無論從石材選擇和工具使用方式上都具有強烈的繪畫屬性。作爲一種以刀代筆、以石爲紙的藝術，與繪畫有著較多的相通性，其行刀方式、刀型變化及造型塑造都是追隨繪畫的轉變而變化。畫史中常謂的「屈鐵盤絲」、「彎弧挺刃」、「力健有餘」等描寫繪畫線條有力、遒勁之詞，用在石刻線畫的線形表現上則更爲恰當，眞正能達到「遒勁」的效果莫過於此，〔註 42〕這才應是稱線刻爲「畫」的根本原因。

唐代石槨人物線刻的勒石技法，經歷了唐初魏晉技法的整合、中期「以刀擬繪」發展，至天寶時期形成「以刀代筆」的獨立性格。標誌著石刻線畫特有風格的成熟。

〔註 42〕劉鳳君，《藝術考古中的雕塑》，山東畫報出版社，2009 年 4 月，24 頁。

第四章　造型法則

第一節　唐墓石槨人物線刻的類型化造型

對特定歷史時期的藝術進行考察時，我們可以忽略這些作品的作者，但是卻不能忽略在這一時期人文境域限定下，作品中所體現出的文化特質。而當繪畫形成程序之後，其原初所具有的含義也便逐漸消退、轉變或僅僅作爲形式技法得以流傳。然而，大多學者則會對每一幅作品當中的每一細節，極盡方法的勾陳出其背後所隱之歷史涵義，「往往會在形式與意義之間失去平衡」。〔註 1〕特別是以審美爲主要目的的唐代人物畫，其造型法則除了因程序滯後所延續的含義之外，往往會在審美習慣上製造表現形式。所以，在對唐代人物畫研究時，形式與意義的匹配應適度，否則，一味的深究「意義」不免會失於穿鑿。

傳統人物造型不單是局限的個體表現，同時又具有一種普識性特徵，這種特性是以傳統哲學觀念爲基礎的類型化人物形象。唐墓石槨線刻人物，便有著強烈的以文化觀念來設定人物造型的定型分式現象，是藝術家對各種造型元素進行主觀條理化和規則化的表現定式。

中國傳統人物畫家在作畫時，首先關注的是「相」，其後才是「形」和「體」，蘇軾在《傳神記》中說：

傳神與相一道。〔註 2〕

〔註 1〕繆哲，《以圖證史的陷阱》，《讀書》，2005 年第 2 期，143 頁。

〔註 2〕1、(宋) 蘇軾，(明) 矛維編，孔凡禮點校，《蘇軾文集》第十二卷，中華書

《寫像秘訣》開篇即言：

凡寫像須通曉相法。〔註 3〕

相術是傳統方術的重要顯現，是中國古代社會人們認識常識的一種體現。〔註 4〕商周之後，相術日臻完備，〔註 5〕西漢之後，相術成爲一門具有獨特理論體系的學問，同時出現了專門相書〔註 6〕和從事相術活動的相士。相術是古人綜合陰陽五行、易經八卦、風水、天象等前科學知識，與人的形體、姿態、氣色、表情等外在表現相對應，用以推斷人的命運、福禍以及性格。它既是古人擇婿、娶婦、用人的佐證，也是歷代帝王選妃取仕的標準之一。其中雖然包含了一部分古代巫術的因素，但大部分還是具有在當時相對先進的科學性。

人的形體一方面是一種自然現象，另一方面它在社會中存在，與當時人們的理解態度有著直接關係。美國心理學家威廉・詹姆斯在論述神經系統與心理經驗時說，物質與非物質之間存在著等同的關係。〔註 7〕中國傳統觀相術亦認爲，人的外在表現與人的內在素質具有同一性。

相人術在中國古代社會相當普及，甚至普通民眾都具有一些相人的簡單知識，這種普及現象的基礎就是，它必須具備一種相當便捷的操作手段來支持。古代相術家經過長期實踐，將這種看似複雜的哲學觀念轉化爲一種具有操作性的視覺形態，從人的外在形象特徵上進行性格化的總結分類。即通過

局，1989 年 3 月。2、周積寅，《中國畫論輯要》，增訂本，江蘇美術出版社，2005 年 7 月，197 頁。

〔註 3〕潘運告編注，《中國歷代畫論選》，寫像秘訣，湖南美術出版社，2007 年 1 月。

〔註 4〕彭德，《中國美術理論研究中的幾個問題》，《成就與開拓——新中國美術 60 年學術研討會文集》，文化出版社，2009 年 9 月，139 頁。

〔註 5〕傳統觀相術的產生年代已不可考，理論界普遍認爲，「觀相」意識在商周之前人們思想中就已存在，其理論佐證主要來源於《山海經》中大量的類似觀相的記載，如：「聖人有異像」等。另外，《竹書紀年》載：「黃帝生而能言，龍顏有聖德。顓臾首戴干戈。帝堯眉八彩，面銳上豐下。帝舜目重瞳，龍顏大口。……」《五帝外紀》載：「伏羲人首蛇身，神農人首牛身，后稷枝頤異相……」。《五帝外紀》，引自田海林、宋會群輯點，《中國傳統相學秘籍集成（上）》，貴州人民出版社，1993 年 10 月，3 頁。

〔註 6〕唐代相書基本分爲 9 卷 35 篇（敦煌本《相書》）。王晶波、鄭炳林，《敦煌寫本相書校錄研究》，民族出版社，2004 年 12 月。

〔註 7〕參見（美）威廉・詹姆斯，李紅豔譯，《心理學原理》第六章，中國城市出版社，2003 年 2 月。

觀察大量人群的外在形態及性格特徵，利用歸納法總結出人的性格與人的某一外在特徵相對應的概率比例，並進行量化分析，從而建立起一種人物性格觀察程序。在旺茲拜克・波頓所設的心理例證中，可看出這種由於特徵概率在人的心理所產生的觀念定勢：

> 假定有一百名男子，經過檢驗之後，證明他們都很膽小，而且一嚇就跑。我們還假定，凡是這樣膽小的男子，臉上都長著一顆肉贅（我並不是說凡是臉上長著肉贅的都是膽小鬼，我這個假定僅僅是爲了說明眼下的問題）。在我知道上述情況之後，假定某一天有一個人突然闖進了我的房間，進門之後就大罵我卑鄙無恥，並把口水吐在我的臉上，這時我不得不站起來，準備與他拳鬥，但我又不敢肯定自己究竟會輸還是能贏，所以還有點猶疑。正在這時，我猛然發現在他的鼻子上長著一顆肉贅，我便不再有絲毫猶疑，立即勇猛地向他撲去。當然，我並沒有打著他，因爲他早已嚇得抱頭鼠竄了。這樣一個過程完全可以代表觀相術中發生的主要事情。當然，以上描述的這一對膽小鬼的判斷過程，也許顯得太慢了一點，但它與一般的觀相活動相比，還是十分相似的。〔註8〕

中國傳統觀相術是一種綜合規律的觀察方式，採用的是定性的分析方法，根據人的各種體徵表現來確定人物的性格、命運。漢代王充在《論衡》中曰：

> 人有壽夭之相，亦有貧富貴賤之法，俱見於體。故壽命修短皆稟於天，骨法善惡皆觀於體。〔註9〕
>
> 人身體形貌，皆有象類；骨法角肉，各有分佈，以著性命之期，顯貴賤之表。〔註10〕

這種量化分析在人的面部對應爲「眼相三分，天庭三分，地角三分，耳鼻嘴共一分等，」並據此將人的自然形態特徵進行類型化的形象歸納。如，人的吉像特徵爲：

> 頭骨堅實、髮際高、額頭方廣、眉毛細平而長、上下眼皮寬闊豐厚、眼長而深、眼黑如漆、眼含神不露而灼然有光、鼻梁聳直、

〔註8〕（美）魯道夫・阿恩海姆，滕守堯、朱疆源譯，《藝術與視知覺》，四川人民出版社，2006年，606頁。

〔註9〕黃暉譯，《論衡校釋》，中華書局，1990年2月，46頁。

〔註10〕（東漢）王符，《潛夫論》，相列篇。

鼻頭豐大、鼻唇溝左右展開、人中寬深通達、唇紅如丹或紫而光亮、耳輪平厚、耳垂豐厚、五官端正、色澤明快、表情嚴峻、胖人短頸、瘦人長頸、胸背如龜、下腹隆起、上身長而下身短、行止安詳等。〔註 11〕

人的凶像特徵爲：

體大頭小、頭尖、髮際低、額頭偏斜狹窄、面部色澤灰暗發青、眉無毛、眉毛深重粗亂、雙眉相交、眼無神、眼白四露、眼大而凸、眼圓而怒、眼角多紋、鼻無梁、鼻梁彎曲凹陷、鼻孔朝天、鼻頭尖薄、鷹鉤鼻、鼻唇溝入口、人中淺狹壅滯、耳薄、無耳輪耳垂、耳邊無鬢、嘴唇尖撮、口大唇薄、唇昏黑髮青、下巴短、下巴尖、性暴神驚。〔註 12〕

人與生俱來就具備一種將圖像與現實關聯的「等效關係」〔註 13〕，相術所形成的普識性形象共識，自然會反映於藝術造型之中。《孔子家語》載：

孔子觀乎明堂，睹四門墉，有堯、舜之容，桀、紂之像，而各有善惡之狀，興廢之誡焉。〔註 14〕

孔子在古帝王畫像中之所以能看出人的性格、善惡之狀，既是相法在人物畫中應用的實例。

顧愷之在《魏晉勝流畫贊》中評《小列女》亦曰：

且尊卑貧賤之形，覺然易了。

中國古代藝術家正是依據這種社會共識，把類型化的人物化爲藝術化的視覺形態，創造出了各種典型的普識化人物造型，相術因此也就成爲塑造人物外在形象的一種重要理論參照。

中國傳統畫家並非無視現實人體的體積結構，只是被強大的人文觀念所覆蓋，使得不能像西方理性造型中的體念觀念得以凸顯出來。特別是相術中的「骨相」在傳統人物畫被賦予爲精神、氣質的體現。

〔註 11〕參見：1、王玉德，《神相全編——相術注評》，貴州人民出版社，1993 年 10 月。2、李零《中國方術考》，東方出版社，2001 年 8 月。

〔註 12〕參見：1、王玉德，《神相全編——相術注評》，貴州人民出版社，1993 年 10 月。2、李零《中國方術考》，東方出版社，2001 年 8 月。

〔註 13〕（英）E·H 貢布里希，林夕、李本正、范景中譯，《藝術與錯覺——圖像再現的心理學研究》，浙江攝影出版社，1987 年 9 月，288 頁。

〔註 14〕李來源、林木編，《中國畫論發展史實》，孔子家語，觀周，上海人民美術出版社，1997 年 4 月，3 頁。

張彥遠在「論六法」中說：

> 夫象物必在於形似，形似須全其骨氣；骨氣皆本於立意，而歸乎用筆。

前兩句看似要以注重骨點來使對象「形似」，而第三句則點明其要點，即是在作畫前必須先對人物形象加以主觀設計。而這種「設計」所依據的既是傳統觀念中的普識性形象特徵。顧愷之亦曾云：

> 美麗之形，尺寸之制，陰陽之數，纖妙之蹟，世所併貴。〔註 15〕

可見，傳統繪畫人物造型中的「骨」，並不是對現實人物的直觀描寫，它是將傳統觀念附加在現實人物形象之上，將人體具體部位的「骨相」集合而成。這種集合必然會形成一種概念化的表現形式，所以，中國傳統繪畫造型與寫實性的人物繪畫表現有著本質的區別。

傳統人物畫所普遍應用「三庭」、「五眼」之類的定形術語，原本就是相術用語。王繹在《寫像秘訣》曰：

> 蓋人之面貌部位與夫五嶽四瀆，各各不侔，自有相對照處，而四時氣色亦異。彼方叫嘯之間，本眞性情發見。

這種受相法影響人物類型化造型程序，與天人合一的中國文化背景有極大的關係。北魏司馬金龍墓漆木屏風畫與傳爲顧愷之《列女仁智圖》中「所繪女性形象都是承載著儒教道德說教意味的抽象的「列女」，她們身材扁平，面容酷似，不是具體的有個性的女性，而是一種符號」〔註 16〕。

唐之前的人物造型，並沒有體現出具體某一人具體形象特點，而是表形某一類人的造型規範。使得畫面當中的人物具有了一種人們普識性的固定表現形式，這種帶有明確指向意義具有符號性質的單元組合，其整體富有意義地表示爲一種「指涉、再現和意義」〔註 17〕的構成組合結構，它是人類繪畫早期的表意性表現形式的必然現象。

這種傳統造型法則並不是一成不變，它是一種動態的模式，隨時間的推移和觀念的轉變而變化。唐代社會在延續傳統觀念的同時，又能敞開國門吸

〔註 15〕 顧愷之，《魏晉勝流畫贊》。

〔註 16〕 楊效俊，《從西安地區唐墓壁畫中的女性看初唐的繪畫風格》，《陝西歷史博物館館刊》第十五輯，三秦出版社，2008 年 11 月，265 頁。

〔註 17〕 曹意強，《圖像與語言的轉向——後形式主義、圖像學與符號學》，《藝術史的視野——圖像研究的理論、方法與意義》，中國美術學院出版社，2007 年 8 月，418 頁。

納異族意識形態，相互融化。唐代的平面人物造型形式受到這種意識形態的影響，使得它既與傳統程序保持協調又具有較強的獨立性及開拓性。

唐代石槨人物線刻既是這一特定時期特有現象的縮影。傳統社會的尊卑思想與唐代石槨人物線刻造型的表現所同步。藝術家不但以體徵來區分人物的地位尊卑，同時還確定了造型中的人物正側分類法則，用以體現人物的尊卑：尊者多以正面形象，卑者則多以側、背爲主。〔註 18〕

石槨線刻中人物的胖瘦、大小與其身份地位相關聯。刻於懿德太子墓和永泰公主墓石槨正面石門之上，身份較高的戴步搖侍女和梳半翻髻侍女的體型及臉型明顯胖於石槨上的其它侍女。薛儆墓石槨外壁西向北間（圖 L-14）、外壁西向中間壁板的著冠侍女（圖 L-15）、內壁東向南間壁板的梳高髻侍女（圖 L-1）及李憲墓石槨線刻中著裙裝的身份較高侍女，明顯胖於身份較低的男裝侍女（圖 P）。另外，在同一個畫面中出現的兩個侍女，身份較高的侍女體型明顯要比身份低的侍女高大（圖 4-1-1），而身份相當的侍女體量則基本相同。

對於具體人物形象，藝術家則利用具有傾向性的普識形態來塑造。例如，以人們對閹人的鄙視性理解，利用收縮、乾癟、凹進等塑形手段，將宦官形象設定爲弓腰、瘦弱、諂媚的猥瑣形態（圖 4-1-2），傳統美女

（圖 4-1-1）
同一畫面中人物尊卑
不同其體量也有區別

（圖 4-1-2）韋頊墓石槨
線刻對持笏板宦官

〔註 18〕（明）周履清，《天形道貌》，俞劍華編，《中國畫論類編》，人民美術出版社，1986 年 12 月，496 頁。

的標準眼形「媔目」亦在唐墓石槨所有侍女形象中得以應用。再如，傳統觀相術認爲女性以「肉多而骨不大者」〔註19〕爲「好女」，這一點在盛唐石槨人物線刻中，以肥爲美的侍女身上表現得尤爲明顯。另外，傳統女性審美的細腰觀念〔註20〕在此時的平面人物造型中得以繼續保留。如：初唐韋詢墓石槨的東向南間（圖4-1-3-A）和東向北間（圖4-1-3-B）壁板線刻與盛唐薛儆墓石槨內壁西向中間（圖4-1-3-C）、內壁西向南間（圖4-1-3-D）壁板線刻中的側身線刻侍女，她們的束腰裝束表明唐代女性對細腰的追求。唐代石槨人物線刻中亦有與早期傳統造型傳統相悖之處。受胡風影響，人物體形無論男女多以健壯爲美，改變了漢魏以來「秀骨清像」的體態特徵。特別是盛唐伊始，趨於肥美的表現發展至極致。

（圖4-1-3）唐墓石槨線刻中的束腰侍女

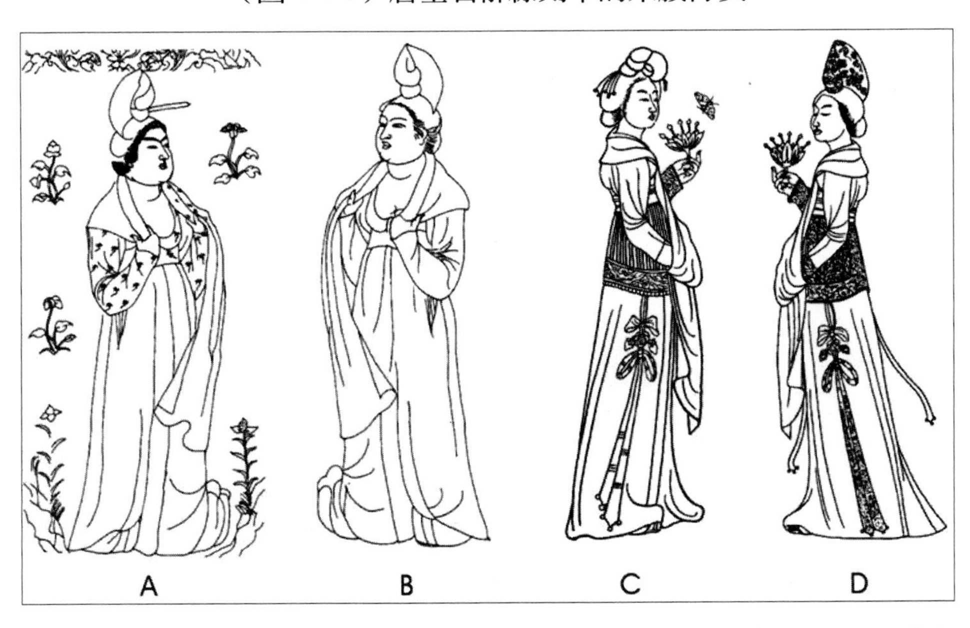

A、韋詢墓石槨東向南間線刻；B、韋詢墓石槨東向北間線刻；C、薛儆墓石槨內壁西向中間線刻；D、薛儆墓石槨內壁西向南間線刻。

〔註19〕1、（西魏）孫思邈，《千金方·房中補益》，《玉房秘訣》。源自李零《中國方術考》，東方出版社，2001年8月，518頁。2、湖南長沙楚墓出土的《龍鳳人物圖》帛畫中婦女細腰的形象與「楚王好細腰」的記載相符。

〔註20〕楚辭《大招》中謂美女體型曰：「小腰秀頸，若鮮卑只。」《廣弘明集》，卷第二十九上謂美人形象：美目清揚，巧笑蛾眉。細腰纖手，弱骨豐肌。附身芳潔，觸體如脂。

唐代石槨人物線刻（包括唐代人物畫）中的人物類型化造型法則，並不是由知覺對象本身的這些由「技術」直觀翻版「客觀人物」性質本身傳遞的，〔註 21〕而是由線刻人物造型中的具有明顯傾向性的典型化特徵，與觀者神經系統中的類型性社會經驗相切合所形成的普識性平面造型。與觀者的感知和心理產生共鳴，得以在藝術造型中體現出「視覺力中的表現性含義」，〔註 22〕正如葉瀚所說，「美術關乎社會文明之征兆。」〔註 23〕唐代石槨線刻中的人物類型化造型程序，即是唐代社會秩序的形象再現。

第二節　唐代石槨線刻人物與審美風尚

一、從秀骨清像到面短而豔

唐代之前人物畫更多負載的是社會意義，而有唐以來，則增加了更多的獨立審美意識。初唐人物畫是在魏晉南北朝所形成的多元化風格基礎上綜合演化而成，歸納起來，大體有兩種審美風尚對唐代人物畫影響最大。其一，以陸探微、顧愷之爲代表的「秀骨清像」，其二，張僧繇等人所創疏體的「面短而豔」審美風尚。

李壽墓人物線刻中的侍女形象，身材纖小、清瘦，面部表情寧靜，整體人物透出一種清秀之美，明顯具有「秀骨清像」的審美特徵（圖 A）。相同的風格還見於永徽二年（651 年）陝西禮泉段蕳壁墓壁畫，侍女臉型圓潤，身姿修長，姿態嫻雅，著束胸長裙，肩搭披帛。線條勻細，畫工一絲不苟，甚至侍女軟履上的花紋也描繪清晰，無「一毫小失」，（圖 4-2-1）。高宗上元二年（675 年）李鳳墓甬道東壁第一幅的雙手持扇侍女（圖 4-2-2）和甬道西壁第一幅腋下夾茵褥的侍女（圖 4-2-3）形象，亦有顧、陸工謹之風。

「秀骨清像」的造型審美觀與魏晉玄學的盛行有著直接關聯，通過人物清雅脫俗的藝術形象，來達到追求人格超凡脫俗的精神境界。「秀骨清像」最早盛行於南朝，魏晉南北朝時期由於北方戰亂不斷，北朝爲外族所統治，漢族文化與外來文化相互衝擊，而南朝則相對完整地延續了傳統文化。隨著南

〔註 21〕參見（美）維爾納·海納斯的，《精神發展的比較心理學研究》，芝加哥版，1948 年，67～82 頁。

〔註 22〕（美）魯道夫·阿恩海姆，滕守堯、朱疆源譯，《藝術與視知覺》，四川人民出版社，2006 年版，611 頁。

〔註 23〕葉瀚，《中國美術史》第五章，國立北平大學第一師範學院，民國鉛印本。

（圖 4-2-1）
陝西禮泉段
蕳壁墓壁畫摹本頁

（圖 4-2-2）
李鳳墓甬道
東壁持扇侍女圖

（圖 4-2-3）
李鳳墓甬道
西壁夾茵褥侍女圖

北逐漸交融，南朝流行的「秀骨清像」審美觀念順勢北上中原。江蘇南京西善橋宮山南朝墓中出土的南齊《竹林七賢與榮啓期》模印磚（圖 4-2-4），既是其中典型。由宋入齊的「秀骨清像」代表陸探微在南齊畫壇頗具影響，《歷代名畫記》載，他曾作《孝武功臣竹林像》及《榮啓期、孔顏圖》，而「竹林七賢與榮啓期」則是當時流行的圖畫樣式，由此推斷，《竹林七賢與榮啓期》模印磚的樣本很可能與陸探微等齊梁畫家有關。

除了受到「秀骨清像」審美風尚的影響，另外一種疏體「面短而豔」

（圖 4-2-4）
《竹林七賢與榮啟期》局部

的形式風格對唐代人物畫的影響更大。「面短而豔」是繼東晉至齊「秀骨清像」流行風習之後，盛行於南朝後期的人物造形審美觀，〔註 24〕以蕭梁時期的張僧繇爲代表。米芾在其《畫史》中說：

> 張（僧繇）筆天女宮女面短而豔，顧乃深靚爲天人相。

張懷瓘在《畫斷》中說：

> 象人之美，張（僧繇）得其肉。

可知，「面短而豔」所體現出的是一種圓面多肉、體形豐腴的人物形象。與俊秀飄逸、超凡脫俗的「秀骨清像」相較，「面短而豔」的造型更接近現實人物。

齊梁時期，由於士族門閥制度的衰落，以老莊思想爲核心的玄學風尚隨之消散。北方新興的貴族階層大多出於寒門或富商，他們的文化素質與之前的門閥士族截然不同，對於玄學精神很難理解，熱衷於追求感官的愉悅與刺激，而相對完整的南朝文化則被認爲是「正朔所在」〔註 25〕，這也是張僧繇一派流行南北的原因之一。從中國傳統人物畫的演變歷程來看，「面短而豔」的審美風格開端於南朝末期，成熟於唐代，初唐畫家閻立德、閻立本、范長壽，盛唐吳道子、周昉等均受到「面短而豔」審美特性的影響。

初唐鄭仁泰墓石槨上的男侍線刻（圖 B），體態較豐，臉部豐潤圓滿，顯然是張派與佛畫形式的綜合體。李晦墓石槨人物線刻（圖 C）與契苾明墓石槨人物線刻（圖 D）的侍女造型，雖然臉部具有典型的「面短而豔」特徵，而體態則還存有「秀骨清像」的遺韻。

武周（690～705 年）之後的永泰公主（圖 E）、懿德太子（圖 F）與章懷太子墓石槨線刻（圖 G）中的侍女形象，除了受到「疏體」影響之外，還與對唐影響至深的鮮卑等游牧民族的審美觀有所關聯。這些侍女豐滿適度、體態健康，臉龐圓潤多肉，顯然受到草原游牧民族「以胖爲美」的影響。李鳳墓甬道壁畫中的梳單刀髻侍女（圖 4-2-5），無論是體形和臉部都呈現偏胖現象，章懷太子墓前甬道東壁壁畫的侍女則顯得更爲豐碩、飽滿（圖 4-2-6）。

開元初期，胡服在婦女中盛行，在現可取樣的韋氏墓石槨人物圖像中，著胡服的侍女形象幾乎佔了一半數量。另外，韋氏四座石槨線刻的侍女還顯

〔註 24〕江梅，《六朝美術中人物審美的演變》，《東南文化》，1993 年第 5 期，193 頁。

〔註 25〕（唐）李百藥，《北齊書》，卷二十四，杜弼。原文：「江東復有一吳兒老翁蕭衍者，專事衣冠禮樂，中原士大夫望之以爲正朔所在。」

（圖 4-2-5）李鳳墓
甬道梳單刀髻侍女

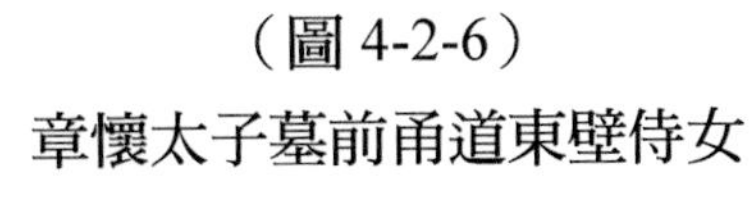

（圖 4-2-6）
章懷太子墓前甬道東壁侍女

（圖 4-2-7）
韋詢墓石槨東向
北間壁板線刻侍女

（圖 4-2-8）
韋詢墓石槨東向
北間壁板線刻侍女

（圖 4-2-9）
韋頊墓石槨逗戲鸚鵡圖

示出一個特殊現象，著裙裝的高級別侍女體型偏胖，如，韋詢墓石槨東向北間壁板線刻侍女（圖 4-2-7）、韋頊墓石槨觀飛鳥圖中梳高髻侍女（圖 J8）等。而著胡服的侍女則體型較瘦，如，韋詢墓石槨西向北間壁板著冠侍女（圖 4-2-8）、韋頊墓石槨逗戲鸚鵡圖中著胡服侍女（圖 4-2-9）等。可見胡服並非流行於高級貴婦當中，胡服侍女偏瘦的現象更多體現的是社會尊卑觀念。

在這一時期的人物畫中，高級女性人物偏胖趨勢日漸增長，例如，韋洞墓後室北壁壁畫東起第二幅頭梳螺髻，身著半臂，窄袖襦裙的侍女（圖 4-2-10），體格肥壯，尤其侍女頸部刻畫的異常臃腫。此時的人物形象已徹底改變南北朝時期的脫俗神貌，形象豐腴、形態多姿，在畫面中滲入了更多的現實情感。

（圖 4-2-10）韋洞墓後室北壁壁畫東起第二侍女

二、豐肥妍美

開元中期以後的石槨人物線刻和墓室人物壁畫中所描繪的人物形象，不僅臉部豐腴飽滿，整體身材也趨於豐滿肥胖。特別是天寶以後，這種尚肥的趨勢愈加明顯，此時唐人的審美觀念已發生了實質性轉變。〔註 26〕

盛唐伊始，社會經濟空前繁榮，杜甫在《憶昔》詩中對當時的社會富足做了形象的描寫：

> 憶昔開元全盛日，小邑猶藏萬家室。稻米流脂粟米白，公私倉廩俱豐實。〔註 27〕

生活水平的提高必然易使貴族婦女身材偏於肥胖，此外，李唐家族本就具有北方鮮卑族血統，自然會在審美上趨於肥美。武則天正是以寬額、豐臉、圓潤重疊的頸項而贏得高宗所喜，而玄宗所愛的楊貴妃也是「濃麗豐肥」。慵緩富足成爲當時人們現實的追求，繼而引領著藝術創作的審美情趣。

〔註 26〕 李星明，《唐代墓室壁畫研究》，陝西人民美術出版社，2005 年 10 月，288 頁。
〔註 27〕 《全唐詩》，卷二百一十六，杜甫，憶昔二首。

盛唐時期對外交流達到了有史以來的巔峰，西域諸國的高大身材和高鼻梁、大眼睛以及佛造型的飽滿形象，對傳統審美觀念產生了強大的影響，促使「面短而豔」的審美趣味在此時得以極致表現。天寶伊始，無論是在石窟壁畫或墓室繪畫中，都呈現出一種祥和吉祥的氛圍，人物形象的圓潤、豐滿完全取代了類似「竹林七賢」瘦削、超脫的體態形象。周昉曾作《按箏圖》描畫楊貴妃，董廣川觀其畫後題跋曰：「嘗持以問人曰，人物豐穠，太真妃豐肌秀骨，今見於畫亦肌勝於骨。昔韓公言，曲眉豐頰，使知唐人所尚，以豐肌爲美，昉於此，知時所好而圖之矣。」雖然《按箏圖》已佚，但從傳爲周昉的《簪花仕女圖》中亦可見證盛唐時代婦女的豐肥體態。

作於開元九年（721 年）的薛儆墓石槨人物線刻，存在稍瘦的（圖 4-2-11）和偏胖的（圖 4-2-12）兩種侍女形象，其中偏胖者也並不過分肥胖。成於開元十五年（727 年）李邕墓第三過洞東壁南部兩個偏胖的逗鳥侍女（圖 4-2-13），其身材也並不顯得臃腫。而天寶之後的人物造型，統一的豐腴、肥豔。繪於天寶四年（745 年）的蘇思勖墓墓室北壁東半邊的侍女（圖 4-2-14）頭梳倭墜髻，雙手拱於胸前，身材高大豐滿，「具有肌豐而有餘，體妖而婉淑」的環肥

（圖 4-2-11）
薛儆墓石槨
內壁西向南間

（圖 4-2-12）
薛儆墓石槨
外壁西向北間

（圖 4-2-13）
李邕墓逗鳥侍女圖

（圖 4-2-14）蘇思勖墓墓室北壁東半邊所繪侍女

（圖 4-2-15）李憲墓石槨內壁北向東間壁板線刻

（圖 4-2-16）李憲墓甬道東壁由南向北第 8 位侍女

（圖 4-2-17）王賢妃墓石槨壁板線刻

特點〔註 28〕。天寶元年（742 年）李憲墓石槨（圖 4-2-15）和壁畫（圖 4-2-16）上的所有人物形象均是肥胖體形，特別是天寶五年（746 年）王賢妃墓石槨上的侍女形象不但肥胖，甚至臃腫（圖 4-2-17）。

第三節　佛造像對唐石槨線刻人物造型的影響

一、佛畫入華

魏晉南北朝時期，出現了三個對繪畫產生巨大影響的社會性因素，首先，東晉元興二年（404 年），桓玄〔註 29〕下令以紙代簡，至此，紙張成爲中國繪畫的主要材料之一，並由於紙張的平整度高，成本也較絹低的多，從而推動了繪畫在整個社會上的普及。並且，由於紙張易裁剪和易連接的特性，促使中國繪畫所特有的手卷、立軸形式，在此時應運而生。〔註 30〕其二，魏晉時

〔註 28〕申秦雁主編，《神韻與輝煌——陝西歷史博物館國寶鑒賞・唐墓壁畫卷》，三秦出版社，2006 年 6 月，218 頁。

〔註 29〕桓玄（369 年～404 年），字敬道，一名靈寶，晉時譙國龍亢（今安徽省懷遠縣西龍亢鎮北）人，漢族，東晉末期桓楚國建立者。

〔註 30〕張鵬川，《中國古代人物畫構圖模式的發展演變——兼議〈韓熙載夜宴圖〉的

期出現了專業的士大大畫家，他們的整體文化素養和身份地位遠高於一般畫工，從心理上對秦漢以來較為呆板統一的繪畫造型形式產生了強烈的牴觸情緒，在傳統繪畫中加入了更具個性的表現因素，推動了繪畫表現技巧的提高。其三，外來藝術在此時與本土藝術產生了強烈的碰撞，使得本土畫家不得不對習以為常的塑形方式重新進行審視。

以上三個因素當中，對繪畫本體影響最大的非印度佛畫莫屬，雖然佛教在漢初即已進入中國，但並未對中國傳統巫術及天地君親師的地位產生衝擊，佛教形象只是作為眾神之一員的形式出現，〔註 31〕這一點可以在漢畫像石的人物形象中得以印證〔註 32〕。佛教之所以能在中國傳佈，一是在於初期人們把它當作一方神怪，二是，佛教在宗教的意義上其實是無神的，佛教創立的直接原因是反對有神世界，在這種意義上，佛教是徹底的無神論，並以此奠定了功能主義世界觀的基礎。而其中的諸多觀念又與中國傳統儒、道、釋相契合。

秦漢時期的中國人物畫是本土畫家在相對封閉的狀態下隨慣性而發展，它是中國人物畫的傳統根基。進入魏晉南北朝佛教在中國逐步勢大，由西域傳來的佛教藝術，逐漸對中國的傳統造型藝術產生影響，促使中國人物畫與之前的本土造型觀念形成了截然不同的面貌，並在唐時趨於極致。

佛畫何時傳入中原？以史岩先生為代表的說法，犍陀羅藝術是由北齊時期進入中原的中亞畫家曹仲達所帶入：

> 北齊與北周作品中，偶而也可發現一些與眾不同的薄衣貼體的佛像，這種風格同北魏完全異趣，當是一處濕褶法，它來源於西域，由撒馬爾罕的曹仲達帶來中原。〔註 33〕

以此觀點而言，曹仲達來華之前，中原應不會出現犍陀羅藝術的影子，但從已發現的資料證實，魏晉早期就有印度佛畫出現，就此現象史岩先生並沒有做出解釋。任繼愈先生認為西漢末年，佛教經由西域傳入中國內地，東漢已較為流行。〔註 34〕從現有資料來看，西晉之初，北方佛教已發展至相當

製作年代》，《南京藝術學院學報》，2007 年第 3 期，24 頁。

〔註 31〕張強，《中國人物畫學》，河北美術出版社，2005 年 2 月，136 頁。

〔註 32〕漢畫像石中所刻的人物形象多為《水經注》中神怪及現實社會人物，極少出現佛教形象。

〔註 33〕史岩，《中國雕塑史圖錄》第二卷，總述，上海人民美術出版社，1987 年 3 月。

〔註 34〕任繼愈主編，《中國佛教史》第一卷，中國社會科學出版社，1985 年，45 頁。

大的規模，西晉前涼（301～376年）至北魏（396～439年）初期，北方胡族統治於青海、甘肅等部分地區，其都城便是中原與西域的交接點——涼州。由於其時中原地區常年戰亂，涼州刺史張軌統治的涼州地區較爲獨立，使得該地區成爲北方相對安全的地帶，胡族統治者提倡佛教，爲其興盛提供了良好的傳播基礎。《魏書》釋老志載：

涼州地接西域，道俗交得舊式。〔註35〕

在此期間，西域及印度僧人經常往來於涼州，隨著涼州地區佛教的盛行，犍陀羅藝術也在當地普及開來。敦煌莫高窟的第 268、272、275 三窟即爲北涼時期的犍陀羅代表樣式，可見魏晉初期佛畫即已相當普及。

北魏時期，佛教由於統治階層的信奉而逐漸在中原興盛，北魏開國皇帝道武帝（371～409年）在天興元年（398年）曾下詔：

夫佛法之興，其來遠矣。濟益之功，冥及存沒，神蹤遺軌，信可依憑。〔註36〕

北魏之後，儒家思想與佛教逐漸交融，犍陀羅藝術與中國傳統藝術結合，形成了褒衣博帶、瀟灑飄逸爲特徵的中原藝術風格，並成爲中國本土佛教藝術的開端。

彥悰《後畫錄》載：

曹（仲達）師於袁，冰寒於水。外國佛像，無竟於時。〔註37〕

張彥遠在《歷代名畫記》卷八說：

曹仲達本曹國人也。北齊最稱工，能畫梵像。官至朝散大夫。〔註38〕

張彥遠所說的「曹國」，據考爲中亞烏茲別克斯坦撒馬爾罕一帶，是昭武九姓粟特胡之一，其繪畫風格應是典型的西域畫風無疑。

曹仲達是在北齊時期進入中國的畫家，其活動年代應爲文宣帝高洋（550～559 年）時期至北周（557～581 年）初期，由此看來，曹仲達生活年代不會晚於 6 世紀。在此期間，中國佛教的造象形式已發展至褒衣博帶式的中原風格，純粹的犍陀羅式造像風格已遠不如之前盛行。所以，史岩先生認爲犍

〔註35〕（北齊）魏收，《魏書》，釋老志，中華書局，2003年。
〔註36〕（唐）釋道宣撰，《廣弘明集》，上冊，卷二，臺灣中華書局，1966年3月。
〔註37〕（唐）張彥遠，《歷代名畫記》卷八，曹仲達傳，錄唐彥悰《後畫錄》語，97頁。
〔註38〕（唐）張彥遠，俞建華注，《歷代名畫記》卷八，上海人民美術出版社，1964年，158頁。

陀羅樣式是由曹仲達引進中原，顯然在時間上是不具備條件的，只能說曹仲達是印度佛畫藝術在中國傳播的代表性人物。

雖然佛教在漢時即已傳入中國，但佛教藝術入華，是在魏晉之初隨著佛教的深入而傳入中原，佛畫隨之開始了它的東征。佛教在進入中國之後的傳播，並非是直線性推進，而是立體擴散性的演進，據考古資料顯示，佛教進入的線路主要為三條：一是西北路；二是東南路；三是西南路。〔註 39〕在這三條線路中以通過西域的絲綢之路為主線，又分為塔里木盆地南緣和北緣兩路，即漢西域南北二道（圖 4-3-1）。

（圖 4-3-1）佛教入華線路圖

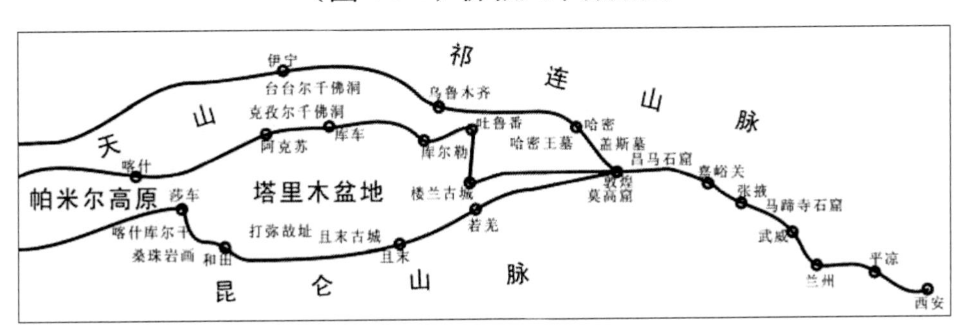

西域相連於印度，佛教美術主要是由此傳入中原。西域美術研究者李青先生在對米蘭藝術的特性深入分析後認為，米蘭藝術是犍陀羅繪畫的典型樣式，「從這個意義上看，在中國美術史中，所謂西洋繪畫東漸的時間可上溯到公元 2 世紀至 3 世紀，因為米蘭藝術是犍陀羅藝術及希臘羅馬藝術東漸的結果」。〔註 40〕潘欣信先生認為佛像的製造「是從公元 2 世紀的月氏貴族建立的貴霜王朝開始的，貴霜王朝定都犍陀羅，國王信奉佛教，佛教興，佛教藝術盛」。〔註 41〕從以上兩位先生的觀點可以看出，米蘭地區雖屬中國版圖，但其地區屬

〔註 39〕早期佛教傳播線路文章可參考：一，榮新江《陸路還是海路？——佛教傳入漢代中國的途徑與流行區域研究述評》，《北大史學》第 9 輯，北京大學出版社，2003 年 1 月。二，羅二虎《論中國西南地區早期佛像》，《考古》，2005 年第 6 期。三，吳廷璆、鄭彭年《佛教海上傳入中國之研究》，《歷史研究》，1995 年第 2 期。四，張曉華《對佛教初傳中國內地的時間及路線的再考察》，《史學集刊》，2001 年第 1 期。

〔註 40〕李青，《古樓蘭鄯善藝術綜論》，中華書局，2005 年 2 月，389 頁。

〔註 41〕潘欣信，《佛像「曹衣出水」藝術樣式淺析》《齊魯藝苑》，1999 年第 2 期，31 頁。

性及文化屬性上卻與中原大相徑庭。就其藝術表現而言，米蘭藝術幾乎是與健陀羅藝術同步發展的（圖 4-3-2、圖 4-3-3），就如長安藝術與洛陽藝術，雖然其各自的風格有些局部區別，但其發展規律及審美趨勢是基本相同的。

（圖 4-3-2）

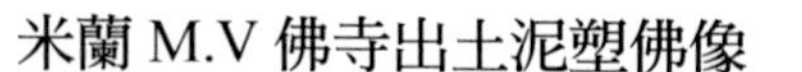

米蘭 M.V 佛寺出土泥塑佛像

（圖 4-3-3）

犍陀羅地區佛像，公元 2 世紀

公元二世紀左右，佛像首先在貴霜帝國的中心犍陀羅地區出現，而佛的形象則是直接借用了希臘藝術中阿波羅神形象，並貫以佛所特指的屬性。

犍陀羅地區相當於今巴基斯坦白沙瓦及其毗連的阿富汗東部一帶。公元前 326 年馬其頓亞歷山大帝國及巴克特里亞王國統治達 130 多年，公元 2～3 世紀，貴霜帝國時期，犍陀羅地區成為其統治中心。是以，犍陀羅藝術深受希臘、羅馬藝術的影響，並以其為基礎結合本土藝術塑造出了各種佛傳故事形象，形成了犍陀羅藝術的表現風格。其造像的典型特徵為：橢圓形臉型；眼窩深陷；眉毛細彎；嘴唇較薄；嘴角上翹；鼻梁與額頭呈直線平面連貫；表情平淡靜穆；眼睛微閉（圖 4-3-3）。身體比例與正常人相比較粗短，衣飾質感強烈，衣紋呈規律性貼身交疊。

隨著佛教及其它宗教在這一地區的廣泛傳播和流行，以及東西方貿易的交流，使犍陀羅地區成為多種文化的聚集地和融彙點，導致印度教、佛教寺院的大量興建和因此而盛興的犍陀羅式佛寺造像。隨後的印度笈多時代（約 320 年～550 年），是中世紀統一印度的第一個封建王朝，印度文化藝術得到了全面的發展，史稱印度歷史的黃金時代。這一時期的佛教藝術達到非常完美地步。細勻而富有韻律感的衣紋，透明的絲質袈裟，單純聖潔的形象，顯

（圖 4-3-4）釋迦牟尼立像

笈多王朝（5 世紀前葉）

示出佛教藝術極端理想化的藝術思想，這些造型表現出佛教的理想人格——高貴、典雅。同時，由於造像的過於完美而顯得缺乏生命活力，似乎脫離了現實的境界。

這是一種很奇特的藝術現象，在此之前由於希臘藝術的影響，印度藝術家對人物的刻畫基本上是以寫實爲基礎，雖然也有象徵性的內容出現，但基本上不會脫離對客體的直接模擬，注重人體自身結構特徵的表現。但到了笈多王朝，印度藝術家在對人體的思考中介入了佛教理念的因素，對客體的認識融入了新的內容。在對人物的刻畫中，思考的不僅是人體客觀特徵，而是注重將宗教教義注入其中，使觀者從神像造型中感到另一世界的生命力（圖 4-3-4）。因此，在造像中神性、人性、動物性、植物性等因素被融爲一體。5 世紀末，因入侵的嚈人摧毀佛寺，其雕像也隨之漸衰，但其餘流傳到 6 世紀，並對阿富汗的巴米揚石窟、中國新疆及內地、朝鮮、日本等地佛教美術產生巨大影響。

佛畫經由西域傳入中原後與中國傳統藝術交融，逐步趨於本土化，以曹仲達爲代表的漢化佛畫「曹衣出水」，即是流行於南北朝時的一種典型繪畫樣式。「曹衣出水」一詞是對以曹仲達爲代表的，受佛畫藝術影響並結合中國傳統繪畫觀念而創造出的「曹家樣」樣式專指。郭若虛引訴張彥遠之語對「曹衣出水」的表現形態做了解釋：

> 吳之筆，其勢圓轉，而衣服飄舉；曹之筆，其體稠疊，而衣服緊窄。故後輩稱之曰：「吳帶當風，曹衣出水」。〔註 42〕

按張彥遠的說法，必須具備線條稠疊、衣服貼體、服飾輕薄的特點才是「曹衣出水」的曹家樣。從形式表現而言，「曹衣出水」明顯區別於南北朝流行的另一種褒衣博帶的漢式造型形式。而在犍陀羅及馬圖拉二期藝術中也常

〔註 42〕（宋）郭若虛，《圖畫見聞錄》第一卷，論曹吳體法，湖南美術出版社，2000 年，37 頁。

見衣服貼體、服飾輕薄的形式，此外，在受到南印度教影響的東南亞佛教藝術造型中也表現出貼體的特徵。這種線條稠密和衣服貼體的表現，明顯是對現實的直觀寫照，在中亞、印度等地由於常年炎熱，人們的衣服質地較薄，極易產生貼體的效果。然而，「衣服緊窄」，從字面上的理解是衣服較窄、較瘦。但使人困惑的是，在現已發現的七世紀以前的中亞及中國的衣服實物卻都比較寬大。可見，張彥遠所說的「衣服緊窄」並不是指現實衣服的窄小，結合「其體稠疊」,「衣服緊窄」應是對「曹家樣」的造型手法的描寫，因此「造型藝術中視覺上的衣服「緊窄」並不代表實際生活中的衣服緊窄」〔註 43〕。在現實中，如果衣服窄小，衣服與身體就會比較服帖，不會產生較多皺褶，以繪畫來直觀表現，則不會有「稠疊」的線條形式。只有較寬大、輕薄的衣服才能在行動中產生較多「稠疊」的皺褶。在中亞及新疆等佛教盛行地區流行著一種毛織的上窄下寬長褲及百褶裙，隨腰至褲腳密佈豎褶，自然形成了稠密的折線。這種百褶裙、褲與在巴克特里亞發現的貴霜迦膩色迦一世雕塑立像的衣服質感極其相似，〔註 44〕與笈多時代的馬圖拉佛造像的袈裟，在形式感上也有較多的相似性。

（圖 4-3-5）
田邁造像——彌勒菩薩

一種畫風的形成是需要相當長的時間，如果將魏晉南北朝時期的人物畫作以平行排列，基本形成兩大類風格，一種是傳統風格，如：傳楊子華的《北齊校書圖》、傳顧愷之的《洛神賦》〔註 45〕、傳蕭繹的《職供圖》、元謐石棺線刻；寧懋石室線刻等。而

〔註 43〕李青，《古樓蘭鄯善藝術綜論》，中華書局，2005 年 2 月，392 頁。

〔註 44〕（法）哈爾馬塔主編，徐文堪譯《中亞文明史》第二卷，中國對外翻譯出版公司，2001 年，273～277 頁。

〔註 45〕雖然傳顧愷之的《洛神賦》借鑒了凸凹畫法，但是其造型的形式還屬於中國傳統的造型風格。

另一種風格，明顯借鑒了犍陀羅的規律性排列用線形式和「出水式」造型特點，如：田邁造像的彌勒菩薩線刻（圖 4-3-5）和升仙石棺的男女升仙線刻等。

（圖 4-3-6）升仙石棺——男子升仙

升仙石棺的男女升仙線刻，人物的身體凸凹有致，衣服貼合人體，類似於犍陀羅「出水式」的表現特徵，只是在人物面貌及服飾上採用了中式元素。在人物的服飾表現上明顯具有中亞風格及犍陀羅符號化、秩序化表現的特徵，只是加入了「衣服飄舉」的中國傳統表現形式。基本可以判定，這種帶有西亞造型風格的本土線刻即是曹家樣的原型（圖 4-3-6）。傳統的魏晉人物繪畫多是寬衣博帶樣式，講究整體概念化的「勢」態，不刻意追求人體結構的表現。而「曹家樣」中的人物造型注重人體結構及畫面秩序性的表現，注重人體結構及服飾表現規律性的形式表現。通過對比可以看出，「曹家樣」顯然是綜合了多種造型風格而成形的漢式佛畫。（附表 4-1）

附表 4-1：曹家樣與其它樣式對比表

樣　　式	表現特徵一	表現特徵二	表現特徵三
曹家樣	衣服貼體	線條稠疊	服飾輕薄
希臘樣式	有	無	無
貴霜時期樣式	有	無	有
笈多馬圖拉樣式	無	有	有
東南亞形式	有	無	有
西域形式	有	無	有
漢式	無	無	無

「曹家樣」的成形，一改秦漢以來的傳統造型的概念化形式特徵，改變了之前中國傳統造型中對身體結構的表現缺陷，畫家已有了主動表現人體結構的強烈願望。可見，佛畫的進入是中國早期概念化傳統繪畫形式向結構性繪畫表現演進的一個重要的轉折點，為唐代人物畫的確立提供了堅實的基礎。

二、佛造像量度、儀軌對唐石槨線刻人物造型的影響

佛教藝術至唐時已與中國傳統藝術密切融合，佛畫已成為獨具中國特色的世俗化宗教藝術。釋道宣曾語：

造像梵相，宋齊間皆唇厚、鼻隆，目長、頤豐，挺然大丈夫之像。自唐來，筆工皆端嚴柔弱似妓女之流，故今人誇宮娃如菩薩也。〔註 46〕

段成式在《寺塔記》中謂韓幹於寶應寺所畫「釋梵天女」：

悉齊公妓小小等寫眞也。〔註 47〕

史葦湘先生在論及唐代佛畫的世俗化因素時，以頭部圖像比較的方式〔註 48〕，顯示出這種程序化造型的多維應用（圖 4-3-7）。沙武田先生亦認為唐時畫家「或使用相同的畫稿繪畫不同的形象。」〔註 49〕現已發現的唐墓人物線刻雖基本都是世俗性題材，但不論從造型觀念或是塑造形式而言，兩者具有極大的共通性。可見，唐代佛畫人物造型與世俗人物形象的程序化造型具有同一性表現。

〔註 46〕（宋）釋道成，《釋氏要覽》，卷中，三寶造像。

〔註 47〕（唐）段成式，《寺塔記》，卷上，道政坊寶應寺韓幹。

〔註 48〕史葦湘，《再論產生敦煌佛教藝術審美的社會因素》，《敦煌歷史與莫高窟藝術研究》，甘肅教育出版社，2003 年，516～518 頁。

〔註 49〕沙武田，《敦煌畫稿研究》，中央編譯出版社，2007 年 5 月，350 頁。

唐代世俗人物造型，受到印度佛教造像的影響，造型比例之間有著顯見的互通性。最具代表的是，印度傳入並由中國藝術家進行改良的《造像量度經》，該經的初作者是古印度摩揭陀國王舍域人，屬婆羅門種姓的舍利弗（梵文 Sariputra）。〔註 50〕

魏晉伊始佛教大興，各地大力開窟建寺，「南朝四百八十寺，多少樓臺煙雨中。」〔註 51〕便是當時寫照。在此期間，傳入中原的佛教藝術，經過重新組合詮釋，形成了兼具儒家氣質的佛教造像規程。在「逐漸漢化、逐漸世俗化的過程中」〔註 52〕，中國的本土藝術家既要嚴守佛教儀軌，又要在自己創作中體現出符合傳統普識性審美觀念的造型形式。漢式的佛教造型程序便是在這種本土藝術規矩與佛教嚴密儀軌的碰撞中產生。

（圖 4-3-7）佛教形象與世俗形象比較示意圖

〔註 50〕孫小晨，《〈佛說造像量度經〉作者及漢譯者》，《南方文物》，2006 年第 4 期，137 頁。

〔註 51〕《全唐詩》第 522 卷，006 首。

〔註 52〕李翎，《佛教造像量度與儀軌》，宗教文化出版社，1998 年 11 月，4 頁。

自武則天廢唐改周之後，佛教被定爲國教，各地佛寺並起，據史料明確所載，僅京兆府就有佛寺 209 座。〔註 53〕佛寺的興盛帶來佛教造像及寺觀壁畫的大興，在此期間，僅吳道子在長安及陪都洛陽就爲 300 餘寺廟繪製過壁畫。〔註 54〕由此也印證，作爲佛造像經典規制的《造像量度經》，在唐代應用之廣泛。唐代人物畫家的主要工作既是爲佛寺繪製壁畫，〔註 55〕而他們筆下的世俗人物畫必然會受到佛造像規程的影響。尤其是那些從學徒開始經過佛造像訓練的畫家，在進行世俗性繪畫創作時，自然會帶入非常濃厚的佛教造像色彩，佛造像儀軌中的基本元素也就在世俗性人物造型中不自覺地顯現了出來（圖 4-3-8）。

《造像量度經》的漢譯本作者工布查佈在前引言中說：無論是佛像還是人像，在本原上是一致的，因爲佛像的標準樣式是以佛中年的樣子爲藍本的，只不過爲了表現其思維的偉大、功德的無量，才以超凡的三十二種大人相〔註 56〕使之區別於一般的中年形象。〔註 57〕

〔註 53〕李芳民，《唐五代佛寺輯考》，商務印書館，2006 年 7 月，1～45 頁。

〔註 54〕依據《歷代名畫記》《寺塔記》和《圖畫見聞志》統計。

〔註 55〕在《歷代名畫記》及《圖畫見聞志》中所記唐代畫家作品基本都是佛寺壁畫。

〔註 56〕所謂的「三十二種大人相」是：1、足下安平立相：佛立於地上時，腳底與地密合，沒有空隙。2、足下二輪相：腳心各有一「輪寶」紋。3、長指相。4、足跟廣平相：腳後跟寬而豐滿。5、手足指縵網相：手、腳指間有皮相連。6、手足柔軟相。7、足趺高滿相：腳背高而且豐滿。8、猯如鹿王相：大腿像鹿一樣有力而健美。9、正立手摩膝相：雙手過膝。10、馬陰藏相：陰藏而不露。11、身廣長等相：身長與兩臂張開相等。12、毛上向相：身上所有的毛均向上長，如盤旋亦是右旋而頭向上。13、一孔一毛生相。14、金色相：全身呈金色光輝，造像時以貼金塗金表示。15、丈光相：身光照向四方一丈遠，造像上以後立背光表示。16、細薄皮相。17、七處隆滿相：兩手、兩肩、脖頸豐滿。18、兩腋下隆滿相。19、上身如獅子相。20、大直身相。21、肩圓好相。22、四十齒相。23、齒齊相。24、牙白相。25、獅子頰相：朵頤豐滿。26、味中得上味相：口中常有津液與食物混合，其味無窮。27、廣長舌相：舌長寬廣，伸出口來覆蓋面部直到髮際。28、梵音深遠相。29、眞青眼相：瞳仁如青蓮花色。30、眼睫如牛王相：睫毛長而美，濃重而不亂。31、眉間白毫相：兩眉之間略上有一白毫右旋盤成蛇狀、放光，展開則可向前直射一丈五尺長，造像時於面部該處點一白點。32、頂髻相：佛發自然成螺狀卷，頂上隆起一塊肉如髻形，造像作中國髻形，上亦有螺髮，作青翠色。李鼎霞，《佛教造像手印》，造像量度經，北京燕山出版社，1991 年 10 月。李翎，《佛教造像量度與儀軌》，宗教文化出版社，1998 年 11 月，6～8 頁。

〔註 57〕李翎，《佛教造像量度與儀軌》，宗教文化出版社，1998 年 11 月，15 頁。

（圖 4-3-8）佛母芝麻面儀軌與薛儆墓石槨線刻侍女臉型對比圖

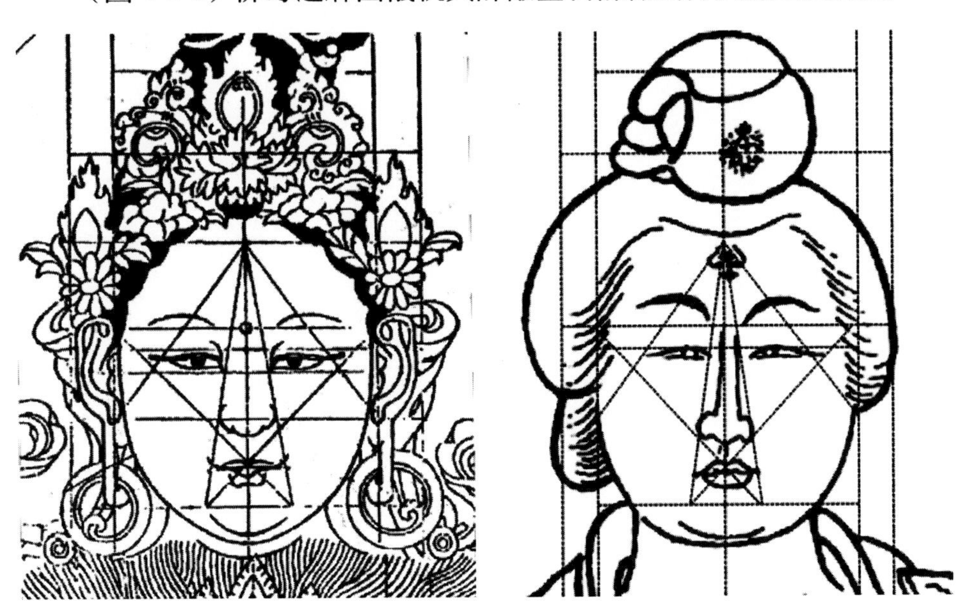

佛教藝術的造型審美標準在唐代已被大眾所接受，繪畫中的世俗人物造型，也滲透了諸多佛教造型因素。成於 664 年的鄭仁泰墓石槨立柱上雙肩圓潤飽和的男侍形象（圖 4-3-9），便是借鑒了「三十二種大人相」中「七處隆滿相」和「肩圓好相」的處理方式，並以佛造像中表示脖頸圓滿的重疊皺褶「三級紋」方式來處理人物頸項。永泰公主墓石槨內壁北向東間（圖 E-4）、內壁西向南間的侍女（圖 E-8）；李憲墓石槨內壁北向西間壁板（圖 P-4）、內壁南向西間壁板（圖 P-9）的線刻侍女；楊思勖墓石槨的線刻男侍（圖 O-1、圖 O-2）；以及王賢妃墓石槨中的所有線刻人物的脖頸，均採用這種「三級紋」處理方式。如果說此中偏胖侍女脖頸的重疊處理是由於肥胖造成的「現實」現象，而在唐代平面造型中不論男女胖瘦都出現過這種「三級紋」的表現，就不能不說是由於佛教造型程序的影響所致了。

佛造像「相好」之一有「各指間基本等齊，諸指間皆密充實」的儀軌（圖 4-3-10），這種「等齊」的手形也出現在薛儆墓石槨線刻侍女的手形中。如，薛儆墓石槨外壁西向北間侍女（圖 4-3-11-A）、外壁西向中間侍女（圖 4-3-11-B）、內壁北向西間侍女（圖 4-3-11-C）線刻的右手及內壁東向南間（圖 4-3-11-D）侍女的左手，手指長度基本相當，特別是這四個侍女胸前的手形，小拇指竟然長於其它手指。

佛造像除了「三十二相」之外，還必須具有「八十種隨形好」，這是在印度佛形象的基礎上結合中國傳統審美觀念而形成的微妙好相，具有許多中國藝術造型的特徵。例如「相好」中的「筋骨隱而不現」〔註 58〕，就與中國傳統女性審美觀相似。《玉房秘訣》中「好女」的形象之一即是：

多肌肉……肉多而骨不大者。〔註59〕

《大清經》又云：

細骨弱肌，肉淖漫澤，清白薄膚，指節細沒。〔註 60〕

這種「筋骨隱而不現」的現象，幾乎表現在唐代的每一幅人物繪畫中。在唐代石槨人物線刻中無論是著何種服裝，即使是身著緊身服裝，在有骨點突出之處也並無尖凸之感，都是以圓滑弧線概括處理。例如，李壽墓石槨立姿伎樂圖中身穿緊身內衣的侍女肩部和肘部（圖 A-3）及永泰公主墓石槨內壁北向東間線刻侍女的肘部（圖 4-3-12），在彎曲時應是骨點尖凸，但畫家卻作了較圓滑的處理。

（圖 4-3-9）
鄭仁泰墓石槨線刻男侍頸部的「三級紋」處理

（圖 4-3-10）
佛造像的「等齊」手形

在中國古代宿命觀念中，體相的完美是高貴身份的象徵，而佛的形象既是古人眼中完美體相的代表。佛教造型中，佛的體量要大於其它諸神，這也是佛造像的固定儀軌，世俗性繪畫中借用了這個規程來區分高貴者與低下者的身份差異。在傳爲閻立本的《歷代帝王圖》中，皇帝的體量要遠大於身旁的侍從，石槨人物線刻中，高級侍女亦高大於較低級侍女，這

〔註 58〕 李翎，《佛教造像量度與儀軌》，宗教文化出版社，1998 年 11 月，8 頁。
〔註 59〕 《房內記》，好女，第二十二。
〔註 60〕 《房內記》，好女，第二十二。

種現象與佛造像中的「一佛二菩薩」（圖 4-3-13）的固定配置比例非常接近。另外，佛造像「相好」中的「大直身相」與「身體長大端直相」儀軌，在世俗繪畫中亦有區別人物高貴與卑下的作用。世俗畫中身份高貴者具是挺身端立的形象，

（圖 4-3-11）薛儆墓石槨線刻侍女「等齊」手形

A、薛儆墓石槨外壁西向北間侍女；B、外壁西向中間侍女；C、內壁北向西間侍女；D、內壁東向南間侍女。

（圖 4-3-12）永泰公主墓石槨
內壁北向東間侍女肘部的圓滑處理

（圖 4-3-13）
佛教造像「一佛二菩薩」配置

如薛儆墓石槨內壁北向西間的正面侍女等，而在傳統觀念中所藐視的宦官，則基本都是曲背弓腰的卑恭形象（圖 4-1-2）。

唐初李壽墓石槨線刻侍女的身姿比例，與「佛」具有同一性表現，基本上都是六頭左右的身長比例（圖 4-3-14），這種量度標準，亦是魏晉至初唐人物造型頭長身短的比例特徵。

（圖 4-3-14）李壽墓侍女與佛立像比例對比圖

A、李壽墓石槨內壁侍女線刻局部；B、佛立像之比例量度

關於佛造像「三十二相」中的「身廣長等相」，有學者從字面上片面理解為，與達·芬奇所說的人平伸兩臂的寬度等於身高相同。如將《造像量度經》中的「佛立像之比例量度圖」與達·芬奇的「人體比例圖」相對比，就可看出，兩者是完全不同的比例模式。「佛立像之比例量度圖」中佛的身長是六個頭長，而達·芬奇的人體比例則是七個半頭。另外，提出兩者比例相同的學者還忽略了「三十二相」中另一條關乎比例的「正立手摩膝相」，其意為佛在站立時，手垂過膝。可見，「身廣長等相」與達·芬奇的「平伸臂長等於身高」不同。

盛唐時期，佛教藝術中的「立體性」表現，對中國傳統概念化平面人物造型產生巨大影響。傳統畫家從在繪畫中關注哲學觀念的表現，逐步趨向關注現實。此時的畫家，受到佛畫中「體積」畫法的啓發，在傳統概念化造型中加入了突出表現體量的結構線形，使得畫面中所呈現的人物更加貼近現實。隨著盛唐藝術家對結構的把握逐步成熟，對於人體比例的表現已不再盲目的摹古和依賴佛造像的量度標準，而是多以現實人物爲標本。這一時期的人物比例變革，幾乎可以和歐洲文藝復興的人體分割比例相提並論。

通過對比可以看出，盛唐時期人物的量度已與達·芬奇的人體比例相近似。將成 720 年的薛儆墓石槨線刻人物（圖 4-3-15-B）、佛立像的量度（圖 4-3-15-A）與達芬奇的人體比例（圖 4-3-15-C）進行對比，明顯看出，薛儆墓石槨線刻侍女的身長量度，已接近於達·芬奇的七個半頭的正常人體比例。

（圖 4-3-15）佛造像、盛唐量度與西方比例對比圖

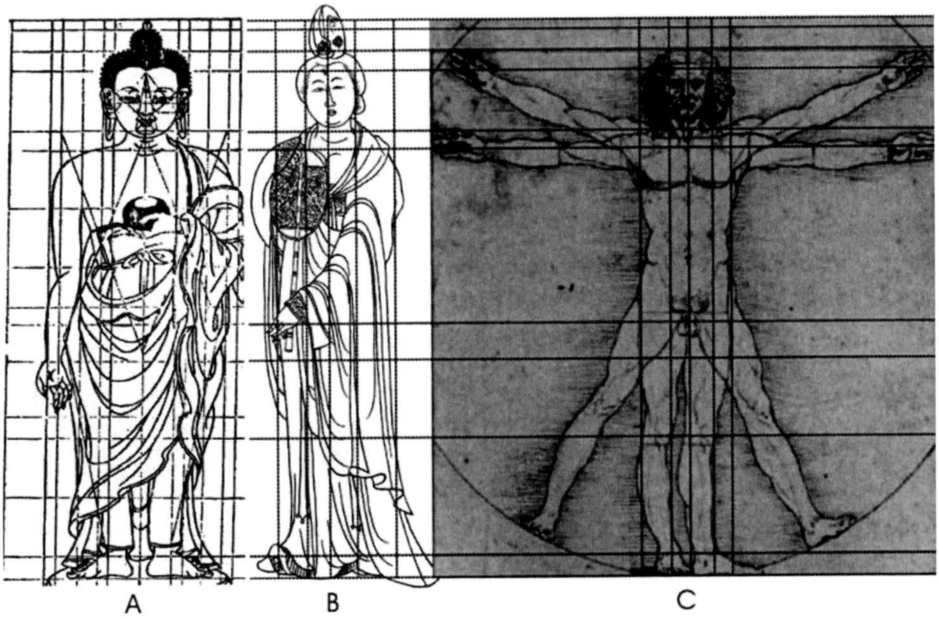

A、佛立像的量度圖；B、薛儆墓石槨外壁西向北間壁板線刻；C、達芬奇的人體比例圖。

佛造像有著明確的造型定式，其中包括人物造型的比例規制、人體各部位的組織方法、姿勢動態的標準儀軌（圖 4-3-16），所有形象都有固定的程序。但是，佛畫的嚴格規程在表達世俗社會中的人物時，卻存在一定的局限。世俗性繪畫所要表現的人物，無論是身份、年齡、氣質等都要比佛造像中的人物複雜、豐富的多。佛畫可以數年不變，但世俗性繪畫則要對應於時人。

（圖 4-3-16）《尊勝佛母像》的起稿儀軌

通過對歷代傳統人物造型的考察，可以看出，傳統藝匠往往會對熟練的既有母題進行改動，而不做創新，〔註 61〕就如貢布里希所說：修改、豐富或簡化一個既有的複雜之型構，往往比憑空造一個容易。可見，唐代世俗性繪畫中所體現出的佛造像因素，除了佛教觀念的影響之外，主要是由於長期繪製佛畫的畫家不自覺的將其「儀軌」帶入其中。

第四節　唐墓石槨線刻人物的臉形造型

唐代石槨線刻人物臉型基本分爲，十分面、九分面、七分面、六分面及五分面，雖無俯仰變化，卻是有史以來臉型變化最爲豐富之時。由於早期造型手段的不足，平面人物造型不論身體動姿如何，頭部表現形式卻是統一的正面或正側面。體現出的是一種括約形的表現特徵，並不是藝術家經過對人體結構研究及長期科學造型訓練後，對筆下的人物造型從新整理歸納所提煉出的造型形式，它是處於造型手段的初級階段，藝術家的直覺性歸納表現。西漢畫像石的人物臉部均是正面或正側面形式，東漢時期，出現了 45 度角的

〔註 61〕繆哲，《以圖證史的陷阱》，《讀書》，2005 年第 2 期，142 頁。

七分面型（圖 4-4-1）。

（圖 4-4-1）《上林苑鬥獸圖》
局部，東漢，磚畫

唐代之前人物畫的臉形外輪廓線大多是由一條平滑曲線勾勒而成。由於受到「體面」觀念的影響，這種傳統概念化的表現在唐代發生了改變。在唐代石槨的宦官線刻中，臉型的外輪廓線的彎轉變化，是依據人的肌肉結構而轉折，其中也包括顯示臉型內部肌肉變化的線形。與之前平面造型中的概念化臉形有著明顯的區別。

這些宦官臉形的外輪廓線，由上至下的向外突出部位的線條，分別是依據客觀臉型中眉弓、顴骨、咬肌而突出（圖 4-4-2-A）。鼻側的弧線，是唇部向上撅起所形成的臉頰肌肉與咬肌結合部位的夾角線（圖 4-4-2-B）。眼睛的描繪方式已脫離了之前的概念化眼形樣式，〔註62〕上眼線與下眼線之間增加了一條側線，用以表現半側面眼球的轉折關係。韋詢墓石槨南向中間偏東的宦官（圖 4-4-2-A）及薛儆墓石門右門扉的線刻宦官（圖 4-4-2-C），上眼線與眼尾皺紋連成一體，以表現年老宦官鬆弛的上眼皮。韋泂墓石槨持笏宦官的眼睛與眉毛之間的一條向上突起的弧線及眼下向下彎弧的短線，表現出了眼球的突起形狀（圖 4-4-2-B）。另外，還有一點不容忽視，從韋詢墓石槨南向中間偏東的宦官臉部的唇下的一條短線，可以看出畫家已關注到肌肉細節的結構變化，這條橫短線旨在表現下唇與下頜兩處突出肌肉的結合部的凹痕（圖 4-4-2-A），有此短線就可明確表現出嘴唇與下巴的突起形態。

〔註62〕隋唐之前，無論臉部的角度呈正面或側面，其眼形基本都是正面輪廓線眼形，並未表現出眼睛的體量及轉折關係。

（圖 4-4-2）唐代石槨線刻中的宦官臉型

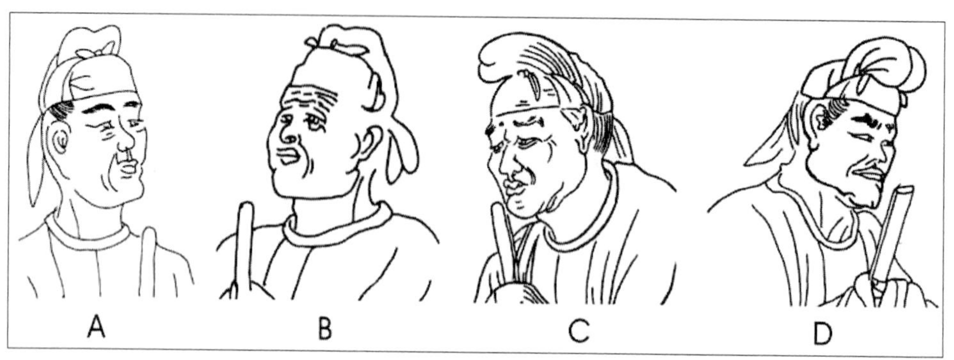

A、韋詢墓石槨南向中間偏東門吏線刻局部；B、韋泂墓石槨《新貴持笏圖》局部；C、薛儆墓石槨石墓門右門扉線刻局部；D、阿史那懷道十娃夫婦墓石槨宦官線刻局部。

盛唐畫家已經成熟的掌握了線的結構表現特性，將特定的線形變化與特定的人物形象相配合，以達到畫家所設定的形象效果。在成於睿宗景雲元年（710年）的萬泉縣主薛氏墓甬道西壁的宦官頭像中，這種結構線群的組合表現的更加明顯，鼻底的轉折關係清晰，嘴上兩側的線條襯托出口輪匝肌的凸出，眼睛上下的兩條弧線組合表現出眼球的凸起狀態（圖 4-4-3）。成於 734 年的阿史那懷道十娃夫婦墓石槨線刻中的宦官臉部（圖 4-4-2-D），下頜曲線的準確轉折、穿插充分表現出下頜部的前後體積關係，其對臉部結構的理解程度絕不亞於西方寫實主義繪畫的表現。

（圖 4-4-3）宦官頭像

咸陽市底張灣萬泉縣主薛氏墓甬道西壁壁畫局部

唐墓石槨線刻侍女的臉形外輪廓線，以彎轉準確的線形勾勒出臉部的結構，與之前表現女性臉型的一條簡單弧線有著明顯區別。由於女性臉部的肌肉平滑圓潤，突起變化較緩和，不能採用明顯凸凹的線形來表現，畫家則利用線條的穿插疊壓，勾出臉部肌肉的圓轉突起。其例基本有四種：

一、將侍女臉型的外輪廓線分成兩條，上面一條弧線表現圓潤臉部曲線，另一條曲線疊壓在這條線的下部尾端形成穿插，表現下巴的突起。如永泰公主墓石槨內壁東面南次間侍女臉部的外輪廓線（圖4-4-4-A）。

二、用上面的弧線疊壓在下面的弧線上，同樣表現這種對肌肉區分的效果，如，韋詢墓石槨北向東面第二間線刻侍女的臉型輪廓線群（圖4-4-4-B）、李憲墓石槨內壁西向中間線刻侍女臉形輪廓線（圖4-4-4-C）。

三、永泰公主墓石槨內壁南面東間侍女臉型的外輪廓線群，是由表現下巴的弧線，疊壓於臉側上部弧線和表現脖頸與臉部轉折的下部曲線之上（圖4-4-4-D），這種表現方式常用於表現較胖臉形。

四、臉部外輪廓線保持一條統一的曲線，將表現下巴突起的短弧線單獨提於輪廓線之內，並與外輪廓線配合，形成肌肉突起的視覺效果，例如，永泰公主墓石槨內壁北面次間侍女臉部的線群組合（圖4-4-4-E）、薛儆墓石槨外壁西向中間侍女臉部的輪廓線群（圖4-4-4-F）。

（圖4-4-4）唐代石槨侍女臉型

A、永泰公主墓石槨內壁東面南次間線刻局部；B、韋詢墓石槨北向東面第二間線刻局部；C、李憲墓石槨內壁西向中間線刻局部；D、永泰公主墓石槨內壁南面東間線刻局部；E、永泰公主墓石槨內壁北面次間線刻局部；F、薛儆墓石槨外壁西向中間線刻局部。

傳統繪畫中，畫家對於人物臉部的表現，主要是以臉部的概念化輪廓來設定線條的走向和位置，帶有明顯的主觀類型化表現特徵。很明顯，唐代畫家顯然關注到了光影對人臉部的影響作用，取形方式明顯轉向以結構來確定線形的走向，對臉部結構的表現有了顯著的提升，顯然，這種取形方式正在向現實人物靠攏。

第五節　唐墓石槨線刻人物的眼形程序

一、徵神見貌

眼睛是人的精神風貌及心理狀態之窗口。繪畫中的眼睛形態雖只是一個外在形式，卻是中國人物畫「傳神」表現的載體。顧愷之論「傳神」曰：

> 四體妍蚩，本無關於妙處，傳神寫照，正在阿睹中。

蘇軾在《傳神記》中說：

> 傳神之難在目。顧虎頭云：「傳形寫影，都在阿堵中。」〔註63〕

丁皐在其繪畫實踐著述《寫眞秘訣》中亦云：

> 眼爲一身之日月，五内之精華，非徒襲其蹟，務在得其神，深得則呼之欲下，神失則不知何人。〔註64〕

即便是對西方繪畫理論具有啓蒙意義的古羅馬哲學家柏羅丁（Plotinus，205～270）也關注到眼神在人物表現中的傳神作用：

> 畫家尤其必須注意抓住眼神，因爲心靈在眼神中所顯露的比在身體的體態上所顯露的要更多一些。〔註65〕

可見，眼睛在人物畫「傳神寫照」中的重要地位毋庸置疑。它是畫家的精神載體，是畫中人物情感表達的窗口，更是與觀者進行心靈交流的管道。巫鴻在《眼睛就是一切》中轉引大衛·弗里德伯格（David Freedberg）的語言：「一尊偶像的觀看者會不斷發現自己的目光被偶像的眼睛所控制，這種力量極強，使觀看者難以迴避」。〔註66〕

中國古代哲學觀念中，眼睛與人的情緒、精神相關聯，並具通靈的魔力。漢劉劭在《人物志》中說：

> 夫色見於貌，所爲徵神，徵神見貌，則情發於目。〔註67〕

南朝劉義慶在《世說新語》中描寫王羲之與夫人的對話：

> 王尚書嘗看王右軍夫人，問：「眼耳未覺惡不」？答曰：「髮白齒落，屬乎形骸，至於眼耳，關乎神明。那可便與人隔」？〔註68〕

〔註63〕（宋）蘇軾，《蘇軾集》，卷三十八，鳳凰出版社，2006年。
〔註64〕（清）丁皐，《寫眞秘訣》，《芥子園畫傳》，人民美術出版社，1960年，8頁。
〔註65〕（英）鮑桑葵，張今譯，《美學史》，商務印書館，1985年，155頁。
〔註66〕巫鴻，《禮儀中的美術》，上，生活·讀書·新知三聯書店，2005年7月，79頁。
〔註67〕（漢）劉劭，《人物志》，九徵。
〔註68〕（南朝宋）劉義慶，《世說新語》，賢媛第十九，嶽麓書社，2007年11月。

中國古代哲學觀中，人的形骸與神明之間區分明晰，而人的眼、耳則與神明聯通，是人與神連接的橋梁。藝術家在進行創作時，自然就會將眼睛地表現作爲表達人物性格的主要技巧。

《太平御覽》卷七零二引《俗語》曰：

> 顧虎頭爲人畫扇，作嵇、阮、而都不點眼睛，曰：「點眼睛便欲語」。

唐代段成式謂吳道子所作「執爐天女」：

> 西中三門里門南。吳生畫龍。及刷天王鬚。筆迹如鐵。有執爐天女。竊眸欲語。〔註 69〕

「竊眸欲語」即是畫家通過對畫中人物眼睛的刻畫，使觀者產生與之交流的感受，亦是對顧愷之「悟對通神」的一種解釋。

二、媔目

中國傳統人物畫的眼形幾乎均是細長單眼皮，這種眼形是傳統漢族所特有的蒙古人種特徵。魏晉伊始，北方游牧民族南侵，與中原漢族相融，南下的漢族又同化了若干南方土著民族。從體質人類學（Physical Anthropology）的觀點來看，人的體質與社會文化有著密切關係，生物的遺傳性質在受到外來因素影響後會發生改變。〔註 70〕因此，時至唐代，漢族的遺傳結構已不可能像魏晉之前那麼「純粹」了，唐人也就不會僅是單眼皮一種眼形形態。那麼，爲什麼在寫眞繪畫流行的唐代，人物的眼形依然保持著單眼皮形式。顯然，這與中國傳統的審美觀有著密切關係。戰國屈原在《大招》一辭中謂美目曰：

> 青色直眉，美目媔只。〔註 71〕

漢代許負在《相法十六篇》第一篇第一段既言，古人認爲的最美眼形：

> 目秀而長，必近君王。〔註 72〕

「媔目」一直是傳統社會所欣賞的一種女性眼睛形狀，是中國傳統美女

〔註 69〕（唐）段成式，《酉陽雜俎》，續集卷五，寺塔記上，趙景公寺。

〔註 70〕張實，《體質人類學》，雲南大學出版社，2003 年 8 月，緒論。

〔註 71〕（戰國）屈原，《楚辭》，大招，吉林攝影出版社，2004 年 3 月。《詞源》，注：媔，形容眼睛美麗。商務印書館，2006 年 5 月，762 頁。

〔註 72〕參見鄭炳林、王晶波，《敦煌寫本相書校錄研究》，民族出版社，2004 年 12 月。

的標準眼形，意即：眼睛半睜半閉，目不帶情。眼形較長，似如丹鳳。

「察心之邪正，莫妙於觀眸子。」〔註 73〕李漁認爲，女子眼之大小、粗細與其性情剛柔、心思愚慧具有密切關聯。眉眼以細長清秀爲美，其性格必柔和聰慧。基於這種審美觀念，「媔目」成爲中國歷代畫家描繪美女眼形的標準程序。漢景帝劉啓（前 188 年～前 141 年）墓中出土的妃子俑，眼睛以墨線勾出，其形即是漢時美女的細長「媔目」（圖 4-5-1）。唐武周時期阿斯塔那張禮臣墓（703 年）出土的六扇聯屏絹畫中的正面侍女（圖 4-5-2）亦是「媔目」程序的沿承。

由於石刻與繪畫的材質不同，眼形細節的表現難度較大。以至於初唐以前人物線刻的眼形大多未刻瞳孔。初唐李壽墓（630 年）石槨線刻中的人物眼形的表現較簡練，其中四個正面侍女（只有正面眼形才能完整的看出媔目的整體形狀）的眼形呈棗核形，未刻瞳孔，這也是魏晉眼形程序的遺風。唐之前的人物線刻眼形，幾乎無一例外的用兩條均勻細線上下對彎勾出，形狀類似棗核，只是以偏長或偏圓來區分男女眼形（圖 4-5-3）。李壽墓人物線刻的眼形，還處在眼睛表形的模糊階段，還不能以此區分人物性格。

（圖 4-5-1）漢陽陵出土妃子俑　（圖 4-5-2）唐張禮臣墓屏風，侍女眼形　（圖 4-5-3）洛陽石棺床局部，北魏

〔註 73〕（明）李漁《閒情偶寄》，中國社會出版社，2005 年 8 月。

即便如此，還是可在這些眼形中發現其演進的微妙變化。隨著勒石工藝的發展，刻工有意識的關注於人物視線的表達。爲了表現侍女仰視形態，李壽墓石槨內壁北嚮壁板線刻第三排左起第 1 人的眼形下面的線條，並沒有像之前眼形下眼線畫成向下彎曲，而是畫成直線（圖 4-5-4-D），以區別於其它侍女棗核形狀的傳統眼形表現程序（圖 4-5-4-B）。此外，李壽墓石槨內壁北嚮壁板線刻第二排左起第 3 人的眼形（圖 4-5-4-C），刻工將眼形的上眼線畫成平直，下眼線向下彎曲，以表現人物眼睛的俯視形態。可見，唐初的刻工已經基本掌握了利用上下眼線的變化，來表現人物視線的變化的方法。

（圖 4-5-4）李壽墓石槨人物眼形程序

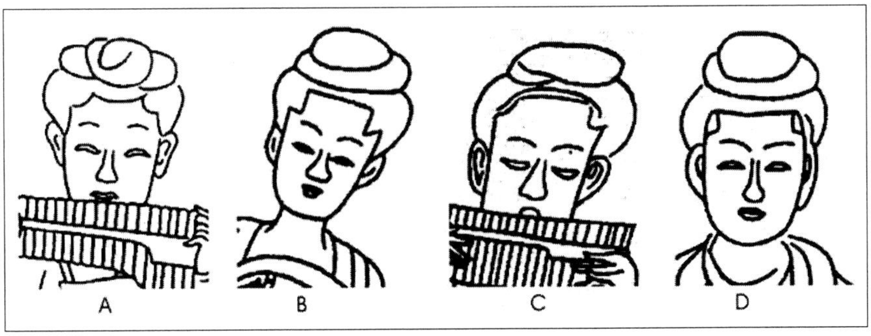

A、內壁東向西間壁板線刻，第一排左起第二人局部；B、內壁北嚮壁板線刻第一排左起第 3 人局部；C、內壁北嚮壁板線刻第二排左起第 3 人局部；D、內壁北嚮壁板線刻第三排左起第 1 人局部。

盛唐時期，隨著刻工對人物眼形表現技巧的提升，瞳孔隨被刻畫出來，並且已能依據人物性格的不同而採用不同的表現形式。

薛儆墓石槨正面侍女的「媔目」（圖 4-5-5、圖 4-5-6、圖 4-5-7、圖 4-5-8），除了眼形與用筆的固定程序之外，還有一個特殊現象值得關注，即，侍女的瞳孔均向中間靠攏，類似對眼。將這些正面侍女的眼形與同時期的其它人物進行比對，就會發現，男性及宗教造像（圖 4-5-9）正面眼形的瞳孔都是正常的，而只有在描繪現實中的女性的時候，畫家才會將瞳孔向中心靠攏。此外，將唐墓線刻人物的半側面眼形與之對比，亦會發現，除正面眼形的瞳孔是向內集中外，半側面的眼形都是正常的（圖 4-5-10）。

盛唐時期的藝術家對人體結構已具有相當深入的理解，爲什麼他們還會將正面女性的瞳孔向中間靠攏哪？其中原因多半是由於中國古代的傳統女性

（圖 4-5-5）薛儆墓石槨壁板
外壁西向中間局部

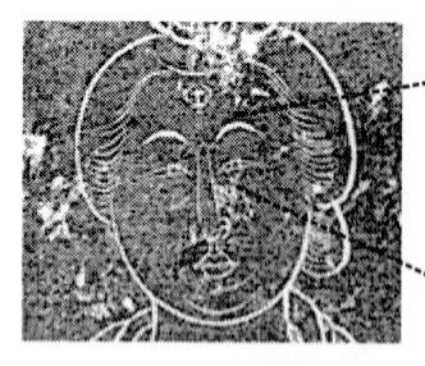

（圖 4-5-6）薛儆墓石槨壁板
內壁東向南間局部

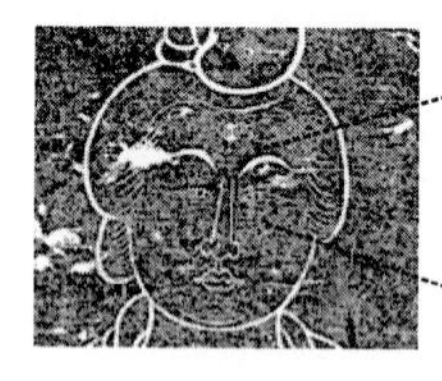

（圖 4-5-7）薛儆墓石槨
內壁東向南間局部

（圖 4-5-8）薛儆墓石槨壁板
外壁西向中間局部

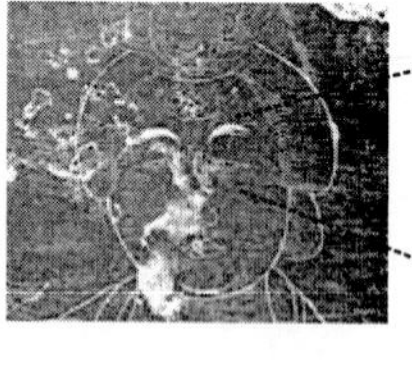

觀念所致。中國古代是以男性為中心的集權社會，女性只是男性的附屬品，封建道德規範將男女分為主從與尊卑關係，「女子者，順男子之教而長其禮者也」。〔註 74〕社會對女性的要求極為苛刻，為她們制定了非常嚴格的行為規範，晉時張華作《女史箴》，唐時太宗長孫皇后作《女則》30 卷，皆是用以訓導女性。〔註 75〕

（圖 4-5-9）《延壽命長壽王菩薩像》，絹本

中國傳統社會主張「坤道尚柔，婦德尚柔」。〔註 76〕《詩經》曰：「關關雎鳩，在河之洲。窈窕淑女，君子好逑。」辜鴻銘〔註 77〕在《中國婦女》一文中解釋道：「窈窕」兩字

〔註 74〕《孔子家語》，本命解。

〔註 75〕據胡文楷先生考證，唐代僅經典女教之書就多達十餘部。胡文楷，《歷代婦女著作考》，上海古籍出版社，1985 年。

〔註 76〕《全唐文》，卷六百九十一，符載，祭妻李氏文。

〔註 77〕辜鴻銘，字湯生。（1857～1928）清末民初人，祖籍福建同安，出生於馬來亞的一個華僑世家，先後在英、德、法、意等國學習十幾年，熟悉西方文明，精通多種語言。

（圖 4-5-10）唐墓石槨侍女半側面眼形

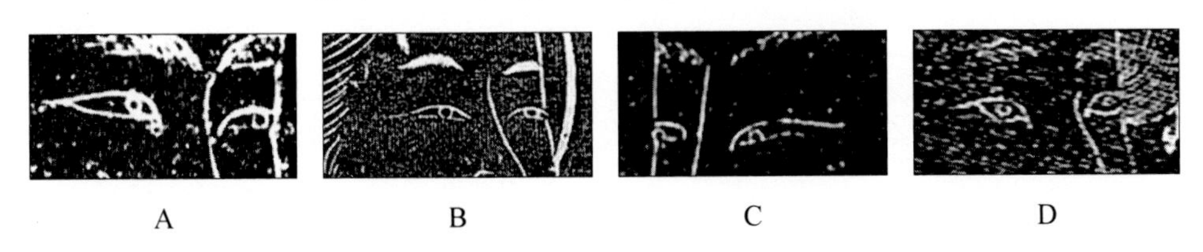

A、永泰公主墓石槨外壁東面中間侍女眼形；B、薛儆墓石槨壁板外壁北向東間侍女眼形；C、韋頊墓石槨，侍女眼形；D、李憲墓石槨壁板內壁西向中間侍女眼形。

與「幽閑」具有同義性。從字面而言，「窈」即：幽靜的、恬靜的、溫柔的、羞羞答答的模樣，並嚴格規定女性不得與男性正面直視。因此，在傳統女性題材繪畫中，女性的臉型基本上都是側面，極少出現正面形象，只有在繪製較爲莊嚴的形象時才會以正面取像，周履靖在《天形道貌》中亦表述：

> 其畫面像，更有分數刊玢、八分、七分、六分、五分、四分、三分、二分、一分之法。背面正像則七分六分四分乃爲時常之用者。其背像用之亦少，惟畫神佛，欲其威儀莊嚴矜敬之理，故多用正像，蓋取其端嚴之意故也。〔註 78〕

由於盛唐女性地位的提高及豐富畫面要求，需要表現女性的正面形象，但在此時，不於男子正面對視的傳統審美觀依然穩固，這就給畫家出了道難題。

唐墓線刻中出現的幾個正面侍女形象，均是級別較高的女官（華麗裙裝、頭梳高髻）。爲表現她們的雍容之態而採用正面姿態，於是畫家採取了一種折中的方式來表現女性「幽閑」的目光，將眼形中的瞳孔聚向中心，使畫中人物的目光形成散視狀態，這樣就使觀看者無法和畫中人物進行眼神對接交流。觀者在矚目畫中人物正面平視的眼睛時，就如同看著側視的眼睛，丁皐在《寫眞秘訣》中即對這種表現程序作出解釋：

> 意遠而神藏，望人偏灼灼。〔註 79〕

綜上所述，初唐以降女性眼形程序的基本特點如下：

1、以瞳孔爲頂點呈扁三角形狀。

2、眼形基本呈彎月形。

〔註 78〕（明）周履靖，《天形道貌》，源自：俞建華，《中國畫論類編》，人民美術出版社，1986 年 12 月，496 頁。

〔註 79〕（清）丁皐《寫眞秘訣》眼光篇，《芥子園畫傳》，人民美術出版社，1960 年，71 頁。

3、眼形較長，如丹鳳眼。

4、半睜半閉，目不帶情。

5、正面眼形的兩個瞳孔向中心聚攏。

6、眼距小於一隻眼的寬度。

三、三白眼

清代丁皐在《寫眞秘訣》中描述了傳統女性眼形程序：

白珠兜處臥蠶低。

意既在描畫女性眼睛時，用上眼線和下眼線將瞳孔上下各壓一部分，以使眼球不會外凸。然而，永泰公主墓石槨的侍女線刻卻出現了傳統女性造型中非常忌諱的「三白眼」眼形。如，外壁北間（圖 4-5-11-A）、外壁南面東間（圖 4-5-11-B）、內壁北面次間（圖 4-5-11-C）的侍女眼形。韋詢墓石槨亦有三個侍女眼形爲三白眼（圖 4-5-12），甚至李憲墓石槨線刻中還出現了「四白眼」眼形（圖 4-5-13、圖 4-5-14）。

（圖 4-5-11）

永泰公主墓石槨侍女三白眼形

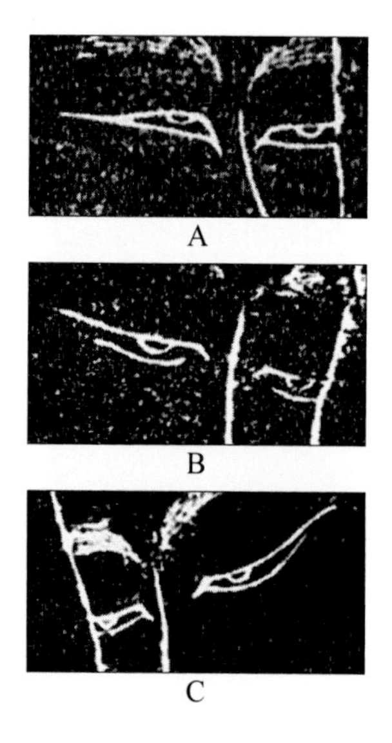

A、永泰公主墓石槨外壁北間，侍女三白眼形；B、永泰公主墓石槨外壁南面東間，侍女三白眼形；C、永泰公主墓石槨內壁北面次間，侍女三白眼形。

（圖 4-5-12）

韋詢墓石槨三白眼眼形

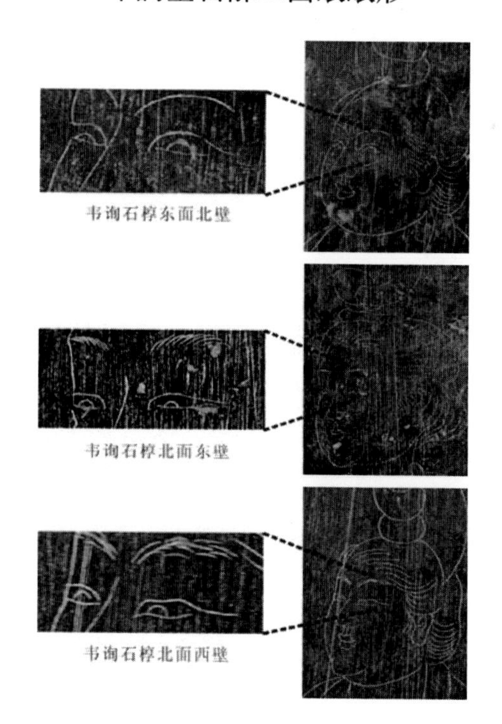

（圖 4-5-13）李憲墓石槨
內壁西向中間壁板，侍女四白眼眼形

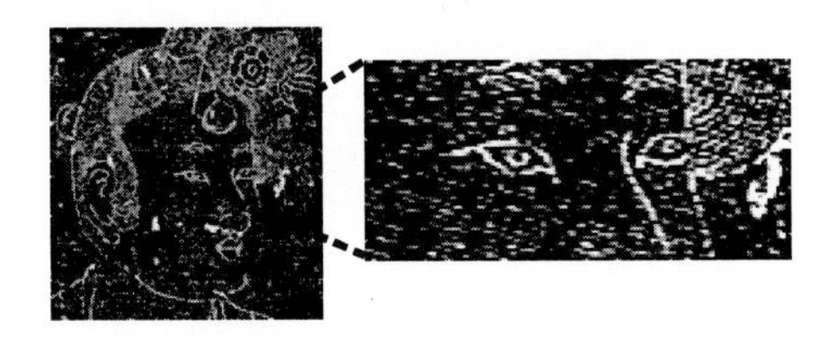

（圖 4-5-14）李憲墓石槨內壁
北向西間壁板，侍女四白眼眼形

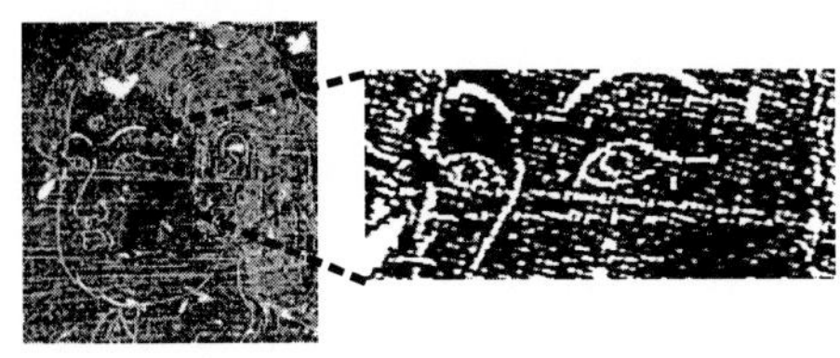

古人認爲「四白眼」是凶目，亦稱「暴目」，傳統觀念中非常忌諱。漢代許負在《相法十六篇》的相目篇中即說：「女目四白，外夫入宅」。〔註 80〕在傳統繪畫中「四白眼」多在性情暴烈的男性形象中使用，「暴目（者）眼大而神露，稍睜顯四面白光灼出，托全黑（眼）珠看人」、「黑珠突出視人梟」。〔註 81〕李壽墓（630 年）第二過洞西壁儀仗圖中「武士」（圖 4-5-15）和李邕墓（727 年）前甬道西壁壁畫中「紅袍騎手」（圖 4-5-16）、前甬道東壁的「狩獵者」（圖 4-5-17）的眼形即爲暴目。

唐墓石槨人物線刻中出現的「三白眼」、「四白眼」眼形，與侍女端莊的形象極不協調，不知作者出於何種考慮而採用這樣的眼形？古代皇家或貴族

（圖 4-5-15）
李邕墓壁畫
《紅袍騎手》局部

（圖 4-5-16）
李邕墓
《狩獵者》局部

（圖 4-5-17）
李壽墓第二過洞
西壁《儀仗圖》局部

〔註 80〕敦煌發現的 5 個卷號《相書》寫本，是目前所知時代最早的古代相書殘卷，其中記錄了漢代女相術家許負的《相法十六篇》。參見鄭炳林、王晶波，《敦煌寫本相書校錄研究》，民族出版社，2004 年 12 月。

〔註 81〕（清）丁皐，《寫眞秘訣》，眼光篇，《芥子園畫傳》，人民美術出版社，1960 年，71 頁。

對於選妃或選侍有著相當嚴格的制度，被選者身體的每一部分都有相應的標準，顯然，這種「四白眼」在貴族的現實生活中是不會出現，更何況還要將其刻於代表陰宅的石槨之上。

那麼，是樣本作者不瞭解傳統的造型程序嗎？這種假設顯然不能成立，古代畫家一般是不會對傳統的造型程序進行改動，即便改動也必符合傳統審美要求，在傳統畫家的認識中，「下筆稍不合法，便無精彩」。〔註 82〕而唐墓線刻的樣本作者均是皇家畫師或當時的知名畫家。理應不會出現這種不合法度的眼形形式。

排除掉線刻原型和畫家水平的問題，爲何還會出現這種現象，其原因應該是繪畫造型程序之外的其它因素所致。縱觀中國古代繪畫，這種「四白眼」的女性眼形只是一個極少的特例而已。

此外，一種類似「四白眼」的點狀瞳孔在唐墓線刻中也較流行，通過比對，點狀瞳孔大多出現在男裝侍女身上，以此來區別傳統女性與「中性」侍

（圖 4-5-18）韋詢墓石槨線刻人物眼形的瞳孔對比

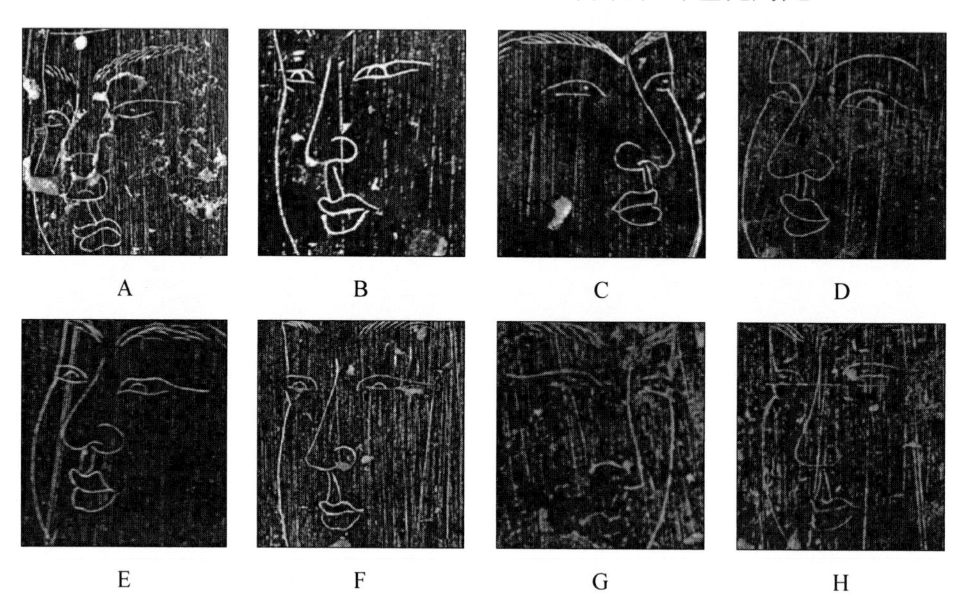

A、西壁西北間點狀瞳孔；B、西壁西南間半圈狀瞳孔；C、東壁東南間點狀瞳孔；D、東壁東北間半圈瞳孔；E、北壁東北間半圈瞳孔；F、北壁西北間半圈瞳孔；G、北壁中間（東）點狀瞳孔；H、北壁中間（西）點狀瞳孔。

〔註 82〕（清）鄭績，《論畫》。

（圖 4-5-19）李憲墓石槨內壁南向西間壁板線刻局部

（圖 4-5-20）王賢妃墓石槨壁板侍女線刻局部

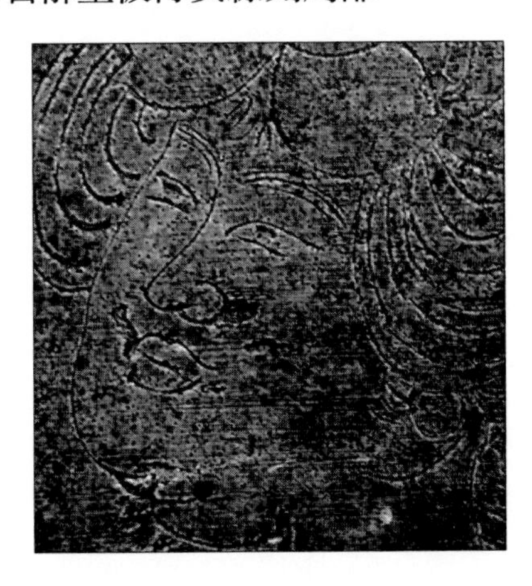

女眼形的區別。在同一組圖像中還可看出，爲了避免眼形的雷同，作者用點狀瞳孔與圈狀瞳孔交叉施用的技法，在同一組人物中採用不同的瞳孔表現形式形成對比。如景龍二年（708 年）的韋詢墓石槨人物線刻，西北侍女爲點狀瞳孔，西南爲半圈狀瞳孔；東南爲點狀瞳孔，東北爲半圈瞳孔；東北與西北侍女爲半圈狀瞳孔，中心兩人爲點狀瞳孔（圖 4-5-18）。此外，在李憲墓（742 年）石槨中的十個女性形象，爲了避免她們的眼形雷同，並使畫面中的眼形形成節奏。將其中的兩個男裝侍女刻爲點狀瞳仁，另外的男裝侍女圈形瞳孔也均小於其它裙裝侍女的圓形瞳孔（圖 4-5-19）。而其後天寶四年（745 年）的王賢妃墓石槨線刻，人物眼形均是點狀瞳孔或長點狀瞳孔（圖 4-5-20）。可見，這種點狀瞳孔的表現形式在玄宗後期也較流行。

四、宦官的眼形

在唐墓線刻中人物形象主要分爲侍女和宦官兩大類。宦官又分老年形象和青年形象，老年宦官的眼形均呈短三角形狀，如，惠莊太子墓石墓門門吏（圖 4-5-21）；章懷太子墓石槨東向中間的宦官（圖 4-5-22）等。畫家以較硬的實筆勾出眼形，再以眼睛爲中心向擴散畫出眼周皺紋及眼袋，眼形爲實筆，皺紋稍虛。唐墓壁畫中的宦官形象與線刻形象的畫法相同，陝棉十廠唐墓甬道東壁南側壁畫中頭戴黑色襆頭的宦官眼形（圖 4-5-23）；薛儆墓墓室西壁南側的宦官眼形（圖 4-5-24）等，均爲這種畫眼形程序。

唐墓中的青年宦官形象，並無老年宦官的猥瑣形態，其眼形與常人無異，甚或更接近於女性眼形，似爲男寵。如，鄭仁泰墓石槨立柱的持笏宦官（圖 4-5-25）；楊思勖墓石槨的宦官形象（圖 4-5-26）；李憲墓石門東門扉的持笏門吏眼形（圖 4-5-27）等。

（圖 4-5-21）
惠莊太子墓石墓門
右門扉門吏局部

（圖 4-5-22）
章懷太子墓石槨
東向中間的宦官

（圖 4-5-23）
陝棉十廠
唐墓壁畫，宦官

（圖 4-5-24）
薛儆墓
壁畫，宦官

（圖 4-5-25）
鄭仁泰墓石槨立柱的
持笏宦官眼形

（圖 4-5-26）
楊思勖墓石槨的
宦官眼形

（圖 4-5-27）
李憲墓石門東門
扉線刻的宦官眼形

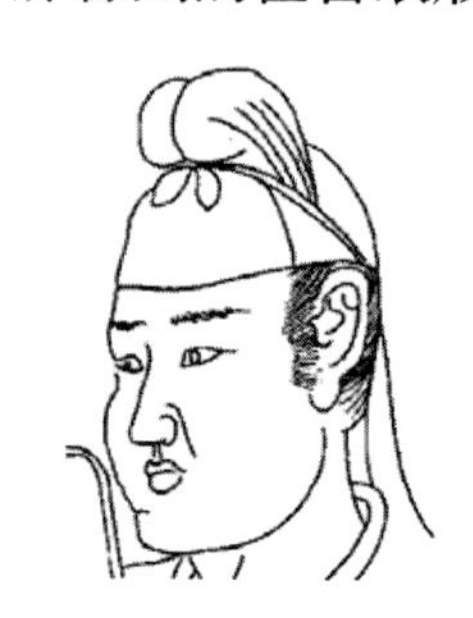

五、傳統眼形程序的流變

（圖 4-5-28）東王公畫像局部，東漢晚期

雖然石線刻是模仿繪畫而成，但由於刻工的繪畫能力及對人體的理解程度，都遠低於畫家。又由於石材的特殊性質，很難做到細緻刻畫，其表現力落後於繪畫。由於石材質的逐漸改進、造型能力的提升，眼形的表現也由無睛發展至有睛，甚至達到以眼形來表達人物的情感狀態。將漢代至盛唐人物石刻的代表性眼形以製作時間爲排序，便可看出這種演化的基本形態。

漢代畫像石中的人物眼形基本上有兩種表現形式，一爲以鑿刻線條將眼形刻出棗核狀（圖 4-5-28）；二爲以減地的方法將眼形鑿爲棗核形。除此之外，還有相當大的一部分不刻畫眼睛。

魏晉南北朝時期，隨著刻工繪畫意識的提升，在人物造型中加強了結構體量感的表現，人物的造型由正面而轉向以八分面及六分面爲主。但是，對人物眼形的表現並沒有發生質的變化，無論是正面或半側面，其眼形形式還多以棗核形眼形爲主。

受傳統線刻程序的延遲性制約，唐初的線刻眼形依然保留著「無睛」的括約表現形式。但已將棗核狀眼形的兩條相對弧線進行了變化，用以表現人物視線的轉動。這種在現代人看似極其簡單的變化，在當時卻是眼形形式表現上的飛躍，表明此時的眼形已由簡單的人體構件轉化爲能夠表現人物神情狀態的表現形式。

盛唐伊始，刻工對眼形表現的認識更加明確化。在繪畫理論趨向表現人物內心狀態的引導下，隨著繪畫與勒石的密切合作，線刻人物眼形的形態趨於結構表現的多樣化，注重人物精神狀態的體現。並由此確定了中國傳統眼形程序的基本定式，之後的中國人物畫眼形形式均是以此標準（圖 4-5-29）。

（圖 4-5-29）傳統眼形流變圖

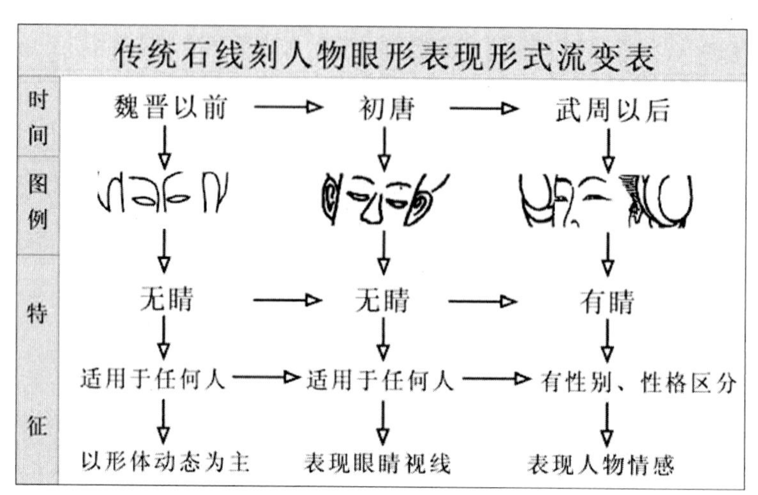

第六節　凸胸特例

中國古代的女性藝術形象一直沿承著平胸的程序化標準。〔註 83〕例如：湖北江陵義地 6 號東周楚墓出土的女木俑（圖 4-6-1-1）。漢景帝陽陵出土的塗白嬪妃陶俑，其乳房如豆蔻少女之形（圖 4-6-1-2）；漢陽陵出土的侍女俑（圖 4-6-1-3）、湖南長沙馬王堆漢墓出土的彩繪木俑（圖 4-6-1-5）、傳北齊楊子華《北齊校書圖》（圖 4-6-1-4）與傳東晉顧愷之《女史箴圖》的仕女（圖 4-6-1-6），胸部平坦無物；初唐傳閻立本《步輦圖》（圖 4-6-1-7）、唐節愍太子墓前甬道西壁壁畫侍女（圖 4-6-1-8）、〔註 84〕新城長公主墓第五過洞西壁北開間侍女（圖 4-6-1-9）、〔註 85〕傳周昉《簪花仕女圖》（圖 4-6-1-10）及傳張萱的《搗練圖》中平胸仕女（圖 4-6-1-11）；北京故宮博物院藏，南宋陳清波所作團扇《瑤臺步月圖》仕女（圖 4-6-1-12）；甘肅敦煌莫高窟 409 窟《西夏王妃供養圖》的妃子形象（圖 4-6-1-13）；元代周朗《杜秋娘圖》（圖 4-6-1-14）；北京故宮博物院藏，明唐寅《孟蜀宮妓圖》中仕女（圖 4-6-1-15）；現藏於天津藝

〔註 83〕彭德，《中國美術理論研究中的幾個問題》，《成就與開拓——新中國美術 60 年學術研討會文集》，文化藝術出版社，2009 年 9 月，139 頁。

〔註 84〕陝西省考古研究所，《壁上丹青——陝西出土壁畫集》，下，科學出版社，2008 年，295 頁。

〔註 85〕陝西省考古研究所，《壁上丹青——陝西出土壁畫集》，下，科學出版社，2008 年，227 頁。

術博物館的清代康濤《華清出浴圖》中楊貴妃形象（圖 4-6-1-16）及清焦秉貞《仕女圖》中的仕女（圖 4-6-1-17）均表現爲平胸。

（圖 4-6-1）歷代平胸仕女圖例

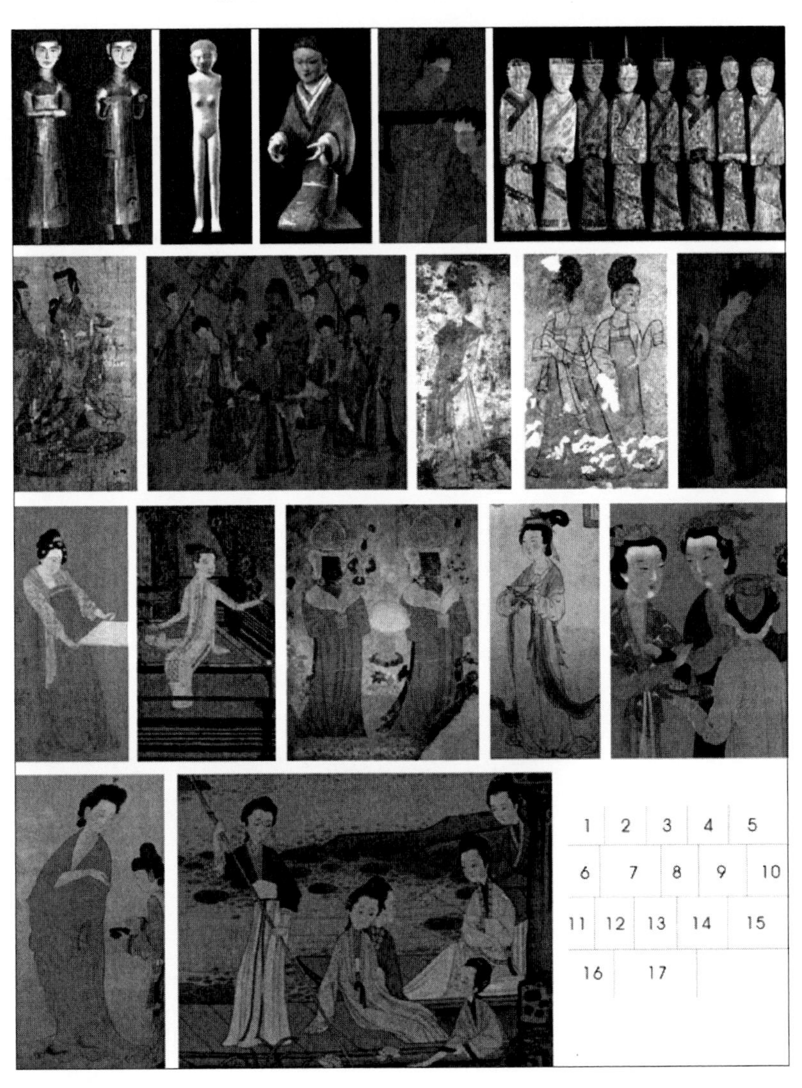

1、湖北江陵義地 6 號東周楚墓出土女木俑；2、漢景帝陽陵出土的塗白嬪妃陶俑；3、漢陽陵出土的侍女俑；4、傳北齊楊子華《北齊校書圖》局部；5、湖南長沙馬王堆漢墓出土彩繪木俑；6、傳東晉顧愷之《女史箴圖》局部；7、傳閻立本《步輦圖》局部；8、唐節愍太子墓前甬道西壁侍女；9、新城長公主墓第五過洞西壁北開間壁畫；10、傳周昉《簪花仕女圖》局部；11、傳張萱《搗練圖》局部；12、南宋陳清波《瑤臺步月圖》團扇局部；13、甘肅敦煌莫高窟 409 窟《西夏王妃供養圖》局部；14、元代周朗《杜秋娘圖》；15、明代唐寅《孟蜀宮妓圖》局部；16、清代康濤《華清出浴圖》局部；17、清代焦秉貞《仕女圖》局部。

而在唐代石槨的侍女線刻中卻出現了一種凸胸形象的特例表現，這種現象集中表現在永昌元年（689 年）至玄宗開元八年（720 年）五個石槨當中的 15 幅侍女線刻中。這 15 幅突出胸部的侍女線刻分別爲：李晦墓（689 年）石槨北向西間壁板（圖 4-6-2-1）、北向中間壁板（圖 4-6-2-6）（西向北 2 立柱、南向東 2 立柱與北向中間壁板採用同一樣稿，故只記一幅）、南向西間壁板（圖 4-6-2-3）、東向中間壁板（圖 4-6-2-4）、東向北間壁板（西向南間壁板、西向南 2 立柱線刻著裙裝侍女與東向北間壁板係採用同一樣稿，在此只算一幅）（圖 4-6-2-5）、北向東 2 立柱線刻（圖 4-6-2-2）；懿德太子墓（706 年）石槨正面中間的兩個戴步搖侍女線刻〔註 86〕（圖 4-6-2-7）；韋詢墓（708 年）石槨東向南間壁板（圖 4-6-2-8）、東向北間壁板侍女線刻（圖 4-6-2-9）；韋頊墓（718 年）石槨侍女小兒圖（圖 4-6-2-11）、戴步搖侍女（圖 4-6-2-10）等著裙裝侍女；薛儆墓（720 年）石槨內壁東向南間壁板（圖 4-6-2-12）、外壁西向北間壁板（圖 4-6-2-13）、內壁北向西間壁板（圖 4-6-2-14）、外壁西向中間壁板侍女線刻（圖 4-6-2-15）。〔註 87〕

中國古代是自上而下的社會結構，藝術從來都是帝王將相的專利，〔註 88〕其存在形態也主要是爲了迎合貴族階層的審美意願。受到上層社會所尊崇的方術理念影響，女性在中國古代貴族社會中主要有三種功能作用，其一，養生作用；其二，生育作用；其三，侍從服務。在這三項中，養生是爲主導。在古人觀念中男女交合是養生的重要手段之一：「得陰陽之術，則不死之道也。」〔註 89〕馬王堆出土的漢代《養生方》〔註 90〕就與房中術有著密切關

〔註 86〕源自沈從文，《中國古代服飾研究》，世紀出版集團、上海書店出版社，2005 年 4 月，295 頁。

〔註 87〕山西省考古研究所，《唐代薛儆墓發掘報告》，科學出版社，2000 年 9 月，46～49 頁。

〔註 88〕彭德，《中國美術理論研究中的幾個問題》，《成就與開拓——新中國美術 60 年學術研討會文集》，文化藝術出版社，2009 年 9 月，140 頁。

〔註 89〕《房內記》，至理，第一。素女云：「有采女者，妙得道術。王使采女問彭祖延年益壽之法，彭祖曰：『愛精養神，服食眾藥，可得長生。然不知交接之道，雖服藥無益也。男女相成，猶天地相生也。天地得交會之道，故無終竟之限；人失交接之道，故有夭折之漸。能避漸傷之事而得陰陽之術，則不死之道也。』采女再拜曰：『願聞要教。』彭祖曰：『道甚易知，人不能信而行之耳。今吾王御萬機治天下，必不能修爲眾道也。幸多後宮，宜知交接之法。法之要者，在於多御少女而莫數泄精，使人身輕，百病消除也。』」

〔註 90〕參見馬王堆漢墓帛書整理小組，《馬王堆漢墓帛書》，四，文物出版社，1985 年。

（圖 4-6-2）唐代石槨凸胸侍女圖例

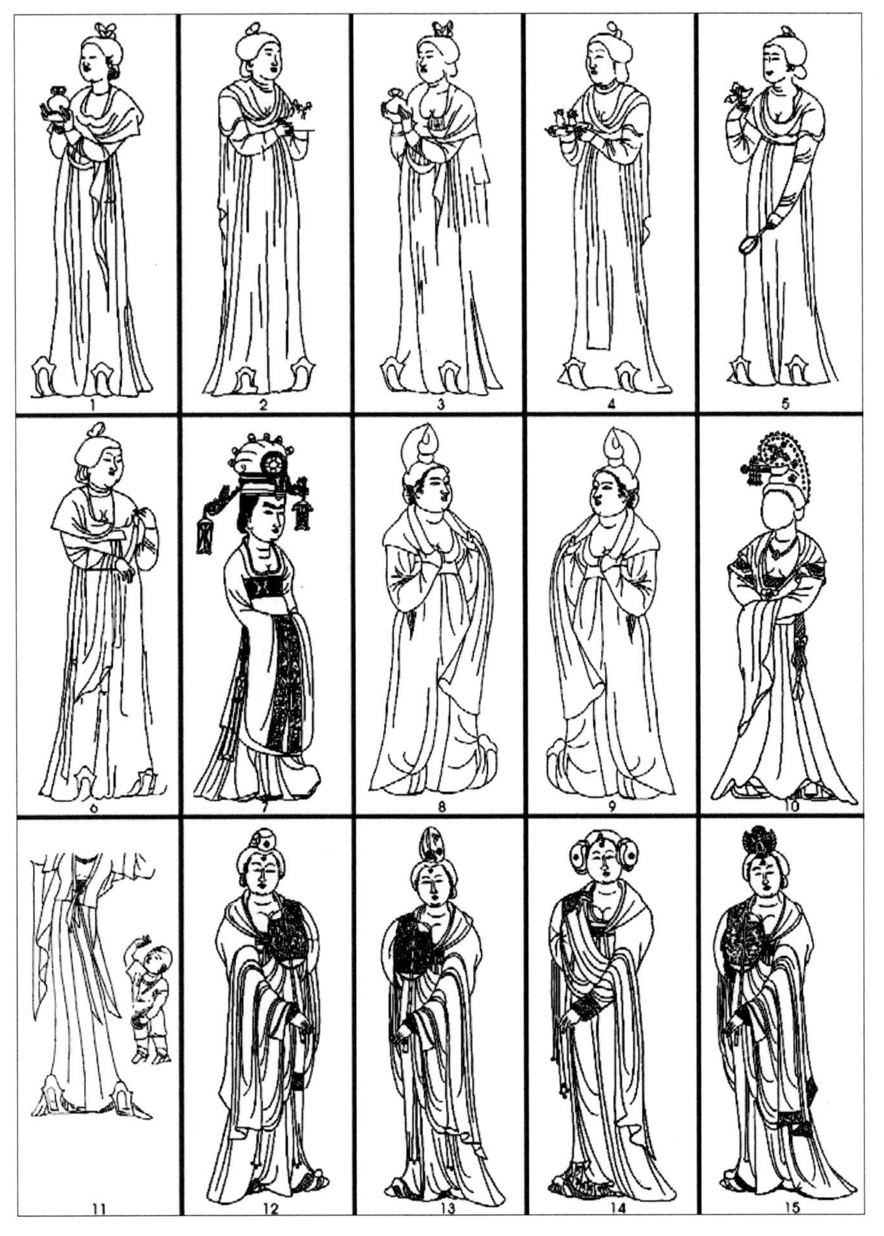

1、李晦墓石槨北向西間壁板；2、李晦墓石槨北向東 2 立柱線刻；3、李晦墓石槨南向西間壁板；4、李晦墓石槨東向中間壁板；5、李晦墓石槨東向北間壁板；6、李晦墓石槨西向南間壁板；7、懿德太子墓石槨正面中間線刻；8、韋詢墓石槨東向南間壁板；9、韋詢墓石槨東向北間壁板線刻；10、韋頊墓石槨戴步搖侍女線刻；11、韋頊墓石槨侍女小兒線刻；12、薛儆墓石槨內壁東向南間壁板；13、薛儆墓石槨外壁西向北間壁板；14、薛儆墓內壁北向西間壁板；15、薛儆墓石槨外壁西向中間壁板。

係。〔註 91〕房中術亦謂「御婦人之術」，〔註 92〕它的背景是中國傳統數術中的合天道觀念，亦是養生方技之學的重要內容之一。早期道教將「男女合氣」的房中術作爲修煉的重要手段，在東漢張道陵、張魯所創天師道的代表著說《老子想爾注》、〔註 93〕《黃書》中即有專門教授「黃赤之道」的房中術修煉法。〔註 94〕據現有史料看，最晚在漢時，房中術已作爲職業性技藝而歷代傳授，〔註 95〕魏晉時期房中術的流派至少有十多家，〔註 96〕東晉葛洪所著錄的《抱朴子》道經中也包括了若干房中書。〔註 97〕

在房中術中對女性外貌的重要要求之一即爲年少、乳小。《玉房指要》云：

> 御女苦不多耳，不必皆須有容色妍麗也，但欲得年少未生乳而多肌肉者耳。〔註 98〕

《玉房秘訣》云：

> 彭祖曰：「夫男子欲得大益者，得不知道之女爲善。又當御童女，顏色亦當如童女。女但苦不少年耳，若得十四五以上，十八九以下，還甚益佳也。」〔註 99〕

《房內記》中還描述「好女」的形貌標準爲：

> 沖和子曰：「婉姸淑慎，婦人之性美矣。夫能濃纖得宜，修短合

〔註 91〕李零，《中國方術考》，修訂本，東方出版社，2001 年 8 月，397 頁。

〔註 92〕《後漢書》，方術列傳，其注：婦人、房中、陰皆指女人。

〔註 93〕多數學者認爲此書系張道陵所著。其據爲：東晉葛洪在《神仙傳》中有「得隱書秘文」之語：「天師張道陵，字輔漢，沛國豐縣人也。本太學書生，博採五經。晚乃歎曰：「此無益於年命。」遂學長生之道，得黃帝九鼎丹經，修煉於繁陽山，丹成服之，能坐在立亡，漸漸復少。後於萬山石室中，得隱書秘文及制命山嶽眾神之術，行之有驗。」（東晉）葛洪，《神仙傳》，卷五，39，張道陵，學苑出版社，1998 年 5 月。

〔註 94〕陳國符，《道藏源流考》，下冊，中華書局，1963 年，365～369 頁。

〔註 95〕《史記》扁鵲倉公列傳中曾提到「接陰陽禁書」，《漢志》方技略中亦有八部房中類 191 卷。馬王堆 3 號墓出土的帛書與竹書中與房中術有關的有七部：1、《養生方》2、《十問》3、《天下至道談》4、《胎產書》5、《雜療方》6、《雜禁方》7、《合陰陽》。

〔註 96〕（梁）阮孝緒，《七錄序》有記：「房中部十三種三十八秩三十八卷」，《廣弘明集》，卷三。

〔註 97〕杜富士，《略論早期道教與房中術的關係》，《中央研究院歷史語言研究所集刊》（臺灣），1972 年第 2 期，239 頁。

〔註 98〕《房內記》，至理，第一。

〔註 99〕《房內記》，養陽，第二。

度，非徒取悅心目，抑乃尤益壽延年。」又云：「欲御女，須取少年，未生乳，多肌肉，絲髮小眼，眼精白黑分明者；面體濡滑，言語音聲和調其四支百節之骨皆欲令沒，肉多而骨不大者。」〔註 100〕

（圖 4-6-3）
李晦石槨東向中間壁板

中國傳統審美觀念中，乳小是美女的重要標誌之一。然而，既然古人認爲美女必須平胸，那麼爲什麼會在唐代石槨中出現這些有違傳統審美觀念的凸胸侍女形象呢？

唐代石槨作爲「東園密器」只出現在正二品以上的高官及皇族墓葬中，〔註 101〕並且由於石槨是仿墓主生前寢殿而設的陰間寢室，石槨上的圖像所反映的是當時貴族內宅生活的現實情景，〔註 102〕其中凸胸侍女是墓主生前近身之人。石槨侍女圖像中，凸胸侍女的身份相對較高。李晦墓石槨線刻的侍女從服飾上分爲兩類，一類是著裙裝穿高頭履身份較高的侍女，一類是著圓領袍服穿線鞋〔註 103〕的低等侍女。在李晦墓石槨東向中間壁板（圖 4-6-3）、東向北間壁板、西向北間壁板、西向中間壁板、西向南間壁板中，同一幅圖像並列刻著身份較高的凸胸侍女和身份較低著袍服侍女。高頭履在這一時期只有貴族及皇族才能穿著，至文宗（827 年～840 年在位）時期才允許

〔註 100〕《房內記》，好女，第二十二。

〔註 101〕西安市文物保護考古所王自力、孫福喜，《唐金鄉縣主墓發掘報告》，文物出版社，2002 年 11 月，102 頁。2009 年 9 月由西安考古研究所在西安長安區西安國家民用航天產業基地發掘的從三品上司農卿秦守一墓，也使用了石槨，因現有史料中關於秦守一的資料較少，所以，其墓中使用石槨的原因不明。

〔註 102〕石槨是仿地面上的現實殿堂建築，以代替墓主的陰宅建築。

〔註 103〕唐代線鞋在新疆阿斯塔納古墓群中有實物出土，以麻繩編底，絲繩爲幫。詳細圖樣見孫機，《中國古輿服論叢》，上編，文物出版社，2001 年，234～235 頁。

一般婦女穿著。〔註104〕另外，從著袍服侍女手持器物而斷，顯見爲著裙裝凸胸侍女的僕從；韋詢墓石槨侍女線刻中的兩幅凸胸侍女也是身著裙裝（圖 4-6-2-8、圖 4-6-2-9）；懿德太子墓石槨和韋頊墓石槨中的凸胸侍女頭戴步搖冠帽身著裙裝（圖 4-6-2-11、圖 4-6-2-10）；薛儆墓石槨上所刻的凸胸侍女，皆爲正面形象，挺胸直視，神態悠閒自信，且額飾花鈿。〔註105〕而其它侍女則爲側身含胸拱手的謙卑形狀或是雙手懷抱包袱的僕從（圖 4-6-4）形象，兩者的身份差異顯而易見。

（圖 4-6-4）
薛儆墓墓石槨外壁南向西間、外壁北向西間壁板線刻

著裙裝侍妾在生活中的地位主要取決於主人的寵愛程度，突出女性特徵的表現也是吸引男性的手段之一。而著袍服的低級侍女，在貴族生活中只具侍從服務的功能作用，所以，她們也就沒有「凸胸」的必要。此外，在武周至玄宗時期皇室貴族的墓室壁畫中也可看到身份較高的侍女多有身份較低的侍女隨侍。〔註106〕

就以上信息推斷，這些凸胸侍女的身份應是墓主生前所寵侍妾，或爲已育子女的妻妾，〔註107〕顯然，這種刻意凸胸的表現在當時流行於貴族女性

〔註104〕《唐會要》，卷三一，載文宗時婦女服制，曰：「高頭履及平頭小花草履即任依舊」。

〔註105〕花鈿：用金銀等材料製成花形飾物，主要在唐代貴族婦女中流行。唐代流行的額鈿有兩種：1、金鈿，《全唐詩》卷七百二十六，趙光遠在《詠手二首》中云：「舌頭輕點貼金鈿」。2、翠鈿，《全唐詩》卷八百九十一，溫庭筠《南歌子》云：「眉間翠鈿深」；《全唐詩》卷八百九十一，溫庭筠《菩薩蠻》云：「翠鈿金壓臉」；《全唐詩》卷八百九十五，毛熙震《浣溪沙》云：「翠鈿金縷鎮眉心」。

〔註106〕李星明，《唐代墓室壁畫研究》，陝西人民美術出版社，2005 年 10 月，264 頁。

〔註107〕韋頊墓石槨壁板殘片上的凸胸侍女身旁描畫一幼童形象（圖 3-93-11），或可以資佐證。

當中。

凸胸侍女形象的出現正是武周當政之時。由於武后當權，使得女性的社會地位空前提高，並隨著唐代社會的胡風染化，女性身材追求健壯之美。〔註 108〕這種女權主義的源頭來自北朝，北朝初期，一部分漢人因中原戰亂遷往北方，並與匈奴、羌、鮮卑等北方少數民族進行了融合。致使「男尊女卑」的傳統儒家文化受到衝擊，北方少數民族的女權傳統逐步滲入漢族傳統觀念之中。在當時，鮮卑婦女可以不受家庭所束縛，自由選擇配偶，甚至對男子納妾亦頗有微詞。《魏書》卷一八《太武五王傳》，載元孝友上奏曰：

（圖 4-6-5）
敦煌出土「放妻書」局部

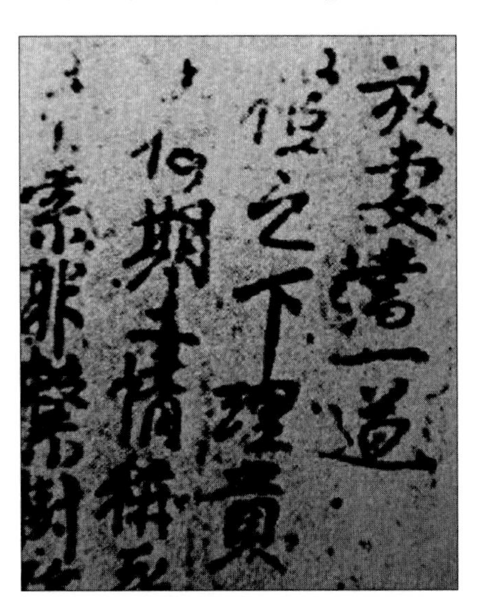
放妻書一道

> 將相多尚公主，王侯亦娶后族，故無妾媵，習以爲常。婦人多幸，生逢今世，舉朝略是無妾，天下殆皆一妻。〔註 109〕

三國三后〔註 110〕當權時期，女權觀念逐步確立，女性參政，議政在社會上形成了一種風氣。及至武周，特別是在宮廷之中延續了這種女權觀念，多有女性參與社交、行政，甚至在女尼當中也有參政跡象。〔註 111〕敦煌出土「放妻協議」（圖 4-6-5）中的離婚理由是因爲感情不和，措辭也並無一般休書的生硬語氣，說明了當時女性社會地位甚高。

武周之後，社會的開放程度空前提升，特別是此時的貴族女子，〔註 112〕

〔註 108〕唐承隋制。李唐王朝繼承了隋朝皇族，尤其是隋皇族女系母統的強悍鮮卑性格。從性格血統上，李唐王朝的開國皇帝和初期君主都是胡化了的漢人和鮮卑貴族女性的混血兒。李淵生母元貞太后、是鮮卑貴族獨孤信的女兒。李淵的皇后及一個兒媳也爲鮮卑人。鮮卑族中國古代游牧民族。秦漢時從大興安嶺一帶南遷至西剌木倫河流域。鮮卑以游牧爲生，男女均崇尚健碩之美。

〔註 109〕《魏書》，卷一八，太武五王傳。

〔註 110〕三后：北周明帝獨孤后（長女）、唐高祖李淵母元貞太后（四女）、隋文帝獨孤后（七女）。

〔註 111〕參見段塔麗，《唐代婦女地位研究》第四章，人民出版社，2000 年 1 月。

〔註 112〕李星明，《唐代墓室壁畫研究》，陝西人民美術出版社，2005 年 10 月，263 頁。

採取了一系列挑戰以男性爲中心的女權運動，這一時期，上層社會普遍存在懼內現象，許多貴族女子禁止丈夫納妾，以至於很多貴族男子私立外宅，並風行一時，玄宗即位後爲整頓世風曾下令嚴查「別宅婦」。〔註 113〕貴族女性社會地位的提高也使得她們對傳統貞潔禮法觀念的認同相對淡薄，她們穿男裝，打馬球，崇尚和追逐各種外來風尚。北朝所提倡的「壯美」也影響到了唐代的審美情趣，並隨之帶來了女性服飾的多樣化與開放性加強的趨勢。女性地位的提高、女權主義的膨脹、儒道的沒落，〔註 114〕促成了社會審美形態的轉變，改變了以男性爲中心的審美傳統標準，女性得以從自己的視角來表現自身美感，並且這種審美趣味影響至盛、晚唐的審美取向。唐詩中亦多有描寫女性胸部的詞句，如，溫庭筠《女冠子》：

雪胸鸞鏡裏，琪樹鳳樓前。〔註 115〕

周濆《逢鄰女》：

日高鄰女笑相逢，慢束羅裙半露胸。

莫向秋池照綠水，參差羞殺白芙蓉。〔註 116〕

方干《贈美人》：

粉胸半掩疑晴雪，醉眼斜回小樣刀。〔註 117〕

韓偓《余作探使以繚綾手帛子寄賀因而有詩》：

帝臺春盡還東去，卻繫裙腰伴雪胸。〔註 118〕

李群玉《同鄭相併歌姬小飲戲贈》：

胸前瑞雪燈斜照，眼底桃花酒半醺。〔註 119〕

出現於武周之後的凸胸現象，無論是從圖像還是史料而言，都似與佛教有著密切聯繫。唐代帝王崇佛者當首推武氏，中國傳統觀念中，女性是絕對不允許君臨天下，而武氏若想稱帝就必須尋找出一個觀念上的依據，而在傳

〔註 113〕張箐，《唐代女性形象研究》，甘肅人民出版社，2007 年 12 月，47～48 頁。

〔註 114〕1、《舊唐書》，卷六，本紀第六載：「天授二年（691 年）……夏四月，令釋教在道法之上，僧、尼處道士、女冠之前。」2、《資治通鑑》，卷二百四，唐紀二十載：「天授二年。……夏，四月癸卯，制以釋教開革命之階，（謂《大雲經》也。）陞於道教之上。」

〔註 115〕《全唐詩》卷 891，《女冠子》。

〔註 116〕《全唐詩》卷 771，《逢鄰女》。

〔註 117〕《全唐詩》卷 651，《贈美人四首》。

〔註 118〕《全唐詩》卷 682，《余作探使以繚綾手帛子寄賀因而有詩》。

〔註 119〕《全唐詩》卷 682，《同鄭相併歌姬小飲戲贈》。

統儒、道經典中皆無理論支持。武則天之母楊氏出於名門世家，因隋滅家敗而遁入佛門，是一位虔誠的佛教徒。武則天從小便崇信佛教，並曾一度捨身沙門，〔註 120〕對佛教教義必然瞭解頗多，並在佛教經典《大雲經》〔註 121〕中尋找出了女性當權的可依證據。因此，在廢唐立周之際，指使薛懷義、法明等九僧獻上《大雲經》並「陳符命，言則天是彌勒下生，作閻浮提主，唐氏合微。」〔註 122〕盛言女皇「革命」之事。由於《大雲經》在改唐立周的過程中作用匪淺，故武氏即位之後，極力倡導佛教，令全國各州興建大雲寺，〔註 123〕大興伽藍，獎譯群經，崇飾佛像，據成書於開元十年（722 年）的《兩京新記》載，僅長安就有「僧寺六十四，尼寺二十七」〔註 124〕。於此同時，印度大乘佛教修行者吸納了印度教修行的方式形成了密宗教派，並由於此時期中印間交通比較發達，很快就由印度傳播至中國。相繼來唐的印度僧人善無畏（637～735 年）、金剛智（671～741 年），到達長安後，互相授受，並經過中國佛僧一行（683～727 年）、不空（705～774 年）等人的校譯、闡述，使內容更加貼近中原文化，乃於一般的佛教之外，創立了漢傳密教一宗〔註 125〕。由於交流便捷，漢傳密教與印度密教在形成過程中有著許多相通之

〔註 120〕《舊唐書》卷六，本紀第六載：「則天年十四時，太宗聞其美容止，召入宮，立爲才人。及太宗崩，遂爲尼，居感業寺。大帝於寺見之，復召入宮，拜昭儀。」

〔註 121〕1、《佛光大辭典》載：大方等無想經（大雲經）：梵名 Maha^megha-su^tra。凡六卷（或五卷、四卷）。又作大方等無相大雲經、方等無相大雲經、方等大雲經、大雲無相經、大雲密藏經、大般涅槃經。略稱無相經、大雲經。今收於大正藏第十二冊。星雲大師監修，《佛光大辭典》，北京圖書館出版社，2004 年 1 月。2、另有說法《大雲經》係薛懷義、法明等僞造，陳寅恪先生認爲並非僞造，其據是：《大雲經》爲古印度人曇無讖在北涼時於敦煌譯出，曇無讖譯經始於北涼玄始十年（421 年），義和三年（433 年）被害，《大雲經》翻譯時間當在 421 年～433 年之間。武則天於天授元年（690 年）頒《大雲經》時，《大雲經》已存在了 260 年左右。

〔註 122〕《舊唐書》，卷一百八十三，附《薛懷義傳》，中華書局，1997 年。

〔註 123〕《舊唐書》，卷六，則天皇后本紀載：「令諸州各置大雲寺，總度僧千人。」

〔註 124〕（唐）韋述、杜寶，辛德勇校，《兩京新記輯校大業雜記校輯》，三秦出版社，2006 年，12 頁。

〔註 125〕由佛教眞言秘密而得名。秘密大乘佛教，又稱爲怛特羅佛教、密宗、秘密教、秘密乘、密乘、金剛乘、眞言乘、瑜伽密教、眞言宗，是大乘佛教的一個支派，爲印度後期佛教的主流。這一系的佛教，有不許公開的秘密傳授，及充滿神秘內容的特徵，因而又被稱爲密教；而相對於密教，包括大乘、小乘，則被稱顯教。參見呂建福，《中國密教史》，中國社會科學出版社，1995 年 8 月。

處，漢代道教經典《黃書》房中術中的「黃赤之道，混氣之法」就與印度密教的房中修煉之法極為相似。〔註 126〕按荷蘭學者高羅佩的觀點，中國的早期房中理論要早於印度密教的修煉經典，後者應是受前者的影響而形成，並同時反傳於中國，〔註 127〕這其中也包括季羨林先生所論證的佛教倒流作用所致。〔註 128〕

據《宋高僧傳》載：

> 阿地瞿多，華雲無極高，其於永徽三年（652 年）從西印度來長安，勅今慈門寺安置。沙門大乘琮等十六個人及英公李世勳，鄂公尉遲敬德等十二個人，同請法師於慧日寺浮屠院建陀羅尼普集會壇。〔註 129〕

這是初唐密教弘傳中很重要的事件，〔註 130〕亦可見證此時密宗的興盛狀況，在唐時供奉佛指舍利的陝西扶風縣法門寺便屬唐密一派。法門寺地宮出土的唐代密宗菩薩像（圖 4-6-6-1）便有突出胸乳的表現，這種凸胸現象在密宗佛造像中表現頗多，如，藏傳佛教密宗的本尊神——金剛亥母像（圖 4-6-6-2）；現藏於西安碑林博物院的唐代密宗菩薩像（圖 4-6-6-3）等。這些凸胸形象源於印度藝術，而印度藝術又多承希臘藝術之影響，這兩個民族對於女性的審美與中國傳統女性審美標準差異較大。他們欣賞的是成熟女性之美，由古希臘的「神人同形同性」（anthropomorphism）〔註 131〕觀念所影響的印度藝術所依賴的哲學觀念是在「原始生殖崇拜的基礎上，漸漸形成為超驗哲學意義上的生命崇拜，得以產生了奧義書哲學的「梵我同一」和輪迴解脫觀念。」〔註 132〕而印度藝術中，突出女性乳房的表現也是這種以生殖崇拜所發源的哲學觀念的一種體現（圖 4-6-7）。而在極力提倡佛教的武周時期，則必

〔註 126〕李零，《中國方術考》，修訂本，東方出版社，2001 年 8 月，429 頁。

〔註 127〕參見（荷蘭）高羅佩，《中國古代房內考——中國古代的性與社會》，上海人民出版社，1990 年 11 月。

〔註 128〕參見季羨林，王樹英選編，《季羨林論中印文化交流》，佛教倒流，新世界出版社，2006 年 1 月。

〔註 129〕見：贊寧，《宋高僧傳》，卷二，中華書局，1987 年 8 月。

〔註 130〕Biljana Ciric，《唐代繪仕女畫及審美風氣的演變》，華東師範大學，2004 年度碩士學位論文，9 頁。

〔註 131〕古希臘人認為，神是人的最完美體現，神與人同一形象，同一性格，是人的最高典型和個性最大的張揚放大。

〔註 132〕參見王鏞，《移植與變異——東西方藝術交流》，中國人民大學出版社，2005 年 6 月。

然會受到這種審美觀念的影響，此時的貴族女性已漸尙肥美，而身體的肥胖也必然會導致胸乳的增大。在受到外來文化的強烈刺激下，中國傳統的平胸審美觀念已然有所轉變。

（圖 4-6-6）密宗凸胸造像

1

2

3

1、（唐）《密宗菩薩像》，法門寺地宮出土；2、《金剛亥母像》，藏傳佛教密宗本尊神；3、西安碑林博物院藏《密宗菩薩像》。

（圖 4-6-7）印度藝術中的凸胸表現

1

2

3

1、《迪達干吉》前 3 世紀（孔雀王朝）；2、《愛嬰圖》5 世紀（笈多王朝）；3、獅子岩壁畫局部。

梳理上文，基本可以總結，爲什麼會在這一時期的石槨上出現女性凸胸的特例現象。其一，則天當政時期，女權主義極具膨脹，對於以男性爲主體的審美觀念有所改變；其二，受胡風影響，女性始以肥美，導致胸乳增大；其三，受佛教文化的強烈影響，使得傳統中女性「未生乳」的審美觀念發生轉變，趨向於成熟美的視覺審美情趣；其四，這些凸胸女性多是墓主生前的寵妾，凸胸的主要目地是吸引男性。由於以上原因，在這一時期的石槨線刻當中出現了女性凸胸的表現也就順理成章了。

第七節　侍女髻式

一、初唐髻式

頭髮居於人首，是體現人之美的關鍵之處，中國幾千年的文明史中，不同時期的髮型亦體現出與其時代相諧的審美情趣及文化內涵。

在古人的觀念中，身體上任何部分都與生命有著同等重要的意義，《呂氏春秋》順民篇記：

> 昔者湯克夏而正天下，天大旱，五年不收。湯乃以身禱於桑林，……於是翦其髮，磨其手，以身爲犧牲，用祈福於上帝，民乃甚說，雨乃大至。〔註133〕

圖騰崇拜是古人宗族血緣倫理系統的心理基礎，原始人是用圖騰形象來表示血緣的同一性。結髮亦是由圖騰崇拜衍生出來的種種藝術形式之一。《史記》吳太伯世家曰：

> 常在水中，故斷其髮，文其身，以象龍之子，故不見傷害。〔註134〕

隨著古人對自然的認識提升，結髮作爲圖騰意識「象徵」的本質意義逐漸消減，但其形式卻由一代一代的繼承而保留了下來。

據《髻鬟品》、《妝臺記》、《新唐書》、《中華古今注》等所記，唐代婦女常見髻式多達十餘種。〔註135〕所欠者均未明言其形制，然唐人髮式起名多具

〔註133〕《呂氏春秋》，季秋紀第九，順民。

〔註134〕《史記》，卷三十一，吳太伯世家，第一。

〔註135〕據《髻鬟品》載：高祖宮中有半翻髻、反綰髻、樂遊髻。明皇帝宮中：雙環望仙髻、回鶻髻。貴妃作愁來髻。貞元中有歸順髻，又有鬧掃妝髻。長安城中有盤桓髻、驚鵠髻，又拋家髻及倭墮髻。（明）王世貞，《弇州四部稿》，卷一五七，《髻鬟品》，臺灣商務出版社，1986年1月。

象徵性，以考古圖像與之匹配，大體可反應出唐代髮式的基本面貌。

隋承先制，婦女髮式比較簡單，變化也較少，一般多作平頂式，曰平髻。即將頭髮分作二至三層，層層堆上，似帽狀。如：敦煌 390 窟壁畫中的仕女髮式（圖 4-7-1），初唐仍較流行，只是髻頂稍有上聳趨勢，多作朵雲型。李壽墓（630 年）侍女髻式（圖 4-7-2）即延續了北周「開額」舊制，〔註 136〕前額鬢髮剃齊。

（圖 4-7-1）敦煌 390 窟隋代壁畫中的仕女髮式

（圖 4-7-2）李壽墓石槨線刻的初唐平髻

李晦墓（689 年）石槨侍女髮式分為回鶻髻和反綰髻兩種。回鶻髻式主要流行於初唐早期。其髻頭紮纏較緊，立在頭頂正上方，似秦代椎髻形狀，只是髻頭稍大於椎髻，繫結方式基本相同。椎髻是中國古代眞正意義上的髮型，將頭髮全部收攏於頭頂正中，以髮帶束紮成椎形，不編辮，髮髻位於頭頂正中。《史記》陸賈列傳曰：

> 謂為髻一撮似椎而結之。〔註 137〕

椎髻亦作「椎結」，《漢書》李陵傳載：

> 兩人皆胡服椎結。顏師古注曰：結讀曰髻，一撮之髻，其形如椎。

李晦墓石槨北向中間壁板、東向中間壁板左側的線刻侍女髮式（圖 4-7-3）即為初唐回鶻髻式；韋詢墓石槨北向東間壁板的侍女髮式亦同，只是髻頭更大；大長公主墓前室西壁北側侍女髻式亦為回鶻髻（圖 4-7-4）。

〔註 136〕李曉筠，《初唐墓葬女像藝術特點與成就》，《泰安教育學院學報岱宗學刊》，2008 年 03 期，13 頁。

〔註 137〕《史記》，卷九十七，列傳三十七，酈生陸賈列傳。

（圖 4-7-3）
李晦墓石槨線刻的初唐高髻

（圖 4-7-4）大長公主墓前室
西壁北側侍女局部

反綰髻也是初唐流行髻式。其編法是梳髮於腦後，集爲兩股或編成髮辮，由下反綰於頭頂，旋轉系結（圖 4-7-5）。武周之前的反綰髻，髻頭較小，類似於雙頭回鶻髻形狀，例如大長公主墓前室東壁中間（圖 4-7-6）、李晦墓石槨南向西間（圖 4-7-7）及契苾明墓石槨壁板線刻的小型反綰髻形制。武周之後，髻頭逐漸增大加寬，例如懿德太子墓石槨外壁北向西間右側和永泰公主墓石槨壁板內壁南向西間（圖 4-7-8）及韋頊墓石槨捧果盤侍女線刻（圖 4-7-9）中的侍女髻式。

初唐侍女形象中常見的半翻髻髻式主要盛行於宮中及貴族婦女當中，永泰公主墓石槨內壁東面中間線刻兩位頭梳半翻髻侍女，豐頤秀頰，手挽披巾相向而立，顯出高貴而矜持的神情，顯然梳半翻髻的兩個侍女身份較高（圖 4-7-10）。〔註 138〕懿德太子墓前室南壁東側壁畫中，梳半翻髻侍女顯然要高大的多，同樣顯示梳此髻侍女身份較高（圖 4-7-11）。

半翻髻髻式較高，頂部向下半翻，其髻頂呈尖狀或弧狀，從外觀形狀來看，髮髻內部應有髮托將頭髮襯起，否則不會形成如此高聳的髮式。出土於新疆吐魯番東南約 60 公里處阿斯塔那墓屏風畫「樹下美人圖」中的髮式及韋詢墓石槨東向的線刻侍女髮式，呈尖狀半翻髻（圖 4-7-12），永泰公主墓石槨線刻侍女則爲弧狀半翻髻髮式。

〔註 138〕陝西省博物館，《永泰公主墓石槨線刻畫》，陝西人民美術出版社，1985 年 7 月。

（圖 4-7-5）反綰髻梳理示意圖

（圖 4-7-6）
富平縣房陵
大長公主墓前室
東壁中間梳回
鶻髻侍女局部

（圖 4-7-7）
李晦墓石槨
南向西間線
刻侍女髮式

（圖 4-7-8）
永泰公主墓
石槨內壁
南向西間線刻
侍女的反綰髻

（圖 4-7-9）
韋頊墓石槨
捧果盤侍女的
反綰髻

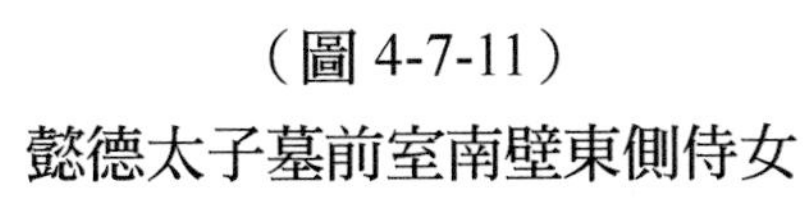

（圖 4-7-10）永泰公主墓石槨
內壁東向中間線刻，初唐半翻髻

（圖 4-7-11）
懿德太子墓前室南壁東側侍女

段成式在《髻鬟品》中所記的驚鵠髻，其梳編法是將髮髻攏上反綰，其形如鳥振雙翼狀。漢末三國（魏）時即有，五代馬縞在《中華古今注》中說：「魏宮人好畫長眉，令作蛾眉驚鵠髻。」此髻歷經兩晉、南北朝，直至隋唐時期，長安城內仍然流行。唐代梳這種髮式的侍女身份也比較高，從永泰公主墓石槨線刻中梳驚鵠髻侍女（圖 4-1-1）的裙下鞋履形狀判斷，應是高頭履，並且，從永泰公主墓石槨外壁北面東間線刻中的兩侍女組合來看，梳驚鵠髻的侍女明顯大於身旁的梳反綰髻的侍女，可見，驚鵠髻亦為高等級女官髮式。

（圖 4-7-12）
韋詢墓石槨北向東間線刻半翻髻

韋詢墓石槨外壁北向西間壁板線刻侍女的髮式（圖 4-7-13），是唐代未婚女性常梳的雙丫髻。此髻形狀如「丫」形，故稱丫髻。因有兩髻，又名「雙丫髻」、「雙髻丫」、「雙角髻」、「雙童髻」。其梳編法是將髮平分兩股，對稱繫結成兩大椎，分置於頭頂兩側，類似於漢代雙環髻的梳法。雙丫髻各代均有出現，只是形制稍有變化。河南洛陽出土一件商代玉雕人像，亦梳雙丫髻，而韋詢墓石槨侍女的雙丫髻髻形與前代稍有不同，其雙髻並立與頭頂，兩髻貼的較近。

（圖 4-7-13）
韋詢墓石槨外壁北向西間壁板線刻局部

二、盛唐髻式

盛唐薛儆墓（720 年）石槨侍女線刻存在三種髻式。其一、盛唐式高髻；其二、前伏式高髻；其三、盛唐式雙丫髻。

高髻一詞較為模糊，初唐流行的高髻纏得較緊，也較低，盛唐式高髻則寬大鬆圓。《東觀漢記》中描述長安城婦女高髻：

城中好高髻，四方高一尺〔註 139〕

〔註 139〕（東漢）劉珍撰，吳樹平校注，《東觀漢記校注》，卷十一，傳六，中華書局，2008 年 11 月。

《舊唐書》記唐高祖問令狐德棻語：

比者，丈夫冠、婦人髻競爲高大，何也〔註 140〕

《唐會要》載文宗大和六年（公元八三二年）有司奏：

婦人高髻險妝，去眉開額，甚乖風俗，頗壞常儀。〔註 141〕

上述文獻記錄的高髻，式樣絕不相同。〔註 142〕

盛唐式高髻、前伏式高髻與初唐式高髻相較，其上部髮髻聳立較高，也較鬆大，腦後挽髮分爲兩層，如薛儆墓石槨內壁東向南間壁板線刻侍女的髮式（圖 4-7-14）。薛儆墓石槨外壁南向西間壁板線刻侍女的前伏式高髻（圖 4-7-15），髻頭則更爲鬆散並向前傾斜。

薛儆墓石槨外壁南向東間壁板線刻侍女的髮式爲盛唐式雙丫髻（圖 4-7-16）。盛唐式雙丫髻與初唐雙丫髻的結法基本相同，只是雙髻分的較開，分別結於頭部兩側並且髻頭比較圓大。與麥積山石窟西魏 123 窟《女童像》（圖 4-7-17）雕塑的髮式基本相同。

天寶伊始，女性以肥爲美，髻式多爲倭墜髻。李憲墓（742 年）石槨線刻侍女的倭墜髻結法分兩式，內壁西向中間壁板線刻的結髻方式是將頭髮自兩鬢反梳於腦後，再翻於頭頂前部結髻（圖 4-7-18），內壁北向東間壁板線刻則是將頭髮整體翻於腦後的披髮式倭墜髻（圖 4-7-19）。王賢妃墓（746 年）石

（圖 4-7-14）
薛儆墓石槨內壁東向南間壁板線刻局部

（圖 4-7-15）
薛儆墓石槨外壁南向西間壁板線刻局部

（圖 4-7-16）
薛儆墓石槨外壁南向東間壁板線刻局部

〔註 140〕《舊唐書》，卷七十三，列傳第二十三。
〔註 141〕《唐會要》卷三十一。
〔註 142〕孫機《中國古代輿服論叢》，文物出版社，2001 年，240 頁。

槨線刻中的侍女則全梳披髮式倭墜髻（圖4-7-20），其與李憲墓倭墜髻相較，顯得更爲大方，頭髮由兩側及前部直梳於腦後，再翻於頭頂，或由髮托襯墊，結髻更爲蓬鬆寬大，相當配合於盛唐以來逐漸發胖的女性臉型。另外，李憲墓石槨線刻侍女的倭墜髻是將雙耳露與髮外，而王賢妃墓侍女的雙耳則全部包於披髮式倭墜髻之內。

（圖4-7-17）麥積山石窟西魏123窟《女童像》

倭墜髻源於漢代墮馬髻髻式，多爲貴族婦女或年輕女子梳理。漢時的墮馬髻梳挽時由正中開縫，分髮雙顳，至頸後集爲一股，挽髻之後垂至背部，因酷似人從馬上跌落後髮髻鬆散下垂之狀，故名。有說此髻爲東漢桓帝時梁冀之妻孫壽所作，故又有「梁家髻」之稱，《後漢書》五行中載：「桓帝元嘉中，京都婦女作愁眉、啼妝、墮馬髻、折腰步、齲齒笑。」〔註143〕《後漢書》梁冀傳載：「色美而善爲妖態，作愁眉、啼妝、墮馬髻、折腰步，齲齒笑，以爲媚惑。」〔註144〕此髻在當時是一種非常妖媚的髮式並廣爲流行。漢代諸多文物資料中亦多見此

（圖4-7-18）李憲墓石槨內壁西向中間壁板線刻局部

（圖4-7-19）李憲墓石槨內壁北向東間壁板線刻局部

（圖4-7-20）王賢妃墓石槨壁板線刻局部

〔註143〕《後漢書》，志第十三，五行一，貌不恭淫雨服妖雞禍青眚屋自壞訛言旱謠狼食人。

〔註144〕《後漢書》，卷三十四，梁統列傳，第二十四。

髻，如：景帝漢陽陵出土的女陶俑（圖 4-5-1）、西安任家坡出土的女陶俑、湖北江陵出土地女木俑等。隋唐以後墜馬髻梳法有所改變，將垂髮向上挽成一髻，通常爲年輕婦女所髻。此髻由漢時較薄披髮逐步發展爲盛唐的厚髮式，其膨大髮型的趨勢一直延續至宋初，五代王處直墓浮雕伎樂侍女（圖 4-7-21）所見的倭墜髻更爲蓬鬆厚大。

（圖 4-7-21）
王處直墓浮雕伎樂侍女局部

三、假髻

假髻在唐代高大豐盈髻式當中起著相當大的作用，多採用木質、紙質或繒綿〔註 145〕作爲襯墊以擴大髮髻。

盛唐伊始，婦女體型漸肥，而以自身的頭髮很難與圓潤臉型相配合，於是就採用木質紙質或繒綿〔註 146〕作爲襯墊以達到擴大髮髻的作用。永泰公主墓石槨內壁東向中間和韋詢墓石槨北向東間侍女所梳的半翻髻，永泰公主墓石槨外壁南面東間、北面東間侍女的驚鵠髻均是已襯墊而托起的髻式造型。進入盛唐，婦女髮式漸趨自然，假髻亦一改之前的誇張造型，漸漸隱於髮型之中，假髻改爲烘託自然髮型更具質感的作用，如，王賢妃墓石槨線刻中的披髮式倭墜髻，已經改變以襯墊造形的形式，襯墊主要是配合自然髮型，以不顯假髻爲優。

以假髻塑造髮型，並非唐人所獨創，魏晉南北朝之前亦相當流行。假髻，亦作「假紒」、「假結」，古稱編，漢以後稱假髻。《周禮》曰：

> 追師掌王后首服爲副。鄭玄云：副，婦人首飾，三輔謂之假髻。

《東觀漢記》記：

> 章帝詔東平王蒼：惟王孝友之德。今以光烈皇后假髻、帛巾各一，衣一篋遺王。可時瞻視，以慰《凱風》寒泉之思。

〔註 145〕王彬，《唐墓壁畫中的婦女髮飾》，《東南文化》，2004 年第 6 期，89 頁。
〔註 146〕王彬，《唐墓壁畫中的婦女髮飾》，《東南文化》，2004 年第 6 期，89 頁。

《晉中興書・徵祥說》曰：

> 太元中，公主婦女緩鬢假髻以爲盛飾。用髮豐多，不可恒戴，乃先於籠上扶之，名曰假髻，或名假頭。至於貧人，不能自辦，自號無頭，就人借髮。後孫思、桓玄之亂，死者萬計，被戮之家多亡頭首，至大斂時，皆以藤縛菰草爲頭，是假髻之應也。〔註 147〕

《後漢書》載：

> 皇后謁廟服……假結，步搖，簪珥。〔註 148〕

《隋書》記：

> 皇后謁廟……首飾則假髻、步搖，俗謂之珠鬟是也。〔註 149〕

魏晉南北朝時期，假髻規定爲命婦的頭飾。依《文獻通考》載：魏制，貴人、夫人以下，助蠶，皆大手髻。〔註 150〕其時流行的「蔽髻」，亦爲一種假髻，晉成公在《蔽髻銘》中曾作過專門敘述，其髻上鑲有金飾，各有嚴格制度，非命婦不得使用。普通婦女除將本身頭髮挽成各種樣式外，也有戴假髻的。不過這種假髻比較隨便，髻上裝飾較爲簡單，時稱「緩鬢傾髻」。江蘇省南京博物館藏南朝女陶俑及西安草場坡出土北魏加采女陶俑的髮髻（圖 4-7-22）即是魏晉南北朝流行假髻之一。

（圖 4-7-22）北魏加彩女陶俑假髻

永泰公主、韋詢墓等石槨侍女所梳的半翻髻及驚鵠髻均是已襯墊而托起髮髻。進入盛唐，婦女髮式漸趨自然，假髻亦一改之前的誇張造型，漸漸隱於髮型之中以烘託自然髮型，以不顯假髻爲優，就如王賢妃墓石槨線刻中的披髮式倭墜髻。

〔註 147〕《太平御覽》，卷七百十五，服用部十七。

〔註 148〕《後漢書》，輿服志，第二十九。

〔註 149〕（唐）魏徵，《隋書》，志第六，禮儀六，中華書局，2008 年 4 月。

〔註 150〕大手髻即爲假髻。（元）馬端臨，《文獻通考》，卷一百十四，王禮考九，中華書局 2006 年 11 月。

附表 4-2：唐代石槨線刻中的侍女髻式

初唐	平　髻	回鶻髻	反綰髻	半翻髻	驚鵠髻	雙丫髻

	李壽墓	李晦墓、韋詢墓	李晦、永泰、懿德、韋項	韋詢、永泰墓	永泰墓	韋詢墓
盛唐	高　髻	前伏式高髻	雙丫髻	倭墜髻（露耳式）	倭墜髻（披髮式）	

	薛儆墓	薛儆墓	薛儆墓	李憲墓	王賢妃墓	

第八節　襆　頭

通過魏晉南北朝近三百年的民族融合，胡漢的交往早已突破了傳統單一、因襲的格局。唐代統治者一反前代漢族統治者對外民族的貶抑和歧視，以華夷一家、四海一家的觀念展現了唐代統治者的世界觀：

> 夷狄亦人爾，其情與中夏不殊，人患德澤不加，不必猜忌異類。蓋德澤洽，則四夷可使如一家。〔註 151〕

李唐一族可能源於胡人，日本學者金井之忠在《李唐源流出於夷狄考》一文中說：李唐一族具有鮮卑族胡人的血統。〔註 152〕《朱子語類》亦曰：

> 唐源流出於夷狄，故閨門失禮之事不以爲異。〔註 153〕

唐代建朝伊始，胡人大規模進入漢族集聚地，在彌漫著「大有胡氣」的

〔註 151〕《資治通鑑》，卷第一百九十七，唐紀十三。
〔註 152〕（美）朱學淵，《中國北方諸族的源流》，序言，中華書局，2004 年 4 月。
〔註 153〕《朱子語類》，卷一百三十六，歷代之三，中華書局，1986 年 3 月。

文化氛圍中起步的唐王朝自然要受其文化觀念的影響。〔註 154〕陳寅恪先生言道李唐一族之所以崛興時說：「蓋取塞外野蠻精悍之血，注入中原文化頹廢之軀，舊染既除，新機重啓，擴大恢張，遂能別創空前之世局」〔註 155〕

唐代石槨線刻中表現出的女著男裝侍女，亦顯示出這一特定時期的特有現象。在唐代出現的這些中性化形象，除了社會政治原因外，在繪畫形象表現上的「中性」，區別於生物學〔註 156〕與社會學〔註 157〕當中的含義。在傳統繪畫人物造型中，男性與女性各具自身的表現程序。其主要表現是在：男女體型特徵的區別；服飾、髮型的區別及身姿動態的區別，而唐代石槨線刻侍女的中性化特徵，則體現在服飾上。

唐代從皇室女官至仕流之妻，女著男裝成爲一種體現女性英姿的社會時尚，大唐開放的社會風氣也使時尚女性從精神上趨向於男子的幹練形象。特別是宮廷中的女官，其不但具有與男子同樣的品級，還同男子一樣從事一定的管理工作，所以，著男子裝亦成爲女官或貴婦的時尚裝束。《新唐書》車服志載：

> 開元中，奴婢服襴衫，而仕女衣胡服。〔註 158〕

《新唐書》五行志載：

> 天寶初，貴族及士民好爲胡服胡帽。〔註 159〕

唐代詩人元稹在其詩中亦曾對當時女子好胡服的景象作以描述：

> 自從胡騎起煙塵，毛毳腥膻滿咸洛。女爲胡婦學胡妝，伎進胡音務胡樂。火鳳聲沈多咽絕，春鶯囀罷長蕭索。胡音胡騎與胡妝，

〔註 154〕祁嘉華，《唐代女性服飾的美學風格》，《洛陽師範學院學報》，1996 年第 6 期。

〔註 155〕陳寅恪，《金明館叢稿二編》，上海古籍出版社，1980 年。

〔註 156〕1、在生物學領域，中性指：兼陰陽兩性者，無雌雄蕊之植物、無雌雄性之動物。中國文化研究所，《中文大辭典》第一冊，1982 年，417 頁。2、分子進化的中性學說認爲：分子水平上的大多數突變是中性或近中性的，自然選擇對它們不起作用，這些突變全靠一代又一代的隨機漂變而被保存或趨於消失，從而形成分子水平土的進化性變化或種內變異。（中國大百科全書出版社，《中國大百科全書》，生物學卷，1991 年 12 月，356 頁。）

〔註 157〕社會學的中性是指在一定社會現象和過程的質量與數量特徵。反映客觀事物、社會現象的結構或發展進程。（中國大百科全書出版社，《中國大百科全書》社會學卷，中國大百科全書出版社，1991 年 12 月，322 頁。）

〔註 158〕《新唐書》，志第十四，車服。

〔註 159〕《舊唐書》，卷三十七，五行志。

五十年來競紛泊。〔註 160〕

以文獻來看，唐代女著男裝的現象多出現在盛唐之後。唐墓石槨中的著襆頭侍女形象在唐初幾乎沒有，武周伊始石槨中才出現侍女著襆頭現象，韋泂墓石槨兩例，韋詢墓石槨一例。盛唐之後，頭帶襆頭侍女逐漸增多，如，薛儆墓石槨六例（前圖）；阿史那懷道十娃夫婦墓石槨一例（前圖）；李憲墓石槨九例（前圖）；武惠妃墓多例；王賢妃墓石槨兩例（前圖）；武令璋墓石槨六例。

一、襆頭源起

唐代女子的襆頭形制基本與男子一樣，魏晉末期成形之後，歷經數代，其使用期限幾近千年。關於襆頭的緣起，多數學者認爲始於北周（556 年～581 年）武帝時期，〔註 161〕所據爲唐代封演在《封氏聞見記》之言：

近古用幅巾，周武帝裁出腳，後襆髮，故俗謂之襆頭。〔註 162〕

以封氏所言，襆頭由武帝而創，即將秦漢以來包頭的幘布的四角加長而成爲「四帶巾」式，上部微凸，以帶結於後部，餘帶後垂於腦後。然而，以考古資料與文獻印證卻有所出入，山西太原出土的北齊（550 年～577 年）張肅俗墓中的彩繪男侍陶俑的頭部，卻是以巾裹髮、以帶繫緊的包頭形式（圖 4-8-1），宋代俞琰《席上腐談》上卷載：「周武帝所制（襆頭）不過如今之結巾，就垂兩角，初無帶。」襆頭成形之前，秦漢流行冠和幘，身份高貴者，戴冠帽，身份卑賤者人戴幘。《後漢書》輿服篇曰：

（圖 4-8-1）北齊張肅俗墓中的男侍彩繪陶俑

幘，古者卑賤執事不冠者之所服也。董仲舒止雨書曰「執事者皆赤幘」，知不冠者之所服也。〔註 163〕

〔註 160〕《全唐詩》，卷二百九十八，元稹，法曲。

〔註 161〕沈從文，《中國古代服飾研究》，上海書店出版社，2005 年 4 月，281 頁。

〔註 162〕（唐）封演，趙貞信校，《封氏聞見記校注》，卷五，巾襆，中華書局，2005 年，46 頁。

〔註 163〕（南朝宋）范曄，《後漢書》，志第三十，輿服下，中華書局，1965 年。

幘就是包頭布，用以束髮。即以一塊方布由腦後向前將髮束包裹，並在額前繫結，方布兩角翹在前額以作裝飾，樂府詩《日出東南隅行》即有「少年見羅敷，脫帽著帩頭」之語，「帩頭」係束髮之紗巾。這種前結形式的「帩頭」在四川成都天迴山漢墓出土的土陶說唱俑（圖 4-8-2-a）和河南南陽鄧縣長冢店漢墓所出牽犬人畫像石〔註 164〕之頭飾中既有體現（圖 4-8-2-b）。漢末，「帩頭」的形制有所豐富，形成了將布幅加大的側繫和後繫幅巾形式。幅巾之名較早見於《後漢書》鄭玄傳，其載：「玄不受朝服，而以幅巾見。」〔註 165〕《三國志》之魏志、武帝紀亦有記載，裴松之注引《傅子》曰：「漢末王公多委王服，以幅巾爲雅。」〔註 166〕這種棄冠冕，以著幅巾的風尚，一直延續到魏晉仍十分流行，魏晉墓中出土的形象中亦可見幅巾形象，例如：南京西善橋發掘的東晉墓中的《竹林七賢與榮啓期》磚雕畫（圖 4-8-2-c）（圖 4-8-2-d）。

（圖 4-8-2）帩頭與幅巾

a、鄧縣長冢店漢墓牽犬人；b、天迴山漢墓說唱俑；cd、《竹林七賢與榮啓期》磚雕畫。

孫機先生認爲，幘與幅巾並不是襆頭的直接源頭，其依據爲：在現已發現的考古資料中，還沒有見到幘或幅巾向襆頭演進的明確序列軌跡。幅巾所配合的傳統漢式服裝與襆頭所配合的圓領服分屬不同的服裝體系。〔註 167〕傳統漢式服裝「衣裳博大，風流相放」，〔註 168〕幅巾是其服飾體系的一部分，而

〔註 164〕《南陽漢畫像石》編委會（長山）；《南陽漢畫像石》編委會（仁華），《鄧縣長冢店漢畫像石墓》，《中原文物》，1982 年第 1 期。

〔註 165〕（南朝宋）范曄，《後漢書》，張曹鄭列傳第二十五，鄭玄傳，中華書局，1965 年。

〔註 166〕《三國志》裴松之注引晉傅玄《傅子》。

〔註 167〕孫機《中國古代輿服論叢》，文物出版社，2001 年，206 頁。

〔註 168〕《晉書》，卷二十九，五行志。

「襆頭則是與圓領缺骻袍配套」〔註 169〕。

然而，作爲中國自古傳承的包頭方式，不論是幘或襆頭都不應將它們斷然割裂，雖然現有資料中幘與襆頭之間存在著斷層，但以此而言兩者之間毫無聯繫則稍顯武斷。

按照孫機先生的說法，襆頭源於胡帽。北魏以降，鮮卑貴族提倡漢式，中原地區進行大規模的服飾改制，《魏書》禮志載：

> 太祖天興六年（403 年），詔有司制冠服，隨品秩各有差。

此後作爲統治者的鮮卑人，已漸漸改變其編髮結辮的習俗，所以當魏孝文帝再度改制冠服時，就再未提及編髮的問題。編髮改束髮，是襆頭制式形成的關鍵點，爲唐代襆頭內襯巾子的形成提供了條件。

鮮卑帽向襆頭的轉變，基本可以在考古發現的形象中看出其流變的軌跡。即：將鮮卑帽的腦後披巾紥起，從而，具備了襆頭的基本特徵（圖 4-8-3）。

（圖 4-8-3）

鮮卑帽向襆頭的流變形式

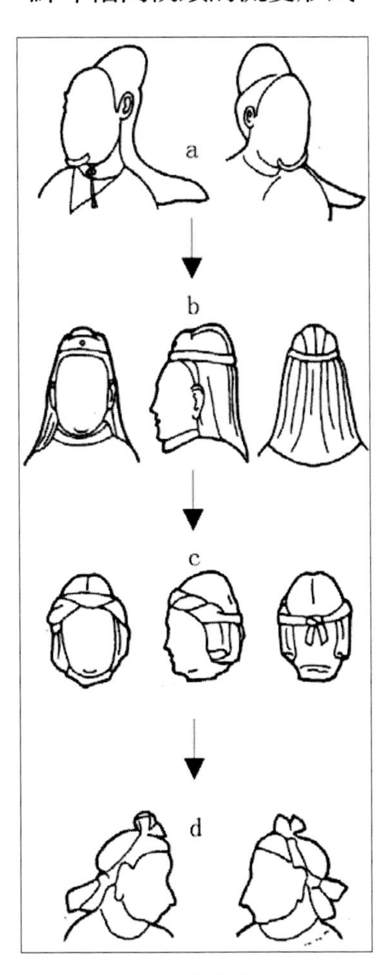

a、太原北齊婁睿墓壁畫；b、c、河北吳橋北齊墓陶俑；d、太原虞弘墓石槨浮雕。

但據筆者觀察，還有一個問題未有答案，在敦煌莫高窟出土太和十一年（487 年）刺繡品上的供養人像；呼和浩特固原地區北魏墓的漆棺畫；大同太和八年（484 年）司馬金龍墓出土陶俑等圖像及考古發現的胡帽實物標本均爲皮質，而只有皮質才可能具備向上撐起並保持飽滿的形狀。而孫機先生的襆頭來源於胡帽之說，只是從胡帽及襆頭的外形特徵進行關聯，然而，皮質胡帽向布帛襆頭的材質是如何轉變，卻無說法。

進入隋代，襆頭形制已基本確定，襆頭頭巾的兩腳繫於前額，另兩腳垂於腦後。只是此時的襆頭內部還沒有箍髻的巾子，所以，隋代的襆頭幾乎爲

〔註 169〕孫機《中國古代輿服論叢》，文物出版社，2001 年，206 頁。

平頂。平頂襆頭的形象還可在武漢周家大灣隋墓的陶俑（圖 4-8-4-a）、陝西三原縣隋代李和墓陶俑（圖 4-8-4-b）、敦煌莫高窟 281 窟的隋代壁畫人物（圖 4-8-4-c）、湖南湘陰隋墓陶俑（圖 4-8-4-d）及武漢東湖隋墓陶俑（圖 4-8-4-e）中見到。〔註 170〕

（圖 4-8-4）隋代襆頭

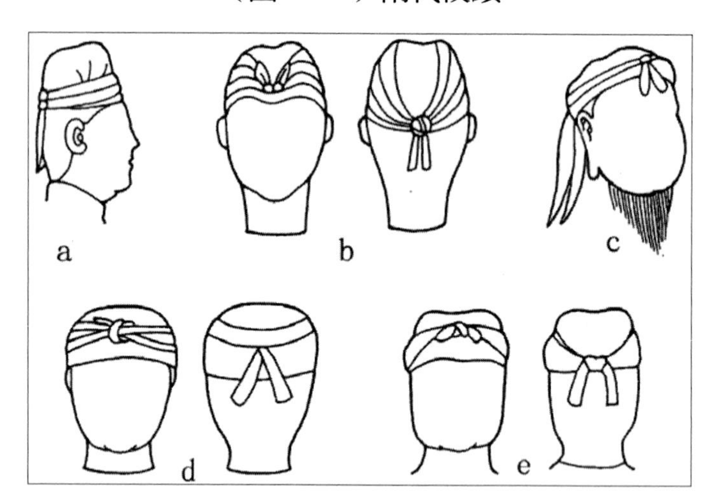

a、武漢周家大灣隋墓的陶俑；b、陝西三原縣隋代李和墓陶俑；c、敦煌莫高窟 281 窟的隋代壁畫；d、湖南湘陰隋墓陶俑；e、武漢東湖隋墓陶俑。

二、唐代襆頭

隋以前的襆頭質料，多爲布質或絹質，唐代已多使用羅紗。《宋史》載：

（襆頭）唐始以羅代繒。〔註 171〕

使用輕薄的羅沙主要是爲了在裹頭時平整服帖、減少鄒摺，並且羅沙的透氣性較好。〔註 172〕

唐代亦是襆頭變化最多的時期，爲了增加襆頭的美觀性，初唐時期，唐人在包頭布下加入了一種硬質襯底——巾子，先將巾子固定在髮髻之上，再以羅沙巾外裹。採用巾子的用意是爲了使襆頭在外觀上更加規整，巾子的質地有桐木、絲葛、紗羅、藤草、皮革等。

〔註 170〕孫機《中國古代輿服論叢》，文物出版社，2001 年，209 頁。

〔註 171〕（元）脫脫《宋史》，卷一百五十，輿服二，中華書局，1985 年 6 月。

〔註 172〕唐代亦有專爲襆頭而做的襆頭羅、襆頭紗孫。《中國古代輿服論叢》，文物出版社，2001 年，211 頁。

（圖 4-8-5）新疆吐魯番阿斯塔那唐墓的巾子

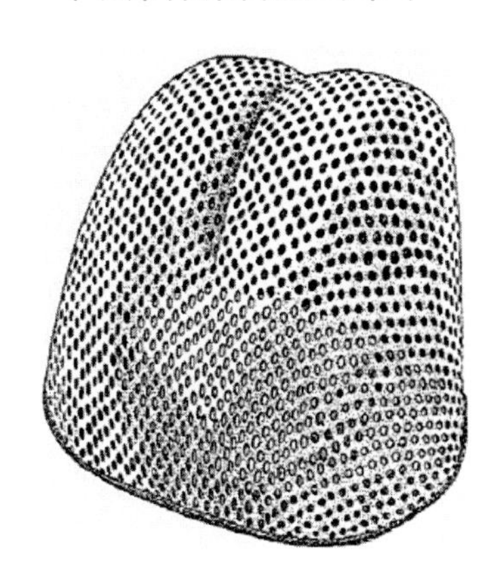

幞頭的外形主要靠巾子的形狀來確定，唐早期的巾子較低，頂部多呈平型，即為「平頭小樣」巾子。以後巾子漸漸增高，陸續出現「英王踣樣」巾子、「官樣」巾子、「開元內樣」巾子等。幞頭有軟腳幞頭和硬腳幞頭。除幞頭外，還有紗帽等。唐封演《封氏聞見記》卷五「幞頭之下別施巾；象古冠下之幘也。」〔註 173〕宋郭若虛《圖畫見聞志》卷一「巾子裹於幞頭之內。」〔註 174〕新疆吐魯番阿斯塔那唐墓中發現的巾子就是一種帽坯架，它可以決定幞頭的造型（圖 4-8-5）。

人的審美觀一般都是從普通到誇張。《舊唐書》載：

> 武德以來，始有巾子，文官名流，尚平頭小樣者。則天朝貴臣內賜高頭巾子，呼為武家諸王樣。中宗景龍四年（710 年）三月，因內宴賜宰臣以下內樣巾子。〔註 175〕

《舊唐書》提到的唐高祖武德時期流行的是「平頭小樣巾」，以後幞頭造型逐漸誇張，武則天賜給當朝貴臣的是「高頭巾子」，又稱為「武家諸王樣」。唐中宗賜給百官的「英王踣樣巾」就更誇張了，高踣而前傾，這種式樣與唐太宗第四子魏王所用巾子「魏王踣」相似。唐玄宗開元十九年賜供奉官及諸司長官的羅頭巾及官樣巾子，又稱「官樣圓頭巾子」。這些幞頭式樣，在出土唐代陶俑和人物畫中都可找到。如咸陽出土的底張灣獨孤開遠墓陶俑的幞頭（唐貞觀十六年）（圖 4-8-6-A），頂部都較低矮，裏面襯的可能就是平頭小樣巾；李賢墓石槨線雕中的幞頭，應是硬腳幞頭（唐開元二年）（圖 4-8-6-B）；戴令言墓出土俑幞頭，應為前踣式幞頭（唐開元二年）（圖 4-8-6-C）；豆盧建墓出土陶俑為圓頭幞頭（唐天寶三年）（圖 4-8-6-D）；莫高窟 130 窟盛唐壁畫中人物的幞頭，是長腳幞頭（圖 4-8-6-E）；曹景林墓出土陶俑的幞頭，為襯尖巾子的幞頭（唐建中三年）（圖 4-8-6-F）；敦煌石室所出絹本佛畫上供養人的

〔註 173〕（唐）封演，趙貞信校，《封氏聞見記校注》，卷五，巾幞，中華書局，2005 年，46 頁。

〔註 174〕（宋）郭若虛，俞建華注，《圖畫見聞錄》，卷第一，江蘇美術出版社，2007 年 6 月，3 頁。

〔註 175〕（後晉）劉昫，《舊唐書》，卷四十五，輿服志，中華書局，2002 年 6 月。

幞頭（唐咸通五年），爲翹腳幞頭（圖 4-8-6-G）；莫高窟 144 窟五代壁畫上的供養人幞頭，應爲翹腳幞頭（圖 4-8-6-H）。

（圖 4-8-6）唐代幞頭流變圖

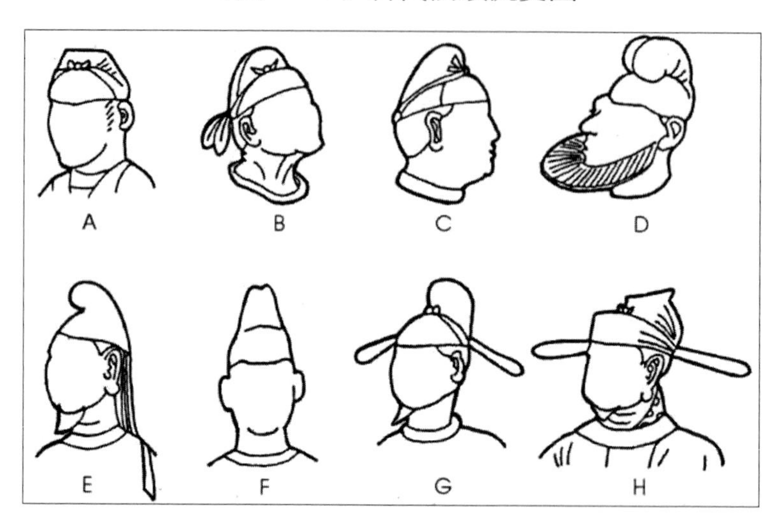

A、獨孤開遠墓陶俑；B、李賢墓石槨線雕；C、戴令言墓出土俑；D、豆盧建墓出土陶俑；E、莫高窟 130 窟盛唐壁畫；F、曹景林墓出土陶俑；G、敦煌石室絹本佛畫供養人；H、莫高窟 144 窟五代壁畫供養人。

另外，巾子還有一種功能，就是不用每天反覆繫結幞頭，幞頭巾直接包於巾子之外，使幞頭與巾子合爲一體，使之形成類似於帽子的形態，去戴幞頭時更爲方便。（圖 4-8-7）

歷代幞頭的形制在趙彥衛的《雲麓漫鈔》中亦有詳細記述：

> 幞頭之制，本曰巾，古亦曰折，以三尺皀絹向後裹髮，晉宋曰幕後。周武帝遂裁出四腳，名曰幞頭，逐日就頭裹之。……二腳繫於上前，……二腳垂於後，兩邊各爲三摺，……又加巾子（圖 4-8-7），制度不一。隋大業十年吏部尚書牛弘上疏曰：「裹頭者，內宜著巾子，以桐木爲，內外黑漆。」……自唐中葉以後，諸帝改制，其垂二腳或圓或闊，用絲絃爲骨，稍翹翹矣。臣庶多傚之，然亦不妨就枕。……唐末喪亂，宮娥宦官皆用木圍頭，以紙絹爲襯，用銅鐵爲骨，就其上製成而戴之，取其緩急之便，不暇如平時對鏡繫裹也。五代帝王多裹朝天幞頭，二腳上翹，至劉漢祖……裹幞頭，左右長尺餘，橫直之，不復上翹。迄今不改。國初時腳不甚長，巾子

勢頗向前。今兩腳加長，而巾勢反仰向後矣。〔註 176〕

武周時期，則天改唐爲周，則天對李唐的常服制度進行改革，並在意識形態上借助外來宗教來鞏固政權，一改唐初李唐以道爲先的政策，載初二年（600 年）夏四月則天對全國公告：

令釋教在道法之上，僧尼處道士女冠之前。〔註 177〕

（圖 4-8-7）襆頭繫法示意圖

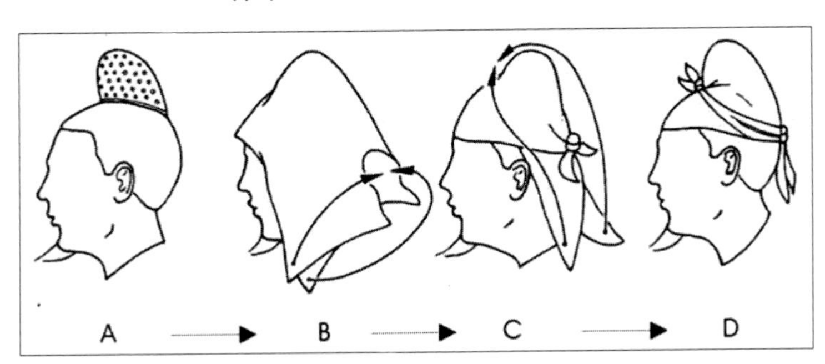

A、在髮髻上套入巾子；B、繫二後腳於腦後；C、反繫二腳於髻前；D、襆頭完成。

由於武周政權對佛教的禮重，使得胡人對其擁戴有加。武周伊始，入唐的胡人大大增加，並以實際行動支持朝廷，據《資治通鑒》卷二百五，則天后延載元年載：

武三思帥四夷酋長請鑄銅鐵爲天樞，立於端門之外，銘紀功德，黜唐頌周；以姚鑄爲督作使。諸胡聚錢百萬億，買銅鐵不能足，賦民間農器以足之。〔註 178〕

武周時期胡人在全國具有很高的活躍程度，而且，則天所賜的「高頭巾子」式的「武家諸王樣」與傳統的漢制的巾子區別較大，西域早期胡人的帽子基本爲高尖頂樣式（圖 4-8-8），〔註 179〕至唐代，還有尖頂胡帽的使用（圖 4-8-9），但大多已改爲圓頂樣式（圖 4-8-10），於此基本可確定武式高巾子當取法於胡帽。

〔註 176〕（宋）趙彥衛，《雲麓漫鈔》，卷三，遼寧教育出版社，1998 年。

〔註 177〕《舊唐書》卷六《則天皇后本紀》，中華書局，1975 年版，121 頁。

〔註 178〕《資治通鑒》，卷二百五十，唐紀二十一，中華書局，1956 年版，6496 頁。

〔註 179〕新疆維吾爾自治區文物事業管理局、新疆維吾爾自治區文物考古研究所、新疆維吾爾自治區博物館等，《新疆文物古跡大觀》，新疆美術攝影出版社，1999 年版，40、43 頁。

（圖 4-8-8）新疆巴音郭楞蒙古自治州紮滾魯克3號墓出土的尖頂氊帽

（圖 4-8-9）唐嗣聖十年楊氏墓出土胡俑

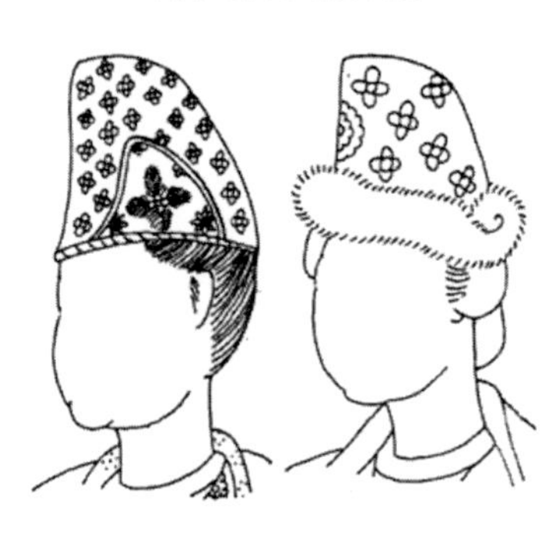
（圖 4-8-10）韋頊墓石槨侍女線刻胡帽

關於襆頭四角長短的變化，歷史文獻中並無記錄，但是，在考古資料中明顯可看出其演變軌跡。唐早期的襆頭羅沙四腳長短相同，繫裹之後即爲短腳襆頭，唐中期，爲了使襆頭顯得更加瀟灑、飄逸，襆頭的四腳的長短有所變化，繫於髮髻前的兩腳與唐初相同，而繫於腦後的兩腳明顯加長，形成長腳襆頭。將初唐與中唐襆頭形象進行對比，這種變化顯而易見。

三、女式襆頭

關於唐代女式襆頭的樣式，學術界尚未有研究。究其原因，主要是大部分學者只關注唐代女著男裝的社會因素，而未關注唐代女性心理對襆頭的審美取向的影響。

在現有文獻資料中，尚未發現有關唐代女式襆頭的記述。而將考古資料中的男子襆頭與女子襆頭進行對比，就會發現，女子襆頭與男子襆頭是有所取別的。唐代男子襆頭較爲硬朗、規整，而女子襆頭則較柔軟，皺褶也較多。形成這種變化的可能主要有兩種原因，其一，由於唐代女子已改變漢代的垂髮式樣，而喜好蓬鬆的髻髮，所以，襆頭內未加巾子，只將頭髮如男子般上束，於是，襆頭才顯得柔軟、多褶。其二，女子襆頭的巾子採用了較柔軟的材質，使得襆頭外觀形象顯得較爲柔軟。薛儆墓石槨線刻中的女式襆頭，其上部明顯高於男式襆頭，並且向前軟塌，這也說明襆頭內可能未加巾子（圖 4-8-11）。

一般來說，女性審美願望要高於男性，且女性的審美感覺較男性更爲細膩。在唐代女著男裝的背景下，女子所穿的男裝要比男性的服裝更爲精緻也更貼體。雖然，女式襆頭的繫法與男子襆頭基本相同，但唐代女式襆頭就如

（圖 4-8-11）薛儆墓石槨線刻的後盤腳襆頭

唐代婦女髻式多變一樣，女子細膩的本性還是要在襆頭中尋出與男子襆頭的不同之處。唐代男子襆頭，無論是短腳或長腳襆頭，其頭後的兩腳都是懸垂於腦後，而盛唐之後得女子，特別是宮廷中的部分時尚女性，爲了使自己的襆頭與男子有所區別，將垂在襆頭後部的兩腳反盤至繫結之處，在腦後形成多角形式（圖 4-8-11）。雖然，從現有的考古資料中還沒有表現女式襆頭後部的形象，但可以想像，這種後盤腳的繫結會在腦後形成如花瓣的形狀，這一點也符合女性的審美訴求。女性天生尚美，阿史那懷道十娃夫婦墓石槨內壁板線刻中還出現了侍女在襆頭折腰兩側插入花枝的形象（圖 4-8-12）。天寶時期，她們還在襆頭巾上加入了繡花或簪飾，給女式襆頭在樸實無華的形式之上賦予了更多的俏麗色彩（圖 4-8-13）。

（圖 4-8-12）阿史那懷道十娃夫婦墓石槨內壁侍女線刻局部

（圖 4-8-13）李憲墓石槨線刻的花飾襆頭

第九節　女　裝

一、紅裙妒殺石榴花〔註 180〕

唐代女裝是將秦漢以來的傳統女裝袍服（圖 4-9-1）與胡服進行融合改良而形成的一套全新漢服樣式，其基本構件爲裙、衫和帔。〔註 181〕

裙者，漢魏時男女均穿，唐之後多用於婦女。形制長短不一，短者下不及膝，一般用作襯裏，俗謂爲「村裙」。〔註 182〕長者下曳於地，多穿於外，除素而無紋者之外，多以繡、織、染、鑲、滾、貼等工藝爲裝飾，並在裙身四周，施以折襉，以便舉足行步，裙襉狹而密者，俗謂百褶裙。傳「煬帝作長裙，十二破，名『仙裙』」。〔註 183〕唐時婦女裙子的長度，與前代相比有明顯的增加，爲了顯現裙子的修長，婦女著裙時多將裙腰束在胸部，有時甚至束至腋下（圖 4-9-2），下擺則蓋住腳面，貴者還於地下拖曳一截，一般曳地數寸，長者拖地尺餘，例如《簪花仕女圖》中的長裙（圖 4-9-3）及李憲墓石槨內壁南向西間壁板的線刻侍女長裙（圖 4-9-4）。孟浩然在《春情》一詩云：「坐時衣帶縈纖草，行即裙裾掃落梅。」〔註 184〕即爲當時曳地長裙的寫照。

（圖 4-9-1）江蘇徐州北洞山崖墓出土深衣俑

（圖 4-9-2）李壽墓石槨內壁東向南間侍女線刻局部

〔註 180〕萬楚，《五日觀妓》，《全唐詩》第 145 卷。
〔註 181〕孫機，《中國古輿服論叢》，文物出版社，2001 年，224 頁。
〔註 182〕周汛，《中國衣冠服飾大辭典》，上海辭書出版社，1996 年 12 月，278 頁。
〔註 183〕（唐）劉存，《事始》，《宋史》，卷二百六，志第一百五十九。
〔註 184〕《全唐詩》，卷一百五十九，孟浩然詩集。

（圖 4-9-3）
《簪花仕女圖》局部

（圖 4-9-4）李憲墓石槨內壁
南向西間壁板線刻局部

唐時布幅較窄，寬則尺餘，一條裙裝需幾幅相拼，連於腰而成。〔註 185〕唐代對於婦女的裙裝有著嚴格的要求，一般平民只能穿較窄的五幅裙，《新唐書》車服志載：「婦人裙不過五幅。」身份較高者則可加寬至七到八幅，〔註 186〕將薛儆墓石槨內壁東向南間壁板持扇侍女（圖 L-1）與外壁北向西間捧包袱侍女（圖 L-13）對比，可見裙裝的寬窄與身份高低相對應。

唐女襦裙裝在接受外來服飾影響下，取其神而保留了自我的原形。〔註 187〕形成了中國服裝史中最爲精彩而又動人的一種配套裝束，即唐代女子的襦裙服系。上穿襦〔註 188〕或衫，內著長裙，外加半臂短袖衫，佩披帛。

〔註 185〕按《舊唐書》食貨志載布帛每匹：「闊一尺八寸・長四丈，同文同軌，其事久行」。此「尺」爲唐大尺，約合 0.295 米，因而每幅約壹 0.53 米。文宗所提倡的五幅之裙約壹 2.65 米，六幅的裙子周長約 3.18 米，七幅約 3.71 米。

〔註 186〕《舊唐書》高宗紀中曾提及：「七破襇裙」，《全唐詩》中的晚唐詩人曹唐在《小遊仙詩》中寫：「書破明霞八幅裙。」

〔註 187〕周汎，《中國衣冠服飾大辭典》，上海辭書出版社，1996 年 12 月，281 頁。

〔註 188〕襦：短衣，短襖。《說文》曰：「短衣也，」揚雄《方言》曰：「襦，西南蜀漢，謂之曲領，或謂之襦。」史游《急就篇》顏注曰：「短衣曰襦，自膝以上。」按襦若今襖之短者，袍若今襖之長者。觀此襦爲長不過膝之短衣，所以下體必著裙與褲，世每以之與褲或裙，合稱褲襦或裙襦者。爲此，襦既名曲領，《釋名》稱曲領曰：「曲領在內，所以禁中衣領上橫壅頸，其狀曲也。」亦可見其形制之一般。襦亦有長者，《說文解字》解日「短衣也」。

在唐代裙裝中有一點值得注意，即腰線的部位變化。唐代的裙裝均爲高腰，細分爲：掩乳腰線、乳高點腰線、乳下腰線。女裝腰線並不像一些學者所研究的有其時代變化軌跡，如：沈從文先生認爲掩乳女裝是「隋代及唐初常見式樣」，其據爲「初唐婦女裝束，還接近隋代」而盛唐時「腰裙繫處下移」。〔註 189〕沈先生之見，可能是由於成書較早所致，根據近年來的考古資料來看，掩乳女裝在唐各時期均有發現（附表 4-3）。而乳下腰線女裙雖多見於盛唐以降，但初唐亦不乏其例，如，懿德太子墓石槨外壁東向中間的兩個步搖侍女（圖 F-10）亦著乳下腰線女裙。

附表 4-3：唐代各時期掩乳女裝實例表〔註 190〕

名　稱	出　處	時　期	身　份
步輦圖	傳閻立本作，藏故宮博物院	初唐	侍女
石刻線畫	李壽墓	初唐	侍女、樂伎
三采女立俑	西安中堡村	唐	侍妾？
三采女坐俑	西安王家墳	唐	吹笙樂伎
三采女侍俑	洛陽穀水 6 號墓	盛唐	侍女
三采女坐俑	洛陽北窯 26 號墓	盛唐	貴婦
陶俑	西安東郊	唐	仕女
彩繪偏髻女立俑	西安高樓村	天寶七年（748）	侍妾？
彩繪偏髻女立俑	羽林軍長吏吳守忠墓	天寶七年（748）	侍妾？
調琴啜茗圖	傳	唐	貴婦
絹畫《奕棋圖》	新疆阿斯塔那出土	唐	貴婦
揮扇仕女圖	傳周昉作，藏故宮博物院	唐	貴婦
搗練圖	傳張萱作，美國波士頓美術館藏	唐	貴婦
宮樂圖	唐人舊稿，藏於臺灣故宮博物館	唐元和年間	貴婦
樂廷環夫人太原王氏供養圖	敦煌晚唐第 103 窟	唐	貴婦
彩繪捧物女立俑	長安縣嘉里村裴氏小娘子墓	大中四年（850）	侍女

〔註 189〕沈從文，《中國古代服飾研究》，商務印書館香港分館，1981 年，265 頁。

〔註 190〕參見包銘新，《傳閻立本〈步輦圖〉與隋唐高腰掩乳女裝》，東華大學學報（自然科學版）第 27 卷第 5 期，2001 年 10 月，24 頁。

壁畫	敦煌晚唐第 12 窟	晚唐	女供養人
壁畫	敦煌晚唐第 138 窟	晚唐	女供養人
壁畫	敦煌晚唐第 156 窟	晚唐	女供養人
壁畫	敦煌晚唐第 107 窟	唐	女供養人
彩繪持鏡女立俑	長安縣嘉里村裴氏小娘子墓	大中四年（850）	女侍
壁畫	敦煌晚唐第 9 窟	晚唐	女供養人
樹下人物圖	傳	唐	貴婦

二、羅披掩丹虹〔註 191〕

唐代女裝皆施披。〔註 192〕《三才圖會》云：

> 唐令三妃以下同服之，士庶女子在室搭披帛。〔註 193〕

《中華古今注》亦載，盛唐時期，玄宗曾下詔，令宮妃、侍女，貴婦在宴會時必施披巾。〔註 194〕

帔之產生，最爲可能是由西亞佛教傳入中國，魏晉時期的佛教藝術中常可見到，如：敦煌莫高窟 272 窟北涼壁畫中的施帔形象。（圖 4-9-5）經過一定時期的轉化，隋唐時期才在世俗女裝中應用。隨佛教一同由西域傳入中原除披帛外，還有半臂短衫。在受早期佛教藝術影響的新疆克孜爾石窟壁畫中，可見半臂衫的佛像（圖 4-9-6）及供養人形象（圖 4-9-7）。

魏晉南北朝時期的漢族女裝披帛較方短，唐則較長。就圖像資料而言，唐代帔的使用形式大體分爲四種，初唐時期的帔帛較窄，繞後頸順兩前肩搭垂下身前雙側，至膝或纏於雙臂，似飄帶狀，如李壽墓石槨內壁東向南間侍女線刻（圖 4-9-2）；盛唐早期，帔帛幅面、長度皆有增加，披後兩端垂於胸部或腹部，形似披風，如永泰公主墓石槨外壁南向東間侍女（圖 4-9-8）、內壁北向東間手舉披巾的侍女形象（圖 4-9-9）及房陵太長公主墓前室東壁北側壁畫中《托果盤仕女圖》所施帔帛（圖 4-9-10）。該時期帔帛施用方法除唐初的流行款式外，更尚好帔帛繞後頸於前胸交叉後順雙後肩搭垂於身後兩側，或將

〔註 191〕（唐）元愼，《元氏長慶集》，《會眞詩》，吉林出版集團有限責任公司，2005 年 5 月。

〔註 192〕孫機，《中國古輿服論叢》，文物出版社，2001 年，226 頁。

〔註 193〕賈璽增，《中國服飾藝術史》，天津人民美術出版社，2009 年 1 月，85 頁。

〔註 194〕馬縞，《中華古今注》載：女人披帛，古無期制，開元中，詔令二十七世婦及寶林、御女、良人等，尋常宴參侍令，披畫披帛，至今然矣。

（圖 4-9-5）莫高窟
272 窟北涼壁畫

（圖 4-9-6）克孜爾
石窟壁畫局部

（圖 4-9-7）克孜爾
石窟壁畫供養人

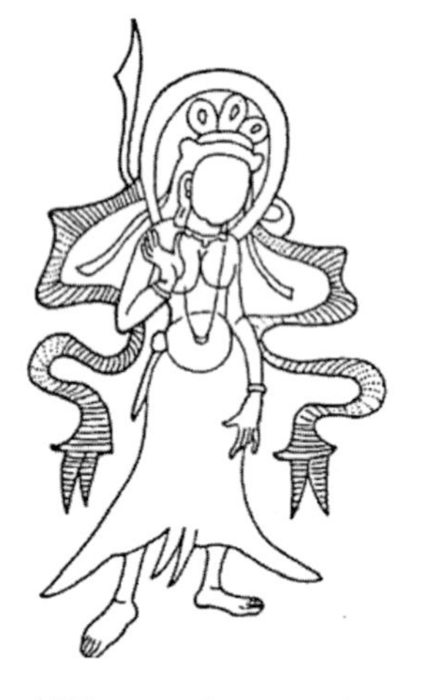

（圖 4-9-8）
永泰公主墓石槨外壁南向東間侍女

（圖 4-9-9）
永泰公主墓石槨內壁北向東間侍女

（圖 4-9-10）
房陵太長公主墓《托果盤仕女圖》

（圖 4-9-11）
房陵大長公主墓《執拂塵仕女圖》

交叉後之披帛一端甩向身後，另端攬於臂彎間，形同房陵大長公主墓前室西壁北側壁畫中《執拂塵仕女圖》（圖 4-9-11）；中、睿宗時期，帔帛施用方法變化多樣，出現了於胸前交叉，兩端齊攬於懷中，兩端垂懸腹下。又有將帔帛一端掖於胸前襦衫中，另端繞後頸垂於前胸一側，或攬於臂彎間，或搭垂於另側前臂上。此時帔帛大小基本如前，部分做兩面雙色，如章懷太子墓《觀鳥捕蟬圖》中女子即肩搭紅、綠兩面的雙色披帛；開、天盛世，帔帛變的寬大而輕薄。施用方法多為「V」形或「u」形的繫結方式，「V」形係將帔帛中部繞前頸於胸前折擰成「V」式後，再將兩端分甩於雙後肩。「U」形則是繞前頸寬鬆順盤於胸前，並將兩端甩搭於兩後肩之側，此時施法共同特點皆是一改往日繞後頸搭披法而改為繞前頸向後甩披式，〔註 195〕李憲墓、王賢妃墓石槨線刻侍女均為此法施披。（附表 4-4）

附表 4-4：初唐至玄宗時期披帛施用形式

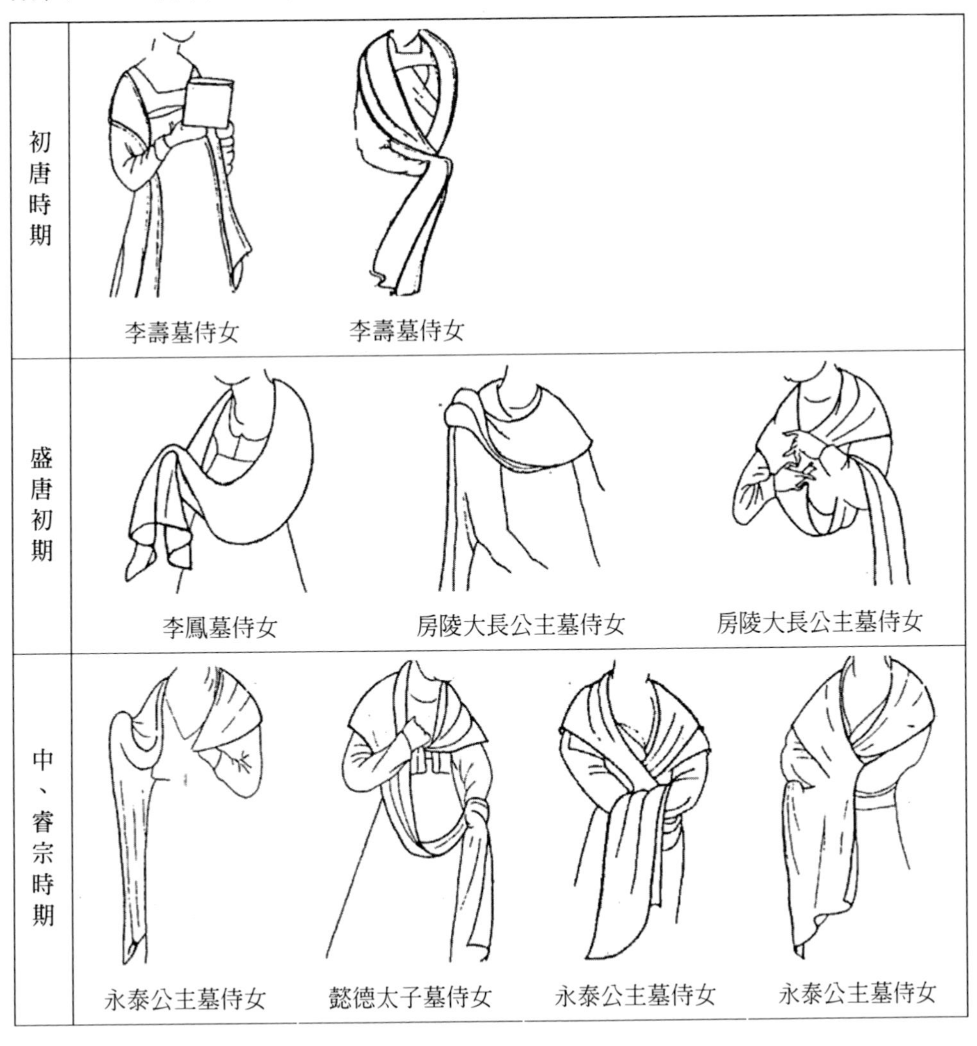

〔註 195〕陝西省考古研究所，《唐李憲墓發掘報告》，科學出版社，2005 年，267～269 頁。

玄宗時期			
	李憲墓侍女	李憲墓侍女	王賢妃墓侍女

三、半臂偏袒賻紅羅〔註 196〕

半臂，即半袖，亦爲短袖襦服上衣。唐代半臂衫用料多爲絲質，《舊唐書》，韋堅傳；《新唐書》，來子珣傳；唐代姚汝能之《安祿山事跡》，卷上；五代王定保之《摭言》，卷十二等處都提到「錦半臂」之語。〔註 197〕另《資治通鑒》，卷第二百一十五，唐紀三十一；《新唐書》，卷一百二十五，列傳第五十；《文獻通考》，卷二百四十三，經籍考七十，李義山集；《新唐書》，志第四十三，食貨三中亦多提及半臂。

沈從文先生認爲，半臂衫起始於魏晉時的襦，〔註 198〕但就歷史文獻而言，東漢、三國時即有半臂出現。〔註 199〕漢劉熙《釋名》釋衣服載：

> 半袖，其袂半，襦而袍袖也。〔註 200〕

《宋書》五行志載：

> 魏明帝著繡帽，披縹紈半袖，嘗以見直臣楊阜。阜諫曰：「此禮何法服邪？」

三國時期的半臂還屬新鮮事物。隋唐以前，半臂不能在正式場合穿用。〔註 201〕隋後，婦女穿半袖者漸增，先爲宮內侍女所服，後漸在民間流行。唐時，半臂已屬常物，《事物紀原》載：

> 《實錄》又曰：「隋大業中，內官多服半臂，除卻長袖也。」唐高祖減其袖，謂之半臂，今背子也。〔註 202〕

《新唐書》車服志載：

〔註 196〕《舊唐書》，卷一百五，列傳第五十五。
〔註 197〕孫機，《中國古輿服論叢》，文物出版社，2001 年，227 頁。
〔註 198〕沈從文，《中國古代服飾研究》，上海書店出版社，2007 年 7 月版，301 頁。
〔註 199〕孫機，《中國古輿服論叢》，文物出版社，2001 年，227 頁。
〔註 200〕《釋名》，卷四，商務印書館叢書集成本，1939 年，81 頁。
〔註 201〕賈璽增，《中國服飾藝術史》，天津人民美術出版社，2009 年 1 月，85 頁。
〔註 202〕（宋）高承輯，《事物紀原》，背子條，中華書局，1989 年 4 月。

半袖裙、襦者，女史常供奉之服也。〔註 203〕

唐代石槨線刻中多以爲證，如懿德太子墓（圖 E）、永泰公主墓石槨（圖 F）及韋頊墓石槨（圖 J）線刻侍女中即見多著半臂者。

半臂在初唐較流行，其主要原因是唐初審美態度，依然延續魏晉時期的秀骨清像遺韻，女裝較窄，所以，罩短小半臂衫較爲協調。而盛唐以後，女性體態漸肥，女裝也日漸寬大，如再套上短小半臂，不論是在審美抑或行動上都覺的有些不適，是以，半臂裝在中唐後逐漸淡出。而在盛唐已將的石槨線刻中，半臂只見於薛儆墓石槨侍女線刻中級別較低、服裝較窄的外壁北向東間、外壁南向西間及外壁南向東間壁板線刻侍女。（圖 L）

唐代女裝豐富多彩，因時而變，因各時期審美訴求不同，以及在組合、搭配、裁剪方式的差異，從而呈現出各異的風格變化。在各時期唐代石槨侍女線刻中亦反映出各時期的基本組合形式，依據唐代女服的領式、衣襟、半臂及衣袖的變化，初唐至盛唐女裝基本可分爲三大類（附表 4-5）：

A 型

AaI 圓領緊身窄袖上襦，袖長至腕，上衣束於裙內，裙長至地不露足，裙腰高束於腋下。如，李壽墓石槨東向南間侍女裙裝（圖 A-3）。

AaII「U」字領窄袖襦衫，袖稍寬於 Aa1I，長裙，裙腰下移，足蹬雲頭履。如，懿德太子墓石槨東壁中間的兩戴步搖侍女、韋詢墓石槨外壁東向南間侍女（圖 I-3）。

AbII 圓領，腰線至乳下。如，韋詢墓石槨外壁北向東間壁板侍女（圖 I-4）。

AaIII 圓領，腰線至乳下，袖加寬。如，薛儆墓石槨外壁南向東間壁板侍女（圖 L-18）。

B 型

BaI 小對襟長袖上衣繫於乳下，內穿窄袖襦裙，乳上腰線，襦下寬鬆，袖上窄下寬掩手。如，李壽墓石槨內壁西向北間舞伎圖侍女（圖 A-5）。

BaIII 對襟袒領，闊袖上衣，外衫寬鬆無腰線。如，李憲墓石槨內壁西向中間壁板侍女線刻（圖 P-7）。

〔註 203〕《新唐書》，志第十四，車服。

C型

CaII 內著窄袖齊腕衫，外著大對襟半臂，半臂袖及臂肘之間，下著及地長裙。如，永泰公主墓石槨內壁北向東間侍女線刻（圖 E-4）。

D型

DaIII 寬大披巾胸前摺繫，寬大襦裙（袖及裙均寬大）。如，李憲墓石槨內壁北向西間壁板線刻侍女（圖 P-5）。

DbIII 內著齊頸圓領緊身內衣，外穿多摺圓領寬大及地襦裙，左幅壓。如，王賢妃墓石槨侍女（圖 Q）。

附表 4-5：唐墓石槨所見裙裝基本型式

形制	A 型		B 型	C 型	D 型	
時期	亞型 a	亞型 b	亞型 a	亞型 a	亞型 a	亞型 b
I（631—706）						
II（706—718）						
III（718—746）						

第十節　唐墓中的宦官形象

宦官是中國古代皇權制度的特有產物，由來已久，東漢光武帝以後始成爲被閹割後在後宮爲帝王及后妃服務男人的專稱。在中國歷史上，各代宦官稱謂有所不同。「寺人」是宦官最早的稱謂。《詩經》云：

未見君子，寺人之令。〔註 204〕

寺人的稱謂早在西周時代即已出現，當時中國境內尚無佛教，更無僧人，因而也不可能存在兩者模擬得名的情形。古代「寺」、「侍」兩字相通，鄭氏箋云：「寺，又音侍，本亦作侍字。」〔註 205〕《周禮》曰：

云寺之言侍者，欲取親近侍御之義，此奄人也。〔註 206〕

《資治通鑒·唐紀七十九》云：

寺人之官，自三王之世，具載於《詩》、《禮》，所以謹閨闥之禁、通內外之言，安可無也。〔註 207〕

《後漢書》載：

中興之初，宦者悉用閹人，不複雜調他士。〔註 208〕

其後歷代多以「宦官」或「宦者」相稱。宦官又稱「閹人」、「閹官」、「閹尹」、「宦人」等。男子去勢曰閹。閹本作奄，《周禮》曰：

奄，精氣閉藏者，今謂之宦人。〔註 209〕

宦官亦稱「腐人」或「腐夫」，因腐刑而得名。《漢書》曰：

腐，宮刑也；丈夫割勢，不能復生子，如腐木不生實。〔註 210〕

宦官還稱「中官」、「中人」、「中臣」、「內官」、「內侍」等。因多在宮中內廷服役，相對外臣而言故多以「中」、「內」名之。《漢宮儀》云：

中常侍，秦官也；漢興……光武以後，專任宦者，右貂金擋。〔註 211〕

〔註 204〕《詩經》，秦風，車鄰。
〔註 205〕《詩經》，秦風，車鄰，鄭氏箋。
〔註 206〕《周禮》，天官冢宰，敘官賈氏疏。
〔註 207〕《資治通鑒》，唐紀七十九。
〔註 208〕《後漢書》，宦者列傳。
〔註 209〕《周禮》，天官冢宰，敘官鄭氏注。
〔註 210〕《漢書》，景帝紀，顏師古注。
〔註 211〕（清）趙一清，羅仲輝校《東潛文稿》，漢宮儀，遼寧教育出版社，1998 年 3 月。

故後世又以「擋」作宦官別稱。唐代對於宦官有著明確的管理制度，《新唐書》宦官傳載：

唐制有內侍省，其官員：內侍四人；內常侍六人；內謁者監六人；內給事八人；謁者十二人；典引十八人；寺伯二人；寺人六人。又有五局：掖廷局掌宮人簿籍；宮闈局掌宮內門禁，其屬有掌扇、給使等員；奚官局掌宮人疾病死喪；內僕局掌宮中供帳燈燭；內府局主中藏給納。五局有令丞，皆內官爲之。〔註 212〕

已發現刻有宦官形象的唐墓石槨共十一座，刻於石槨門扉的有：李晦墓、章懷太子墓、韋浩墓、韋泂墓、韋頊墓、韋詢墓，刻於其它壁板或立柱的有：鄭仁泰墓、阿史那懷道十娃夫婦、楊思勖墓、王賢妃墓、武令璋墓。（附表 4-6）

附表 4-6：現可取樣的唐墓石槨宦官線刻

墓　主	時　期	官　職	線刻部位	資料來源
鄭仁泰	麟德元年（664 年）	開國郡公（正二品）	立柱	昭陵博物館李浪濤提供。
李晦	永昌元年（689 年）	右金吾大將軍（正二品）秋官尚書	東向南間、南向東間壁板	現場考察
李賢與妃房氏	神龍二（706 年）遷葬，景雲二年（711 年）與其妃房氏合葬	雍王（正一品）章懷太子、高宗第二子	東向中間壁板	現場考察
韋浩	景龍二年（708 年）	贈揚州大都督、武陵郡王、韋皇后二弟	南向中間壁板	陝西省考古研究所：《陝西新出土唐墓壁畫》，重慶出版社，1998 年。
韋洵	景龍二年（708 年）	汝南郡王（從一品）韋皇后大弟	南向中間壁板	現場考察
韋泂	景龍二年（708 年）	淮陽郡王（從一品）衛尉卿并州大都督、韋皇后三弟	南向中間壁板	陝西省文物管理委員會，《長安縣南里王村唐韋泂墓發掘記》，《文物》，1959 年第 8 期。
韋頊	開元六年（718 年）	韋后兄弟	南向中間壁板	王子雲編，《中國古代石刻畫選集》，中國古典藝術出版社，1957 年 7 月，圖版二十（12）。

〔註 212〕《新唐書》，列傳第一百三十四，宦官。

阿史那懷道十娃夫婦	開元十五年（727年）	左金吾衛大將軍。瀚海國夫人。	壁板	順陵文管所郭勇提供。
楊思勖	開元二十八年（740年）	駙馬都尉、上柱國、開國郡公、殿中省少監	內壁	中國社會科學院考古研究所：《唐長安城郊隋唐墓》，文物出版社，1980年
王賢妃	天寶五年（746年）元月3日	睿宗賢妃	不詳（石槨已無法復原）	現場考察
武令璋	天寶七年（748年）	壯武將軍、行右司禦率府副率使、執節銀川郡兼銀川太守（四品）、上柱國	R11、R6、R14、R8壁板外壁	王勇剛、白保榮、宿平，《新發現的唐武令璋石槨和墓誌》，《考古與文物》，2010年第2期，20～29頁。

唐代墓葬中出現宦官的形象，是爲了表明墓主的高貴身份。繪（刻）有宦官圖像的唐墓墓主分爲三類：

1、皇子或皇妃，皇上的直系子女。如：章懷太子、惠莊太子及「號墓爲陵」的永泰公主，這些陵墓等級僅次於帝陵，是名正言順使用宦官的特權階層。

2、皇親，皇帝及妃子親屬。如：韋泂（中宗韋皇后之兄弟）、薛儆（睿宗之女婿），這一類是皇室親屬，使用宦官也可允許。

3、高官，如：張世貴（輔過大將軍，荊州都尉、虢國公）、安元壽（右威衛將軍、上柱國）等。這一類人物按制是不能使用宦官，但唐代豢養閹奴頗爲盛行，官吏可買閹人作爲家奴。〔註213〕

唐墓線刻中的宦官形象多刻於墓門或石槨門扉之上，很明顯是職守門衛之職。這些宦官的形象大多束帶拱手持笏板，腰間多掛有一件繫口的長形弔袋，雖然所刻物品較爲模糊，但可看出大體形狀。韋泂墓（圖H1）、韋頊墓（圖J3）石槨門扉上所刻的宦官和永泰公主墓石門（圖2-2-3）以及李撝墓石

〔註213〕由於豢養閹奴之風日長，玄宗曾下詔定制：天寶八載（749年）六月十八日敕：京畿及諸郡百姓，有先是給使在私家驅使者，限勒到五日內，一切送付內侍省。其中有是南口及契券分明者，各作限約，定數驅使。雖王公之家，不得過二十人。其職事官，一品不得過十二人，二品不得過十人，三品不得過八人，四品不得過六人，五品不得過四人。京文武清官，六品七品不得過二人，八品九品不得過一人，其嗣郡王郡主縣主國夫人諸縣君等，請各依本品，同職事及京清資官處分。其有別承恩賜，不在此限。其蔭家父祖先有者，各依本蔭職減，比見任之半。其南口請禁蜀蠻及五溪嶺南夷獠之類。《唐會要》，卷八十六，奴婢。

門（圖 4-10-1）上的宦官腰間均弔有此類物品。根據《舊唐書》載：

（圖 4-10-1）李搗墓石門

> 上元元年（674 年）八月又制：一品已下帶手巾、算袋，仍佩刀子、礪石。武官欲帶者聽之。景雲中（710 年）又制，令依上元故事，一品已下帶手巾，算袋，其刀子、礪石等許不佩。〔註 214〕

按《書》所記，宦官腰間所佩的長圓型弔袋應爲「算袋」，算袋所盛爲算籌（古時計算工具），算籌以竹製或象牙製，長約八公分左右；合起寬約三公分左右，對應圖中的算袋大小，將算籌放入理應合適。佩戴算籌是方便皇家或貴族內部的「給納」工作，《新唐書》宦官傳對此工作就有載：「內僕局掌宮中供帳燈燭；內府局主中藏給納。」〔註 215〕

此外，以其形狀推測，這種長形弔物也可能是唐代官員隨身必佩的魚符弔袋。隋文帝開皇十五年（595 年）五品以上京官有佩魚符之制，〔註 216〕唐沿此制，高祖爲避其祖李虎的名諱，廢止虎符，改用黃銅做魚形兵符，稱爲「魚符」。《朝野僉載》記：

> 逆韋詩什並上官昭容所製。昭容，上官儀孫女，博涉經史，研精文筆，班婕妤、左嬪無以加。……漢發兵用銅虎符。及唐初，爲銀兔符，以兔子爲符瑞故也。又以鯉魚爲符瑞，遂爲銅魚符以佩之。至僞周，武姓也，玄武，龜也……〔註 217〕

唐代以鯉魚爲符瑞，玄宗時期曾兩度禁止捕殺鯉魚。〔註 218〕武則天當朝

〔註 214〕《舊唐書》，卷四十五，志第二十五。

〔註 215〕《新唐書》，列傳第一百三十四，宦官。

〔註 216〕孫機，《中國古輿服論叢》，文物出版社，2001 年，191 頁。

〔註 217〕（唐）張鷟，《朝野僉載　隋唐嘉話》，三秦出版社，2004 年 5 月。

〔註 218〕（宋）王溥，《唐會要》，卷三十二，輿服下，上海古籍出版社，2006 年 12 月。

後改為「龜符」，中宗年間又恢復為魚符。唐代的魚符、龜符除了徵調軍隊時做為憑證外，亦是官員出入宮門的身份標誌，據《新唐書》車服志載，唐初，內外官五品以上，皆佩魚符、魚袋，以「明貴賤，應召命」。〔註 219〕魚符以不同的材質製成，「親王以金，庶官以銅，皆題其位、姓名。」〔註 220〕盛魚符的魚袋「三品以上飾以金，五品以上飾以銀」。〔註 221〕武后天授元年改內外官所佩魚符為龜符，魚袋為龜袋。並規定三品以上龜袋用金飾，四品用銀飾，五品用銅飾。

唐代官員使用的魚符一般長約 6 釐米，寬約 2 釐米。分左、右兩半，中間有「同」字形榫卯相契合。有些魚符還在底側中縫加刻「合同」二字，以資合符時查驗之用。魚符內側有刻文，注明佩符人身份或魚符的使用範圍。

魚符在唐時很受重視，它是為官員出入宮禁及防止詐偽而設。永徽二年（651 年）開始向五品以上的京官頒發，去職或亡歿，便須收繳。外官遠離京畿，本無佩帶隨身魚符的需要，而垂拱二年（686 年）以後地方都督、刺史亦可佩帶。天授（690 年～692 年）以後，低品之官還可「借魚」，將魚符袋飾以金銀繫於腰間，成為職官身份尊顯的一種標誌。在唐代佩魚符已是相當普及，據《舊唐書》載：「至開元九年，張嘉貞為中書令，奏諸致仕許終身佩魚，以為榮寵。以理去任，亦聽佩魚袋。自後恩制賜賞緋紫，例兼魚袋，謂之章服，因之佩魚袋、服硃紫者眾矣」。〔註 222〕

天拱二年後，魚袋的裝飾作用加強，樣式亦有多樣（圖 4-10-2），魚符已失去其本質意義，成為一種獎勵象徵物品及裝飾。據《冊府元龜》載：靈武、和戎各軍領取魚袋五十個，將領可以在軍中臨時封賞與手下有軍功者。〔註 223〕由於魚符的實際功能的喪失，至宋代「人亦不復能明其何用何象也」。〔註 224〕

唐墓門戶所繪之宦官當是門衛職官，理應佩戴魚符以勘校驗。據《唐六典》載：

〔註 219〕《新唐書》，卷二四，車服志。
〔註 220〕《新唐書》，卷二四，車服志。
〔註 221〕《新唐書》，卷二四，車服志。
〔註 222〕《舊唐書》，卷四十五，志第二十五。
〔註 223〕（宋）王欽若，《冊府元龜》，卷六十，鳳凰出版社，2006 年。
〔註 224〕（宋）程大昌，《演繁露》，卷六。

（圖 4-10-2）

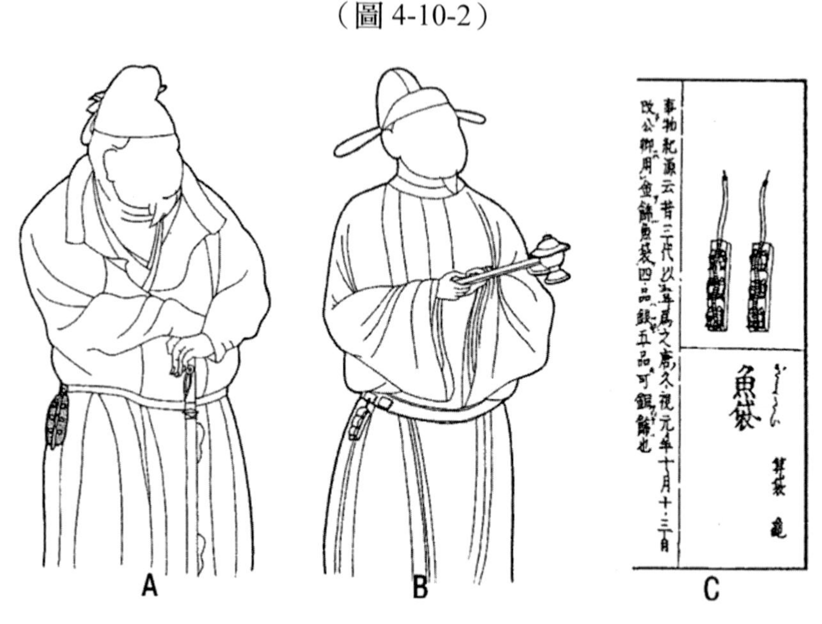

A、李賢墓壁畫佩魚袋者；B、莫高窟 156 窟壁畫佩魚袋者；C、《倭漢三才圖繪》中魚袋。

> 太子內坊：皆宦者爲司局。典內二人，從五品下。錄事一人，典直四人，正九品下。導客舍人六人，閣帥六人，內閽八人，內給使，無員數。〔註 225〕

章懷太子墓前甬道東壁所繪宦官，右手托持的魚符之下即掛著一把鑰匙（圖 4-10-3），當爲門衛職官。據《唐六典》載，太子東宮有宮門局，內設有宮門郎，其職責爲掌管宮門及鑰匙，壁畫中所繪之持符宦官，應爲東宮宮門郎。〔註 226〕宮門郎亦是《唐六典》所載之「導客舍人」，其官職應爲從五品下。

唐初對宦官管束嚴厲，所以早期唐墓中的宦官多爲表情謙恭、形象猥瑣瘦弱，《舊唐書》韋機傳載：

> 有宦者於苑中犯法，機杖而後奏，高宗嗟賞，賜絹數十匹，謂曰：「更有犯者，卿即鞭之，不煩奏也。」〔註 227〕

〔註 225〕《唐六典》，卷第二十六，太子內坊。

〔註 226〕中秦雁主編，《神韻與輝煌——陝西歷史博物館國寶鑒賞‧唐墓壁畫卷》，三秦出版社，2006 年 6 月，94 頁。

〔註 227〕《舊唐書》，卷一八五上，《韋機傳》。

另《舊唐書》宦官傳載：

> 貞觀（627～649年）中，太宗定制，內侍省不置三品官，內侍是長官，階四品。至永淳末（683年）向七十年，權未假於內官，但在閣門守禦、黃衣廩食而已。則天稱制，二十年間，差增員位。中宗性善，務崇恩貸，神龍（705～707年）中，宦官三千餘人，然衣朱紫者尚寡。〔註228〕

（圖4-10-3）章懷太子墓前甬道東壁所繪宦官

由此可見，在這種抑宦的政策下，宦官的勢力必將受到弱化，所以，這一時期的宦官並不像其它時期會有宦官專權、參政的機會甚至與宮禁之外接觸也必需謙恭畢至，唐墓室線刻中出現的宦官形象與史載記錄相向吻合，其唯諾的奴才形象也證實了此點。

唐代中晚期，貴族勢力逐漸走入沒落，等級制度弱化，社會形態發生巨大變化。此時的貴族不重世家傳統，注重自身享樂。由於皇家對現實享樂的追求，促使爲其直接服務的近身內侍的地位得以提升，也使宦官的社會地位逐漸提高。初唐時期宦官普遍受到打壓，太宗定制宦官的官階最高爲四品以下，中唐後宦官的地位發生了轉變，玄宗時期宦官的勢力空前盛大，皇家有官職的宦官多達三千多人，五品（衣朱紫）以上的內侍就達千人之多。〔註229〕

玄宗始，唐代宦官對宮闈的控制甚至對朝政的參與逐步增強。出現了如楊思勖、高力士、李輔國、程元振、魚朝恩、劉希暹、賈明觀、竇文場、霍

〔註228〕《舊唐書》，卷一八四，列傳第一三四，宦官傳。

〔註229〕《舊唐書》，列傳第一百三十四，宦官：玄宗在位既久，崇重宮禁，中官稍旨者，即授三品左右監門將軍，得門施棨戟。開元、天寶中，長安大內、大明、興慶三宮，皇子十宅院，皇孫百孫院，東都大內、上陽兩宮，大率宮女四萬人，品官黃衣已上三千人，衣朱紫者千餘人。

仙鳴、俱文珍、吐突承璀、王守澄、田令孜、楊復、楊復恭等權宦。據《舊唐書》載：

> 後李輔國從幸靈武，程元振翼衛代宗，怙寵邀君，乃至守三公，封王爵，干預國政，亦未全握兵權。代宗時，子儀北伐，親王東討，遂特立觀軍容宣慰使，命魚朝恩爲之，然自有統帥，亦監領而已。〔註 230〕
>
> 楊思勗，本姓蘇，羅州，石城人。爲内官楊氏所養，以閹，從事内侍省。預討李多祚功，超拜銀青光祿大夫，行内常侍。思勗有膂力，殘忍好殺。從臨淄王誅韋氏，遂從王爲爪士，累遷右監門衛將軍。〔註 231〕
>
> 高力士，潘州人，本姓馮。少閹，與同類金剛二人，聖曆元年嶺南討擊使李千里進入宮。則天嘉其黠惠，總角修整，令給事左右。後因小過，撻而逐之。内官高延福收爲假子。延福出自武三思家，力士遂往來三思第。歲餘，則天復召入禁中，隸司宮臺，廩食之。長六尺五寸，性謹密，能傳詔敕，授宮闈丞。〔註 232〕

宦官地位的提高、生活的奢侈在死後的墓葬中也反映出來，天寶四年（745 年）之後的唐代墓葬中，壁畫最多的是宦官及其家屬墓，〔註 233〕如：大曆十二年（777 年）高力士墓、天寶四年（745 年）蘇思勗墓、太和九年（835 年）姚存古墓、天寶五年（756 年）高元珪（高力士之弟）墓等。在此時期，由於宦官當權的原因，宦官的圖繪形象也由之前的醜化形態轉變爲正常形象，宦官的身體也由前期的鞠瘦形象轉變爲挺胸抬頭狀，身材也較之前更加魁梧、偏肥。

唐代墓室中的宦官形象是一種人性扭曲的代表圖像，他們不同於瑰麗多姿的女性形象，也不同於其它官吏、侍從形象，更具有典型表現主義的特徵性質。線刻及壁畫中所繪的宦官形象，多爲雙目深陷，高眉弓，鼻梁低扁，鼻翼較寬，嘴唇較凸，身材矮小，偏瘦。這些特點與閩南一帶人的體貌特徵相似，由此推測，除了畫家醜化宦官形象之外，很可能與宦官的來源有關。

〔註 230〕《舊唐書》，列傳第一百三十四，宦官。

〔註 231〕《舊唐書》，列傳第一百三十四，宦官。

〔註 232〕《舊唐書》，列傳第一百三十四，宦官。

〔註 233〕申秦雁、楊效俊《陝西唐墓壁畫研究綜述》，《唐墓壁畫研究文集》，三秦出版社，2001 年。

史籍中對於初唐宦官的出身並無記錄，但有晚唐的宦官記錄可資借鑒，《新唐書》載：

> 是時，諸道歲進閹兒，號「私白」，閩、嶺最多，後皆任事，當時謂閩爲中官區藪。咸通中，杜宣猷爲觀察使，每歲時遣吏致祭其先，時號「敕使墓户」。宣猷卒用群宦力徙宣歙觀察使。〔註234〕

另《資治通鑑》載：

> 諸道進私白者，閩中爲多，故宦官多閩人。福建觀察使杜宣猷每寒食遣吏分祭其先壟，宦官德之，庚申，以宣猷爲宣歙觀察使，時人謂之「敕使墓户」。〔註235〕

由於當時的閹人多出自閩中，畫家很有可能在作畫時將這些閩人的特徵進行誇大、丑化，將宦官刻畫爲一種典型的形象。這也反映出盛唐以前，人們對宦官的一種普識性的形象表現。盛唐以後，由於宦官勢力的激增，使得人們在日常觀念上已將宦官等同於正常人，畫家在繪製宦官形象時，將中唐以前宦官瘦弱、鞠瘻的猥瑣形象逐步向普通人的形象靠攏。

以盛唐爲界，將前後的代表性宦官形象按時間順序進行排列，就可明顯看出這種變化。隋大業六年（610 年），寧夏固原史射勿墓墓道第二天井西壁壁畫的宦官像，臉上無須，臉部拘謹，表情卑恭，頭戴軟腳樸頭，雙手持笏躬身而立（圖 4-10-4）；唐神龍二（706 年），章懷太子墓墓道第三過洞東西壁畫有內侍四人，瘦弱、鞠瘻形態猥瑣〔註236〕；神龍二年（706 年），永泰公主墓石門門扉，門吏兩人，持笏對立，表情肅穆，瘦弱、謙恭，頭部稍大（圖 2-2-3）；開元八年（720 年）薛儆墓石門門吏，頭戴樸頭，身穿圓領長袍，腳穿尖頭軟鞋，瘦臉，顴骨略高，身材較長，抱手恭立（圖 4-10-5）；開元十二年（724 年）惠莊太子李撝墓石門門吏，身材瘦削、骨凸，持笏躬身對立，表情猥瑣（圖 4-10-6）。天寶之後宦官形象已經改變，李憲墓（742 年）石門門扉所刻門吏，臉部平展、身材較豐滿、挺立，只是由於表情拘謹，還可看出一點宦官形態（圖 4-10-6），而在唐德宗興元元年（784 年）西安東郊王家墳唐安公主墓甬道東壁壁畫中的兩個宦官，無論從他們的表情或是身形來看，都與普通人無異（圖 4-10-7）。

〔註234〕《新唐書》，列傳第一百三十二，宦官上。

〔註235〕《資治通鑑》卷二百五十，懿宗昭聖恭惠孝皇帝上咸通六年（865 年）。

〔註236〕周天遊主編，《章懷太子墓壁畫》，文物出版社，2002 年，48 頁。

(圖 4-10-4) 隋代史射勿墓 壁畫，宦官	(圖 4-10-5) 薛儆墓石門 左門扉，門吏	(圖 4-10-6) 李憲墓石門 西門扉，門吏	(圖 4-10-7) 唐安公主墓甬道 東壁壁畫局部